# 한중 분류사와 복수표지의 기능 대조 및 습득 연구

Yue Yifei(岳逸飞) 지음

# 한중 분류사와 복수표지의
# 기능 대조 및 습득 연구

| | |
|---|---|
| **발행일** | 1판 1쇄 2024년 4월 29일 |
| **지은이** | Yue Yifei(岳逸飞) |
| **펴낸이** | 박영호 |
| **기획팀** | 송인성, 김선명, 김선호 |
| **편집팀** | 박우진, 김영주, 김정아, 최미라, 전혜련 |
| **관리팀** | 임선희, 정철호, 김성언, 권주련 |
| **펴낸곳** | (주)도서출판 하우 |
| **주소** | 서울시 중랑구 망우로68길 48 |
| **전화** | (02)922-7090 |
| **팩스** | (02)922-7092 |
| **홈페이지** | http://www.hawoo.co.kr |
| **e-mail** | hawoo@hawoo.co.kr |
| **등록번호** | 제2016-000017호 |

ISBN 979-11-6748-131-3 93710

**값** 17,000원

# 한중 분류사와 복수표지의 기능 대조 및 습득 연구

Yue Yifei(岳逸飞) 지음

도서
출판

# 머리말

이 책은 언어유형론의 시각으로 한국어, 표준 중국어와 상하이방언에서 분류사와 복수표지의 통사, 의미적 특징을 연구하고 이와 관련된 습득 예측도 진행하였다. 연구 과정에서 의미지도 모형(语义地图模型), 언어목록유형론(语言库藏类型学)의 현저성(显赫度) 이론, 유표성차이가설(标记性差异假说) 그리고 문법화의 추론, 유추, 일반화 등 이론과 기제를 사용하였다.

본론 부분에서 우선 분류사와 복수표지의 범주 소속을 고찰하고 대조의 기초를 세웠다. 한국어와 중국어에 수범주, 양범주, 수량범주가 존재하는지, 존재하면 이 세 가지 범주가 어떤 관계인지에 대해 논쟁이 있어 왔다. 특히 중국어 수범주에 대해 학계는 어휘적인 수(词汇数), 문법적인 수(句法数), 통사적인 수(语法数), 화용적인 수(语用数) 등 개념을 제시했는데 그 정의를 보면 일정한 중첩과 혼동 현상이 있다. 인구어처럼 체계적이고 형태적인 수범주가 없지만 이 책은 한국어와 중국어에 의미론 층위의 수범주와 양범주가 있다고 본다. 이 두 범주는 서로 독립되지만 연관성이 있는 의미적 범주이고 중첩된 부분은 수량범주이다. 분류사는 수량범주의 실현 수단이고 복수표지는 수범주의 실현 수단이다.

분류사의 명칭에 대해 학자들이 의견이 많다. 한국 학계에서 분류사는 '셈낱덩이안옹근이름씨, 수량사, 양화사, 단위명사' 등 명칭으로 명명되었고 중국 학계에서 분류사는 '量词, 陪伴词, 类別词, 单位词' 등 명칭으로 명명되었다. 언어유형론 시각에서의 '분류사' 개념과 한중 양국 학계에서 제시된 '수량사, 量词' 등 개념은 겹치는 부분이 있지만 완전히 동일한 개념이 아니다. 이 명칭들을 보면 학자들이 가장 중요시하는 분류사 기능이 서로 다르다는 사실을 알 수 있다. 분류사의 기본적 기능에 대해 '범주화, 개체화, 명확화' 등 여러 가지 관점이 있는데 이 책에서 전형적인 분류사는 여러 가지 기능이 있는 '기능 집합체'로 간주되고 그중 '개체화'는 분류사의 가장 기본적 기능으로 여겨진다. 연구범위에 들어가는 전형적인 분류사를 선정할 때 이 책은 범주화, 수량화와 비자립성 등 세 가지의 기준을 마련하였다. 그 다음에 한국어, 표준 중국어와 상하이방언에서 분류사의 통사, 의미적 특징을 각각 연구했다.

이 책은 크게 기본적 구조, 기본적 구조의 확대, 기본적 구조의 축소, 분류사의 중첩 등 네 개의 유형으로 나눠서 한국어, 표준 중국어와 상하이방언의 분류사 특징을 연구했다. 이 기초 위에 표준 중국어의 특수 분류사인 '个, 点, 些'와 상하이방언의 특수 분류사인 '个, 眼'에 대해 더 깊은 고찰을 했다. 기본적 구조의 확대 부분에서 분류사 수량 표현과 지시사, 형용사, 소유구조, 한국어 격조사의 결합 양상을 살펴보고 범언어적 연구 자료를 통해 확대된 분류사 수량 표현의 어순에 관한 한 가지의 궤층구조(轨层结构)를 제시했다. 기본적 구조의 축소 부분에서 '수량사+분류사, 명사+분류사'와 분류사의 단독적인 사용 등 세 가지 유형으로 나눠서 각 축소 구조의 통사, 의미적 특징을 고찰하였다. 이 기초 위에 '형용사+분류사+명사, 지시사+분류사+명사' 등 복잡한 구조를 살펴보고 분류사가 있는 수량 표현과 분류사가 없는 수량 표현의 차이도 언급하였다. 이 책은 문법화 이론의 유추, 일반화 등 기제로 상하이방언 '분류사+명사' 구조에서 분류사의 기능 확장 과정을 살펴봤다. 분류사의 중첩 부분에서 '분류사+분류사, 분류사+분류사+이, 한+분류사+한+분류사, 一+분류사+분류사' 등 중첩 구조의 통사, 의미적 특징, 특히 각 중첩 구조의 의미 초점을 고찰하였다. 연구 과정에서 언어유형론의 유정성(生命度), 한정성 등 개념을 중요한 의미 변수로 적용하였다. 마지막 부분에서 언어목록유형론을 바탕으로 한국어, 표준 중국어와 상하이방언에서 분류사의 현저성 정도를 파악하였다. 그 다음에 분류사의 개념공간을 만들고 이 세 가지 언어(방언)에서 일반 분류사, 중립적 분류사, 불특정 분류사(不定分类词)의 의미지도를 각각 작성하고 분석하였다.

복수표지 부분에서 이 책은 '집합적 복수(集合性复数), 연합적 복수(联合性复数)'와 '배분적 복수(分配性复数)' 등 세 가지 의미 유형으로 한국어, 표준 중국어와 상하이방언 복수표지 의미적 특징을 살펴봤다. 특히 선행연구를 바탕으로 문법화 이론에 따라 상하이방언 연합적 복수표지 '拉'의 탄생 과정 및 향후 의미 변화 방향을 설명하였다. 그 다음에 언어목록유형론에 따라 한국어, 표준 중국어와 상하이방언에서 복수표지의 현저성을 파악하고 이 세 가지 언어(방언)에서 전용, 차용 복수표지의 의미지도를 만들었다.

분류사와 복수표지의 통사, 의미적 기능 그리고 현저성에 관한 논의를 기초로 이 책은 언어목록유형론의 시각으로 이와 관련된 한 가지의 함축적 보편성을 도출하고 증명하였다.

책의 마지막 부분에서 유표성차이가설과 위에서 만든 의미지도를 근거로 분류사와 복수표지의 습득 난이도 및 습득 순서 등을 예측하였다. 습득에 관한 예측은 크게 두 가지로 나누었다. 하나는 중국인, 특히 오방언(吳方言) 지역 학습자의 한국어 분류사, 복수표지 습득 예측이고 또 하나는 한국인 학습자의 중국어 분류사, 복수표지 습득 예측이다.

한국어 분류사 수량 표현을 공부할 때 각 구조의 한정성 차이, 통사–의미적 제약 차이는 중국인 학습자에게 어려운 부분이 될 것이라고 예측된다. 한국어 복수표지를 공부할 때 중국인 학습자는 '–들'의 배분적 복수 의미와 비전형적인 복수를 나타내는 '-들'의 의미적 기능을 좀 더 늦게 습득하고 습득 과정에서 일정한 어려움이 있을 것이라고 판단된다. 연합적 복수를 나타내는 '-네'는 중국인 학습자에게 낯선 복수표지이지만 오방언 지역 학습자에게 '-네'와 '拉'의 공통점을 제시하면 습득할 때 도움이 될 것으로 예상된다.

한국인 중국어 학습자에게 중국어 분류사의 기본적 구조가 어렵지 않지만 확대, 축소된 분류사 수량 표현은 습득하기가 어려울 것이라고 판단된다. 중국어 분류사는 한국어 분류사보다 의미적 기능이 많고 일부분 특수 분류사는 일반 분류사보다 더 많은 기능과 사용 제약을 갖는다. 문장에서 분류사의 의미적 기능을 이해하는 것도 한국인 학습자에게 어려울 것이다.

'-들'과 '们'의 의미지도를 대조하면 한국인 중국어 학습자는 '们'을 처음 배울 때 과도 사용의 현상이 있을 것이라고 예상된다.

Yue Yifei

2023년 11월 30일

# 摘要

本书以语言类型学的视角研究了韩国语、汉语普通话以及上海方言中分类词和复数标记的句法、语义特征,并进行了相关的习得预测。研究过程中使用了语义地图模型、标记性差异假说和语言库藏类型学的显赫度等理论,并导入了语法化的推论、类推和一般化等机制。

在本论部分,本书首先考察了分类词与复数标记的范畴归属,从而确定下文的对比基础。一直以来,关于韩国语和汉语中是否有数范畴、量范畴和数量范畴,如果上述范畴存在,三者之间是什么关系等问题,学界一直有争论。中国学界针对汉语数范畴提出了词汇数、句法数、语法数和语用数等诸多概念,但观察其定义,可以发现这些概念之间有着一定程度的重叠和混淆。本书认为,韩国语和汉语虽然没有如印欧语那样成体系的形态层面的数范畴,但语义层面的数范畴和量范畴均存在。这两个范畴是独立但互有关联的语义范畴,其重叠部分便是数量范畴。分类词是数量范畴的实现手段,复数标记是数范畴的实现手段。

关于分类词的命名,各学者有不同意见。韩国学界将分类词命名为"셈낱덩이안옹근이름씨、수량사、양화사、단위명사"等。中国学界则将分类词命名为"量词、陪伴词、类别词、单位词"等。但是,语言类型学视角下的"分类词"和韩中两国学界所提出的"수량사、量词"等概念并

不完全一致，只是互有重合部分。观察这些名称，可以发现不同学者所重视的分类词功能各有差异。关于分类词的基本功能，学界提出过"范畴化、个体化、明确化"等各种意见。通过研究，本书认为典型的分类词是多种语义功能的功能集合体，但其最基本的功能是"个体化"。在选定进入研究范围的典型分类词时，本书拟定了范畴化、数量化和非独立性等三条标准。在此基础上，本书研究了韩国语、汉语普通话和上海方言中分类词的句法、语义特征。

在研究韩国语、汉语普通话和上海方言的分类词特征时，本书主要设定了四个研究部分，分别是基本结构、基本结构的扩大、基本结构的缩小和分类词的重叠。此外，还对汉语普通话的特殊量词"个、点、些"和上海方言的特殊量词"个、眼"做了深入研究。在"基本结构的扩大"部分，本书主要研究了分类词数量结构和指示词、形容词、领属结构以及韩国语格助词的结合情况，并在此基础上，通过跨语言资料，找出了与分类词数量结构扩大形式语序有关的一种轨层结构。在"基本结构的缩小"部分，本书主要考察了上述三种语言(方言)中"数量词+分类词，名词+分类词"和分类词单独使用等情况下相关结构及分类词的句法、语义功能。在此基础上，本书研究了"形容词+分类词+名词，指示词+分类词+名词"等诞生过程较为复杂的结构，并提及了有数量词的数量结构和无数量词的数量结构之间的差异。本书利用语法化理论中的推论、类推、一般化等机制，说明了上海方言"分类词+名词"结构中分类词的功能扩张过程。"分类词的重叠"部分主要考察了"分类词+分类词、分

类词+分类词+이，一+分类词+分类词"等重叠结构的句法、语义特征，并比较了各个重叠结构的语义焦点。研究过程中，本书将语言类型学理论中的生命度和定指度等概念作为重要的参数。在最后部分，本书以语言库藏类型学为视角，评价了韩国语、汉语普通话和上海方言分类词的显赫度，随后构建了分类词的概念空间，分别绘制了上述三种语言（方言）中一般分类词、中立分类词和不定分类词的语义地图。

在复数标记部分，本书根据"集合性复数、联合性复数"和"分配性复数"等三种语义类型考察了韩国语、汉语普通话和上海方言中复数标记的语义特征。本书以先行研究为基础，依照语法化理论，说明了上海方言中联合性复数标记"拉"的诞生过程和今后的语义变化方向。随后，本书根据语言库藏类型学理论评价了韩国语、汉语普通话和上海方言中复数标记的显赫度，并绘制了上述三种语言（方言）中专用、借用复数标记的语义地图。

基于对分类词以及复数标记句法、语义功能的考察和对其显赫度的评价，本书在语言库藏类型学的视角下导出了与之相关的一条蕴含共性。

本书的最后部分根据标记性差异假说和上文中绘制的语义地图预测了分类词和复数标记的习得难易度以及习得顺序。有关习得的预测主要分为两部分：第一部分是中国，尤其是吴方言地区学习者的韩国语分类词、复数标记习得预测；第二部分是韩国学习者的汉语分类词、复数标记习得预测。

对中国的韩国语学习者来说，学习韩国语分类词数量结构时，各结构的定指度差异和句法–语义制约差异可能是比较难习得的部分。

在学习韩国语复数标记"–들"时，中国学习者可能会较晚习得表示分配性复数的"–들"以及在非典型句法位置上出现的"–들"，习得过程中也会有一定的困难。韩国语中表示联合性复数的标记"–네"对中国学习者来说比较陌生。但如果在吴方言地区学生学习"–네"的过程中向其讲解"–네"和"拉"在语义上的共同点，可能会对习得有所帮助。对韩国的汉语学习者来说，学习汉语分类词数量结构的基本形式和重叠形式难度不大，但在学习分类词数量结构的扩大、缩小结构时会有一定难度。汉语分类词相较于韩国语分类词语义功能更多，一些特殊分类词相较于一般分类词语义功能更多样，句法–语义制约条件也更复杂。对韩国的汉语学习者来说，理解汉语句子中分类词的语义功能可能会有一定的难度。通过对比"–들"和"们"的语义地图可知，在最初学习"们"的用法时，韩国的汉语学习者可能会出现过度使用或过度泛化"们"的用法等问题。

# 目录

# 1

# 서론

# 1. 서론

## 1.1 연구목적

범주는 원래 철학적인 개념이었다. 〈표준국어대사전〉에 따르면 범주는 사물의 개념을 분류함에 있어서 그 이상 일반화할 수 없는 가장 보편적이고 기본적인 최고의 유개념(类概念)을 가리키는 철학적 용어이다. 이와 비슷하게 중국어 사전인 〈大辞海〉에서 '범주'는 '사물의 본질과 보편적 연관성을 반영하는 기본적 철학 개념'이라고 정의되어 있고 과학 영역마다 각자 특유의 범주가 있다고 설명하고 있다.[1] 나중에 '범주'의 개념이 점점 일반화되고 '동일한 성질을 가진 부류나 범위'로 뜻이 변하였다.

인간은 자기의 인지 체계에서 자연 세계를 일정한 특징에 따라 범주화한다. 범주화 과정은 공통적인 패턴이 있지만 사회, 문화적 요인의

---

[1] 〈大辞海〉에서의 원문은 아래와 같다.
　　"范畴是反映事物本质和普遍联系的基本概念……各门具体科学中都有各自的范畴"

영향도 많이 받는다. 따라서 범주화는 객관적 사물에 대한 각 민족 사람들의 주관적 인식이라고 할 수 있고 그 과정과 결과는 일정한 차이가 있다. 인지 체계에서의 범주가 언어에 투영되면 언어학적 범주가 생긴다. 언어학 영역의 범주는 크게 문법적 범주와 의미적 범주로 나눌 수 있다. 문법적 범주는 다시 형태적 범주와 통사적 범주로 세분할 수 있고 의미적 범주 내부는 화용적 범주를 따로 설치할 수도 있다. 각 범주는 일정한 문법 형식을 통해 표현된다.

한국어와 중국어 수량 표현에 관한 연구는 두 나라 학계에서 오랫동안 진행되어 왔다. 한국어 수량 표현의 연구 역사는 19세기 말 서구 선교사들이 쓴 한국어 학습책으로 거슬러 올라갈 수 있고 최초로 수량사와 분류사를 논의하는 성과는 Ridel(1881)이다. 중국어 수량 표현의 연구 역사도 19세기 말부터인데 马建忠(1898)에서 '别称以计数者'라는 개념이 제시되었다. 이는 현대 중국어 문법 체계에서의 '양사'와 비슷하다.[2] 백여 년 동안 한중 언어학계는 수량 표현에 관한 연구 성과를 많이 축적하였지만 몇 개의 문제에 대해 아직도 논쟁이 있다. 한국어와 중국어에 수범주와 양범주가 존재하는가? 존재하면 이 두 범주가 문법적 범주인가, 의미적 범주인가? '수량 표현'의 정의와 범위가 어디까지이고 수범주와 양범주에서 어느 범주를 표현하는 것인가? 이 두 범주는 어떤 연관성을 가지고 있는가? 이러한 문제에 대해 학계는 지금도 의견이 분분하다.

---

2　Ridel(1881)과 马建忠(1898)에 관한 내용은 각각 최형용(2017:24)와 孙晓雪(2019:2)에서 재인용한 것이다.

일상생활에서 '수' 또는 '양'을 나타낼 때 가장 많이 쓰이는 문법 형식은 '분류사'와 '복수표지'이다. Greenberg(1972)는 유형론적인 시각으로 세계 언어의 수량 표현 수단을 연구했다. 그 논문에 따르면 '분류사(classifier)'와 '복수표지(plural mark)'는 서로 배타적인 존재이다. 다시 말하면 한 언어에 분류사가 있으면 복수표지가 존재하지 않고 복수표지가 있으면 분류사가 존재하지 않는다. 그러나 연구의 지속됨에 따라 이 관점의 반례가 많이 제기되었다. 한국어와 중국어는 바로 분류사와 복수표지가 동시에 존재하는 언어이다. 이러한 현상 때문에 각 언어의 '수량 표현'에 관한 문제는 더 복잡해졌다. 한국어와 중국어 '수량 표현'에 대해 우리는 네 가지 질문을 제기할 수 있다.

첫째, 한국어와 중국어에서 '수량'이 어느 범주의 하위 개념인가?

둘째, 한국어와 중국어에서 '수량'의 표현 수단이 여러 가지가 있는데 그중에서 '분류사'와 '복수표지'는 어떤 위치를 차지하고 있는가?

셋째, 분류사와 복수표지가 공존하는 언어에서 이 두 언어 수단의 기능 분담, 기능 확장 양상이 어떤가? 이와 관련된 유형론적 보편성을 도출할 수 있는가?

넷째, 각 언어에서 분류사와 복수표지의 기능 분담, 확장 양상이 크게 다를 수 있다. 중국인 한국어 학습자와 한국인 중국어 학습자가 목표언어의 분류사, 복수표지 용법을 배울 때 어려운 점이 무엇인가? 다기능 문법 형식을 배울 때 바람직한 기능 제시 순서가 있는가?

위와 같은 질문을 푸는 것이 이 책의 주요 연구목적이다. 이를 통해 언어유형론 및 제2언어습득 연구에 참고자료를 제공하고자 한다.

## 1.2 연구대상

이 책의 연구대상은 주로 한국어, 중국어의 '분류사' 및 '복수표지'이다. 중국어 부분에서 상하이방언의 분류사와 복수표지도 함께 살펴볼 계획이다.

중국에서 한국어 학습자가 날이 갈수록 많아지고 있는데 그중에 방언지역 출신 학습자도 적지 않다. 상하이지역에 있는 일부분 대학교를 예로 들면 한국어학과 학부생 중의 절반 이상은 출신 지역이 북방관화(北方官话) 지역 이외이다. 비록 언어정책 면에서 표준어와 방언은 위상의 차이가 있지만 언어학 연구, 특히 언어유형론 연구에 있어서 방언도 표준어에 못지않은 가치가 있다. 일부분 중국어 방언의 문법 형식은 통사, 의미 등 측면에서 표준 중국어와 다르다. 이 외에 제2언어습득을 연구할 때도 학습자의 방언은 요인 중의 하나로 영향을 줄 수 있다. 범언어적인 연구를 더 깊고 넓게 하기 위해, 그리고 제2언어습득 연구의 예측력과 설득력을 높이기 위해, 중국어 방언도 한중 언어 대조연구의 범위 안에 넣어야 한다고 생각한다. 상하이방언은 필자의 모어이다. 북부 오방언, 특히 상하이방언에 관한 연구는 기존의 중국어 방언 연구에서 비교적 많이 이루어졌고 자료도 상대적으로 많다. 그러므로 이 책은 선행연구를 기초로 한국어, 표준 중국어와 상하이방언의 분류사와 복수표지를 함께 고찰하고 외국어, 표준 중국어와 중국어 방언 사이의 범언어(방언)연구를 시도하고자 한다. 연구의 폭을 넓히기 위해 경우에 따라 중국 소수민족 언어와 다른 외국어의 언어 자료도 참고하겠다.

분류사와 복수표지가 문장에서 다른 성분과 어울려서 '수' 또는 '양'이라는 의미를 나타낸다는 것에 대해 이견이 별로 없지만 통사적 출현 위치, 결합하는 성분 등에 따라 미세한 의미적 차이가 있다. 그리고 경우에 따라 기본적 의미를 바탕으로 둔 기능 확장 현상도 존재한다. 분류사와 복수표지의 정의 및 범위에 대해 아직 정론이 없는데 통사, 의미적 기능을 연구하기 전에 이 책은 먼저 분류사와 복수표지의 정의 및 범위를 밝히고자 한다.

우선 이 연구에서 말하는 '분류사'의 정의와 범위를 확정해야 한다.

Lyons(1977:46)에 따르면 '분류사(classifier)'는 명사가 지시하는 사물을 언어 사용자의 세계 인식 기준에 따라 일정하게 범주화하는 언어 형태로, 지시대상이 되는 실제 사물 또는 그것의 집단의 성격에 의존하여 선택되는 문법 형식이다.[3] 간단히 말하면 분류사는 사용자의 인지에 따라 사물을 하나하나의 범주로 묶는 외현적 장치이다.

세계 언어의 '분류사'는 방대한 체계를 이룬다. Allan(1977), Craig(1994)와 Aikhenvald(2000)을 비롯한 많은 연구는 '분류사를 분류하는' 작업을 했다. 이들의 연구에서 분류사는 적으면 세 개, 많으면 일곱 개 정도의 하위 분류로 세분된다. 이 세 가지 성과에서 분류사의 하위 분류를 정리하면 〈표 1〉과 같다.

---

3  분류사에 대한 이 정의는 최형용(2017:45)에서 재인용한 것이다.

<표 1> 분류사 하위 분류에 관한 대표적인 관점

| 번호 | 성과 명칭 | 분류사의 하위 분류 | 하위 분류의 수량 |
|---|---|---|---|
| 1 | Allan(1977) | 수 분류사, 일치 분류사, 술어 분류사, 처격-내적 분류사 | 4 |
| 2 | Craig(1984) | 수 분류사, 명사 분류사, 명사류와 성, 동사 분류사, 소유 분류사 | 5 |
| 3 | Aikhenvald(2000) | 명사 분류사, 수 분류사, 동사적 분류사, 처소적 분류사, 소유적 분류사, 관계적 분류사, 지시적 분류사 | 7 |

이 외에 분류사의 개념을 넓게 설정하는 성과도 있다. 예를 들면 진려봉(2012:31-34)에서 유정성을 구분하는 '에게, 한테, 에, 께'와 거리를 구분하는 '이, 그, 저'도 분류사로 간주되었다. 그러나 '에게, 한테'와 '께' 그리고 '이, 그, 저'의 사용은 위에서 논의된 분류사와 다르다. 선행 대상을 존경하는지는 그 언어를 사용하는 모든 자의 인식보다 그에 대한 화자 개인의 태도 그리고 언어습관에 달려 있다. 거리 지시는 존경보다 더 주관적이고 유동적인 범주인데 지시대상의 본질적 속성과 관계가 긴밀하지 않다. '에게, 께, 이, 그'는 전형적인 분류사와 차이가 크고 분류사에 포함시키면 정의가 모호해지고 범위가 지나치게 넓어진다는 이유로 이 책에서 이들 단어를 분류사로 간주하지 않는다.

<표 1>에 나타난 '명사류, 명사 분류사'와 '수 분류사'는 혼동하기 쉬운 개념이다. 먼저 명사류의 정의를 보자. 진려봉(2012:17)에 따르면 명사류는 핵심명사의 일정한 의미 속성과 공기 관계를 가지고 명사를 범주화해 줄 수 있는 문법 장치이다. 명사류는 단어의 외부적 성분으로서

술어, 접사, 수식어 등 형식으로 실현되고 명사와 일치 관계를 이룬다. 인구어에서 흔히 형태적 변화로 나타나는 '성범주(性范畴)'는 바로 명사류의 한 예시이고 Aikhenvald(2000)에 따르면 명사류가 있는 언어에서 성별, 유정성 등은 명사를 분류하는 기준으로 작용할 수 있다. 그 논문에서 Lingala어와 Paumari어의 예로 명사류를 설명하였는데 가져오면 다음과 같다.[4]

(1) 가. mu-nkanda            mu-ko-kweya
      명사류(무정물)-책/편지     명사류(무정물)-시제-떨어지다
      책이 떨어질 것이다. (Lingala어)
   나. Bajara               gora-ni
      여자 이름             집-명사류(여성)
      바자라의 집 (Paumari어)

위 예문에서 명사나 동사에 붙어 명사가 [−유정성], [+여성] 등 의미 자질임을 나타내는 접사 'mu, ni' 등은 '명사류 분류사'이다.

'명사 분류사'는 중국어 문법에서 말하는 '명량사(名量词)'와 별개의 개념이다. 우형식(2005:29)에 따르면 명사 분류사는 명사 앞 또는 뒤에 있는 자립 형태소로 실현되고 명사의 부류를 표시한다. 명사 분류사는 수량과 무관하다는 점에서 수 분류사와 구분되고 자립성이 있고 동사에 붙지 않는다는 점에서 명사류 분류사와 구분된다. Craig(1994)는

---

4    예문(1가, 나)는 진려봉(2012:17–18)에서 재인용된 것이다.

Jakaltek어의 예시로 전형적인 명사 분류사의 기능을 다음과 같이 설명하였다.[5]


(2) 가. naj                              Xuwan
       인간을 가리키는 분류사              John
    나. no                               laba
       동물을 가리키는 분류사              뱀


우형식(2000:44)에 따르면 이러한 전형적인 명사 분류사는 중앙 아메리카와 오스트레일리아의 일부분 언어에만 존재한다. 그러나 실제 연구에서 '번, 회' 같은 동작 분류사와 구분하기 위해 가끔 명사 분류사라는 용어로 명사 수량을 나타내는 수 분류사를 지칭하기도 한다. 한국어와 중국어에 체계적이고 전형적인 '명사류'와 '명사 분류사'는 확인되지 않는다.

언어유형론에서 말하는 '수 분류사'는 수 명사구에서 수량사와 결합해서 명사를 계산하는 단위로 기능하면서 핵심명사의 내재적 속성을 나타내는 분류사 유형이다. WALS는 세계 언어 400가지를 조사했는데 그중 260가지의 언어는 수 분류사가 없다. 나머지 140가지의 언어에서 수 분류사가 필수적으로 사용되는 언어는 78가지이고 수의적으로 사용되는 언어는 62가지이다.

---

5    예문(2가, 나)는 우형식(2005:29)에서 재인용된 것이다.

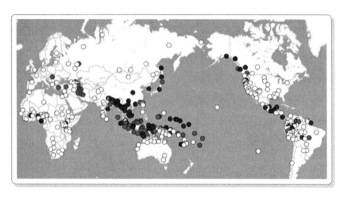

[그림 1] 수 분류사 언어의 지리적 분포 양상[6]

위 그림을 보면 수 분류사 언어는 동아시아, 동남아시아와 대양주에 많이 분포되어 있다는 것을 알 수 있다. 그림에서 한국어와 중국어는 모두 '수 분류사가 필수적으로 사용된다'는 검은색 원점으로 표시되어 있는데 이것은 실제 상황과 어긋난다.

(3) 가. 학생 한 <u>명</u>        나. 한 <u>명</u>의 학생
    다. 학생 하나        라. 하나의 학생

예문(3가-라)를 통해 한국어에서 수 분류사의 출현이 수의적임을 알 수 있다. 그러나 한국어와 중국어는 모두 수 분류사 언어에 속한다는

---

6   [그림 1]에서 하얀색 원점은 해당 언어에서 수 분류사가 확인되지 않는다는 뜻이고 회색 원점은 해당 언어에서 수 분류사가 수의적으로 쓰인다는 뜻이다. 검은색 원점으로 표시된 언어에서 수량을 나타낼 때 수 분류사가 필수적으로 쓰인다. 회색 원점과 검은색 원점으로 표시되는 언어는 언어유형론에서 말하는 '수 분류사 언어'이다.

것은 의심할 여지가 없다.

이 책에서 말하는 '분류사'는 위에서 논의된 '수 분류사'에 해당되고 명사 지시물의 의미적인 범주를 한정하면서 수량사와 결합하여 수량을 표현하는 기능을 한다. 이는 중국어 품사 체계에서 '양사(量词)'의 일부분이고 한국어 학교문법 품사 체계에서 '단위성 의존명사'의 일부분이다.

〈표 2〉 한국어와 중국어에서 이 책의 연구대상인 '분류사'의 품사 소속

|  | 한국어 | 중국어 |
|---|---|---|
| 언어유형적인 수 분류사 | '단위성 의존명사'의 일부분 | 양사의 일부분 |

대부분 분류사는 명사, 동사 등 실사(实词)에서 문법화된 결과인데 문법화가 일어난 시기, 사용 빈도 등에 따라 문법화 정도도 많이 다르다. 그러므로 분류사는 준개방적인(半开放性的) 집합으로 인식된다. 분류사의 범위 설정에 대해 관점이 많은데 분류사 용법이 있는 명사가 분류사로 간주될 수 있는지가 주요 쟁점이다.

한국 학계의 기존 연구 성과를 보면 김선효(2005)에서 설정된 분류사 범위는 가장 넓다. 김선효(2005:115-116)는 명사 분류사를 문법화 정도에 따라 세 가지로 나누었다. 제1유형은 전형적인 분류사(예:마리, 장, 그루)이고 제2유형은 명사적 쓰임이 잔존하는 분류사(예:가락, 병)이다. 제3유형은 Q-N 구조의 N(예:학생, 의자, 학교)이다. 남기심, 고영근(2014:69-70)은 전형적인 '마리, 개, 켤레' 외에 '사람, 병, 사발' 등도 단위성 의존명사의 범위 안에 넣었다. '사람'류 분류사에 대해 남기심, 고영근(2014:70)은 같은 명사가 의존명사와 자립명사로서의 두 가지 기능

을 띠고 있다고 지적하였다. 이와 비슷하게 곽추문(2000), 유정정(2015), 최형용(2017)등 성과도 '사람, 방울' 등 명사를 분류사의 범위 안에 넣었다.[7] 이남순(1995)는 위 논의보다 협의적인 관점을 내세웠다. 이남순(1995:47)에 따르면 명사와 분류사를 구별하는 기준은 그들이 셈의 대상이 될 수 있는가 없는가에 달려 있다. '사람'이나 '학생' 등 명사는 분류사적인 용법이 있지만 그 자체가 셈의 대상이 되어서 이남순(1995)의 관점으로 보면 분류사로 인정받지 못한다.

중국 학계의 관련 연구에서 분류사 기능을 가진 명사는 분류사로 간주되었고 '차용양사(借用量词)' 등 명칭으로 명명되었다. 예를 들면 黄伯荣, 廖序东(2011:17)은 명량사(名量词)를 전용(专用)과 차용(借用)으로 세분하였고 차용명량사의 어원이 명사와 동사 두 가지가 있다고 지적하였다. 邵敬敏(2008:177)도 이와 비슷한 관점이고 '架子, 口袋, 床' 등 차용명량사의 예시를 제시했다. 郭先珍(1987)은 현대중국어 분류사 목록을 작성하고 분류사의 어원과 용법을 하나하나 해석하는 논저인데 범위를 확정할 때 기준 불일치 현상이 있다. 예를 들면 '용기'류 분류사로 인식되는 '盘'과 '盆'이 郭先珍(1987)에 수록되어 있지만 이보다 더 흔히 쓰이는 '瓶'은 없다. 그러나 전체적으로 보면 郭先珍(1987)도 분류사적 용법을 가진 명사를 분류사로 귀속시켰다.

분류사 범위에 대한 대표적인 관점을 가장 협의적인 것에서 가장 광의적인 것까지의 순서로 정리하면 〈표 3〉과 같다.

---

7    최형용(2017:382)는 '사람'류 분류사가 명사 중 분류사로 사용될 수 있거나 분류사로 발전 가능한 명사라고 설명하였다.

<표 3> 분류사 범위 확정의 대표적인 관점

| 번호 | 성과 명칭 | 전형적 분류사<br>(예:마리) | 분류사적 기능을<br>가진 명사(예:병) | 수량사와 직접<br>결합하는 명사(예:학생) |
|---|---|---|---|---|
| 1 | 이남순(1995) | ✓ | ✗ | ✗ |
| 2 | 남기심,<br>고영근(2014) | ✓ | ✓ | ✗ |
| 3 | 곽추문(2000) | ✓ | ✓ | ✗ |
| 4 | 유정정(2015) | ✓ | ✓ | ✗ |
| 5 | 최형용(2017) | ✓ | ✓ | ✗ |
| 6 | 郭先珍(1987) | ✓ | ✓ | ✗ |
| 7 | 邵敬敏(2008) | ✓ | ✓ | ✗ |
| 8 | 黄伯荣,<br>廖序东(2011) | ✓ | ✓ | ✗ |
| 9 | 김선효(2005) | ✓ | ✓ | ✓ |

〈표 3〉을 보면 기존 분류사 연구에서 분류사적 기능을 가진 명사를 분류사의 범위 안으로 귀속시키는 관점이 대부분이다. 그러나 이 관점은 실제 연구에서 두 가지 문제가 따른다.

첫 번째 문제는 분류사적 기능을 가진 명사를 분류사 범위 안에 넣으면 분류사의 범위가 지나치게 확대되고 그 경계를 정하기도 어렵다는 것이다. 명사에서 분류사로 변하는 과정은 점진적 문법화 과정인데 한 명사가 문법화의 어느 단계에 처해 있고 분류사로서의 전형성을 얼마나 가지고 있는지를 쉽게 단언할 수 없다. 특히 분류사가 발달되어 있는 중국어에서 발화의 생동성, 문학성 등을 추구하기 위해 만들어진 임시적인 수량 표현이 많은데 이러한 표현에서 분류사로 쓰이는 명사를 모두 분류사로 귀속시키면 범위가 너무 크고 목록화 작업도 거의 불

가능하다.

(4) 가. 有时候, 明明一肚子委屈, 却无处诉说。(인터넷에서 수집)
　　 나. 一川烟草, 满城风絮, 梅子黄时雨。(宋词에서 인용)


　예문(4가)에서 '一肚子委屈'는 고정된 표현이어서 '肚子'를 분류사로 봐도 합리적인 측면이 있지만 (4나)의 '川, 城'을 분류사로 보는 것이 무리가 있다. 그러나 그 정도성의 파악은 명확한 기준이 없다.

　두 번째 문제는 분류사적 기능을 가진 명사를 분류사 범위 안에 넣으면 각 언어에서 분류사의 유형론적 특징을 파악하기가 어렵다는 것이다. 분류사적 기능을 가진 명사를 보면 용기나 도량형 의미를 나타내는 것이 많다. 이러한 명사는 수 분류사 언어가 아닌 영어 등에서도 수량 표현을 쉽게 구성할 수 있고 사물 범주화 등 유형론적 특징을 잘 드러내지 않는다.


(5) 가. 물 한 잔　　　　　　　나. 一杯水
　　 다. 水一杯　　　　　　　라. một　　　　ly　　　　nước
　　　　　　　　　　　　　　　하나, 한　　유리잔　　　물

　　 마. a cup of water


　예문(5가~마)는 각각 한국어, 중국어, 일본어, 베트남어와 영어에서 '물 한 잔'의 표현인데 명사 '잔'은 전형적 분류사 '마리, 장'처럼 화자 인지 체계에서의 유형론적 범주화 특징을 잘 드러내지 못한다는 것을 알 수 있다.

그러므로 유형론적 특성을 더 잘 파악하기 위해 이 책은 분류사 부분에서 '个, 只, 张/개, 마리, 장' 등 전형적인 분류사만 연구대상으로 한다. 이들은 김선효(2005:115)의 제1유형과 黄伯荣, 廖序东(2011:17)의 전용 명량사(专用名量词)에 해당된다. '번, 회, 次, 遍'을 비롯한 동작 분류사, '사람, 그릇, 人, 碗' 등 분류사적 용법을 가진 명사, 그리고 '킬로미터, 千米' 등 도량형(度量衡) 분류사를 연구범위에서 제외하기로 한다.[8]

분류사의 연구범위를 확정할 때 해당 분류사가 자주 쓰이는지도 생각해야 할 문제이다. 현대 사회가 빠르게 발전하고 있어서 농업 사회에서 쓰이던 일부분 분류사는 급격히 쇠퇴하고 중립적 분류사나 새로운 분류사로 점점 대체되었다. 예를 들면 최형용(2017:365-381)은 〈표준국어대사전〉과 선행연구를 바탕으로 한국어의 의존적인 분류사 목록을 작성하였다. 그 목록 중에 지금 인터넷과 한국 국립국어원 언어정보나 눔터 말뭉치에서 모두 용례를 찾을 수 없는 아래와 같은 분류사가 포함되어 있다.

쟁기02:쟁기고기를 세는 단위. 한 쟁기는 돼지 한 마리를 잡아 여덟 덩이로 나누었을 때 그 한 덩이이다.

집매: (대여섯 미만의 수 뒤에 쓰여) 몇 집들이 이웃하여 모인 것을

---

8   박정구(2012:391-392)에 의하면 '尺, 斤, 升' 등 도량 단위는 모든 언어에서 존재하므로 각 언어에서 분류사의 유형론적 특징을 잘 드러내지 않고 '只, 颗, 匹' 등 분류사와 구별되어야 한다.

세는 단위.

이러한 단어는 거의 사어(死语)가 되었는데 연구대상으로 삼으면 적합하지 않다. 그리고 한자어 분류사도 점점 외래어로 대체되고 있다. 예를 들면 여러 권의 책이 한 벌을 이룰 때 쓰이는 '질(帙)'은 실제 생활에서 점점 외래어인 '세트'에 밀려 나가고 있다.

이 책은 연구대상인 수 분류사를 선정할 때 '전형성'과 함께 '일상생활에서의 광범위한 사용'도 기준으로 한다. 따라서 외국어로서의 한국어, 중국어 교육요강 어휘 명세표에서 최종 연구범위를 확정하고자 한다.

2003년부터 한국 국립국어원은 외국어로서의 한국어교육을 위해 '학습용 어휘 목록'을 작성해 왔다. 지금까지 〈한국어 학습용 어휘 목록(2003)〉, 〈한국어 교육 어휘 내용 개발(2015)〉와 〈국제 통용 한국어 표준 교육과정 적용 연구(2017)〉 등 세 개의 성과가 발표되었다. 이 책에서 한국어 부분의 연구대상 선정은 이 세 개의 표준성 성과를 주요 범위로 하고 〈표준국어대사전〉으로 이 성과들에 나타난 분류사의 의미를 확인하겠다. 이 외에 곽추문(1996), 우형식(1996), 유정정(2015), 최형용(2017) 등 분류사 목록을 작성한 선행연구 성과도 참고하겠다.

표준 중국어 부분의 분류사 선정은 2015년 인민교육출판사에서 출판된 〈HSK考试大纲(一级-六级)〉를 주요 검색 범위로 하고 〈辞海〉 등 사전으로 그 단어들의 분류사적 의미와 용법을 다시 한 번 확인하겠다. 이 외에 呂叔湘(1980), 郭先珍(1987) 등 논문, 저서류 자료도 참고하겠다.

상하이방언은 대부분 경우에 구어체로만 쓰여서 표준 중국어보다 분류사의 수량이 적다. '栋, 番, 枚' 등 문어체 성격이 강한 분류사가 없기 때문이다. 전체적으로 보면 상하이방언 분류사는 표준 중국어와 중첩된 부분이 많고 특유한 분류사가 적다. 그러나 이를 목록화하는 작업은 아직 진행되지 않았다. 이 책은 상하이방언 어휘 사전인 钱乃荣(2008)을 주요 검색 범위로 하고 상하이방언의 전형적인 분류사를 찾아내고 목록화하겠다.

위의 방법을 통해 찾아낸 분류사를 일정한 검증틀을 통해 분류사로서의 전형성을 검증하겠다. 구체적인 작업은 제3장에서 진행하겠다.

그 다음에 이 연구에서 '복수표지'의 정의와 범위를 확정해야 한다. 사물을 인지하는 과정에서 인간은 단수와 복수, 나아가 쌍수, 삼수, 소수, 다수 등 개념을 구분하게 되는데 대부분 언어에서 수적 차이는 체계적인 대립을 이루고 전문적인 표현 수단이 있다. 수의 대립 중에서 가장 보편적인 대립은 '단수-복수'이다. 이 대립은 형태소를 붙이는 방식으로 실현될 수 있고 음절 중의 일부분을 바꾸는 음운적 수단으로도 실현될 수 있다. 이때 복수 의미를 나타내는 형태소나 음소는 이 책에서 말하는 '복수표지'이다. 이 외에 '나'와 '우리' 같은 보충법도 복수를 나타내는 방법인데 논의의 전면성을 위해 여기서 보충법으로 이뤄진 복수 형태도 연구범위에 넣기로 한다.

복수표지의 체계 구성이나 범위 확정에 대해 논쟁이 상대적으로 적다. 남기심, 고영근(2014:86)은 한국어 복수는 접미사로 실현되고 흔히 거론되는 것이 '-들, -희, -네'라고 지적하였다. 표준 중국어의 복수표지가 '们'이라는 관점에 대해 학계는 이견이 별로 없다. 李艳惠, 石毓智

(2000:27)을 비롯한 많은 성과에서 표준 중국어에서 '们'이 유일한 복수표지라는 결론을 내리기도 했다. 이에 비해 중국어 방언, 특히 남부지방 각 방언의 복수표지 체계는 다양한데 '家, 些, 伙' 등 표지가 있고 이들 표지는 통사, 의미적 측면에서 서로 차이가 있다. 상하이방언 복수표지는 '拉' 하나만 있는데 '们'와 비교하면 여러 면에서 다르다.[9]

복수표지의 범위를 넓게 설정하는 관점도 있다. 예를 들면 사례 (2015:273)는 '쪽, 측' 등 의존명사를 복수표지의 범위 안으로 넣었다. 그러나 사전적 의미와 예문을 보면 이들은 전형적인 복수표지와 거리가 멀다. 〈표준국어대사전〉에서 의존명사 '쪽'은 '쪽5'로 표기되고 뜻은 아래와 같다.

쪽5:(1) 방향을 가리키는 말.
  (2) 서로 갈라지거나 맞서는 것 하나를 가리키는 말.

복수표지로 보는 '쪽'은 주로 위의 (2)번 의미로 해석되는데 예문은 아래와 같다.

(6) 가. 그는 찬성하는 쪽에 속한다.
  나. 운동 경기에선 대개 약한 쪽을 응원하게 된다.
  [모두 〈표준국어대사전〉에서 추출]

위 예문에서 '찬성하는 쪽, 약한 쪽'을 복수의 의미로 해석하려면 관

---

9  陈实(2012) 등 북부 오방언을 연구하는 성과에서도 상하이방언의 유일한 복수표지가 '拉'라는 사실이 언급되었다.

련 정보를 제공하는 문맥이 있어야 한다. '측'의 경우도 '쪽'과 비슷하다. 〈표준국어대사전〉에서 의존명사 '측'의 해석은 아래와 같다.

    측:어떤 무리의 한쪽을 상대적으로 이르는 말.

'측'의 해석은 '무리'가 있다는 것을 전제로 하지만 반드시 복수를 나타내지 않는다.

    (7) 학교 측에서는 난색을 표하였다.
      [<표준국어대사전>에서 추출]

예문(7)에서 '학교 측'은 한 무리의 교직원인지 학교를 대표하는 한 사람인지 문맥 없이는 판단하지 못한다. 따라서 이 책에서 '쪽'과 '측'을 복수표지의 범위에서 제외하기로 한다.

이 외에 조아임(2017)을 비롯한 일부분 성과는 '매(每)'와 '마다'를 '간접 복수표지'라고 명명하였다. '매'는 관형사와 접두사로서 '매 경기, 매 주'와 같은 표현을 구성할 수 있고 '마다'도 보조사로서 '낱낱이 모두'라는 뜻을 나타낼 수 있다. '매'와 '마다'의 일차적인 의미는 배분적이고 단수이다. 특히 '마다'는 복수표지 '들'과 결합해서 복수인 선행대상을 개체화하는 역할을 할 수 있다.

    (8) 가. 아이들마다 아이스크림을 손에 들고 온다.
        나. 학과들마다 특성에 맞는 프로그램을 만들었다.

다. 건물들마다 벽의 페인트 색깔이 다르다.
[모두 조아임(2017:317)에서 인용]

게다가 '매'와 '마다'는 '들'처럼 광범위하게 쓰이지 못하고 결합 명사의 의미 자질에 대해서도 많은 제약을 보인다. 이 책은 관형사, 접두사로서의 '매'와 보조사 '마다'가 간접적인 복수 의미가 있다는 것을 인정하지만 연구대상으로 삼지 않기로 한다.

위의 논의를 정리하고 이 책의 연구대상을 직관적으로 제시하면 〈표 4〉와 같다.

〈표 4〉 이 책의 연구대상

| 논의 부분 | 연구대상 | |
|---|---|---|
| 분류사 | 전형적이고 실제 언어생활에서 광범위하게 쓰이는 분류사 (외국어로서의 한국어, 중국어 교육용 어휘 목록 그리고 상하이방언 사전에서 선정하고자 함.) | |
| 복수표지 | 한국어 | ㅡ들, ㅡ희, ㅡ네 |
| | 표준 중국어 | 们 |
| | 상하이방언 | 拉 |

## 1.3 연구이론

이 책은 언어유형론을 이론 배경으로 하고 경우에 따라 인지언어학의 일부분 이론도 적용하겠다. 연구 과정에서 쓰이는 주요 이론과 방법은 문법화 이론, 의미지도 모형, 언어목록유형론 그리고 유표성차이 가설이다. 연구를 전개하는 과정에서 유정성 등급 등 이론도 도입하겠다. 전체적으로 이 책은 기능주의 언어학의 시야에서 연구를 진행하고자 한다.

### 1.3.1 문법화 이론의 추론, 유추와 일반화 등 기제

이성하(2006:23)에 따르면 문법화란 한 형태소가 어휘적 지위에서 문법적 지위로, 혹은 파생형에서 굴절형으로의 변화처럼 덜 문법적인 것으로부터 더 문법적인 것으로 범위가 확대되는 현상이다. 문법화이론에서 보이는 언어관은 주로 다음과 같다.

언어는 계속 변하고 있어서 공시와 통시는 별개로 존재하지 않고 범시(泛时)적인 시각으로 언어를 연구해야 한다.

형태와 의미 사이의 연결에는 합리적인 동기가 있고 그 동기는 언어 밖에 있다.

하나의 형태가 하나의 기능 혹은 의미만을 가지는 것이 아니다.[10]

문법화의 기제는 여러 가지가 있는데 그중 비교적 중요한 것은 추론, 유추, 일반화와 환유 등이다. 추론 과정은 세 개의 단계로 나눌 수 있다. 첫 단계에서 한 어휘소가 본래의 의미만을 가진다. 다음 단계에서 본래의 의미 외에 다른 의미가 암시되기 시작한다. 청자는 암시된 의미

---

**10**  문법화 이론의 언어관에 대해 이성하(2006:112)를 참고했다.

를 그 언어 형태의 의미와 관련이 있는 것으로 파악하게 되고 그러한 일이 반복된다. 마지막 단계에서 암시된 의미가 마침내 실제 의미의 일부분이 되어 버린다. 유추는 어떤 언어 형태가 의미나 기능, 음성적으로 비슷한 언어 형태에 동화하여 변하거나 그러한 형태가 새로 생겨나도록 하는 심리적인 과정을 가리키는 것이다. 유추를 일으키는 언어 유사성은 형태적일 수 있고 기능적일 수도 있다. 유추 때문에 기능이 비슷한 문장 성분은 문장 구조상 비슷한 위치에 배치되는데 이로 인해 문법화가 일어나는 경우도 있다. 일반화는 어휘소의 의미가 점점 특수성을 잃어 일반적인 의미를 갖게 되는 변화 과정이다. 환유는 어떤 방식으로 한 대상이 다른 대상에 연속성을 가지고 있을 때 그것을 이용해 그 연속성 있는 대상을 지칭하기 위해 쓰이는 언어 전략의 일종으로 정의된다. 여기서 '연속성'은 사회-물리적, 사회-문화적, 경험적 등 세 가지로 나눌 수 있다. 각 기제는 문법화의 여러 단계에서 종합적으로 작용해서 문법화의 최종적 결과를 만든다.

문법화 모형은 주로 원형 확대 모형, 잃고-얻기 모형 등이 있다.

대부분 분류사와 복수표지는 실제 의미를 가졌던 실사에서 문법화된 것이다. 중국 남부지방 일부분 방언에서 분류사는 원형적인 기능 외에 다양한 통사, 의미적 기능을 할 수 있는데 이러한 기능의 발달은 공통적인 문법화 경로에 따른 것이라고 판단된다. 이 책은 분류사와 복수표지의 기능 확장을 연구할 때 문법화 이론을 이용하고자 한다.

## 1.3.2 의미지도 모형

의미지도(semantic map) 모형은 개념공간(conceptual space)을 기초로 한 언어 연구 수단이다. 다기능 문법 형식과 의미 간의 관련성을 연구하고 범언어적인 형식-의미 관계를 분석하는 유용한 도구이다. Anderson(1982)에서 최초로 제시된 후, 의미지도는 Haspelmath(2003), Croft(2003) 등의 논의를 거쳐 성숙된 이론 체계가 구축되었고 완정한 연구 방법론을 갖추게 되었다. 2010년대에 들어, 한중 양국 언어학계에서도 의미지도를 활용한 성과가 많이 나타나기 시작하였다.

李小凡(2015:9)는 의미지도의 기본 개념을 다음과 같이 설명하였다. 어떤 문법 형식이 여러 가지 의미와 용법이 있고 이러한 의미와 용법들이 다른 언어에서도 항상 동일한 문법 형식으로 표현된다면 그 문법 형식과 의미, 용법들은 우연적으로 연결되는 것이 아니라 체계적이고 보편적인 연관성에 의해 연결되는 것이다. 이것은 인간 인지 체계에서 개념적 보편성의 반영이다.[11]

개념공간은 바로 인간 언어의 개념적 보편성을 전제로 구축된 것이고 의미지도는 개념공간을 바탕으로 만들어진 것이다. 다시 말하면 개념공간은 범언어적인 대조에 의해 구축된 보편적인 의미 공간이고 의미지도는 특정한 문법 형식이 개념공간에서 차지하는 부분이다. 아래 [그림 2]

---

[11]   李小凡(2015:9)에서의 원문은 아래와 같다.
 "某个语法形式若是有多重意义和用法, 而这些意义和用法在不同语言里一再出现以同一个形式负载的现象, 则其间的关联绝非偶然, 应该是系统的,普遍的, 可能反映了人类语言在概念层面的一些共性。"

는 악일비(2018:181)에서 제시된 재귀대명사의 개념공간이다. 각 기능은 개념공간에 절점(节点)으로 나타나고 선은 각 기능 간의 연관성을 상징한다. 개념공간에서 직접적으로 연결된 기능 사이에 직접적인 연관성이 있고 그렇지 않는 기능은 연관성이 약하다.

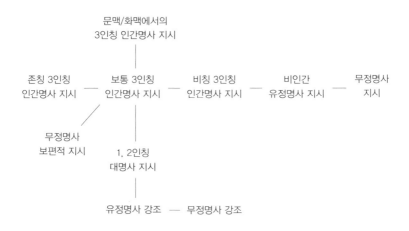

[그림 2] 개념공간의 예시(재귀대명사 개념공간)

개념공간을 기초로 특정한 문법 형식의 의미지도를 만들 수 있다. [그림 3]은 위 [그림 2]를 바탕으로 만든 의미지도인데 한국어 재귀대명사 '자기, 자신, 당신'과 '저'의 의미적 기능을 반영하였다.

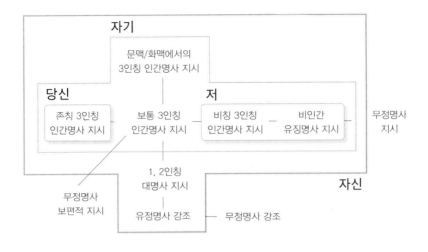

[그림 3] 의미지도의 예시(한국어 재귀대명사)

위 그림을 보면 네 개의 재귀대명사에서 '자신'의 의미적 기능이 가장 많고 '당신'의 의미적 기능이 가장 적다. 그리고 이 재귀대명사들이 '무정명사 지시, 무정명사 강조' 등 기능이 없다는 사실도 알 수 있다.

대부분 경우에 다기능 문법 형식의 의미적 기능은 원형 기능에서 주변 기능으로 확장한다. 이는 단계적, 점진적인 과정이고 은유와 환유 등 기제가 종합적으로 작용한 결과이다. 한 문법 형식의 여러 기능에서 고립된 기능이 없어야 하는데 이 관점에 따라 Croft(2003)은 의미지도 연속성 가설(语义地图连续性假说)을 제시했다. 이 가설에 따르면 한 문법 형식의 의미지도는 개념공간에서 연속적인 공간을 차지해야 한다. 정확한 의미지도를 만들기 위해 절점을 잘 선택해야 하는데 일반적으로는 더 이상 세분될 수 없고 변별적인 기능을 절점으로 한다. 그리고 절점의 배열은 문법화의 선후 순서를 따라야 하고 각 기능의 출현 빈도도 유의해야 한다. 일반적으로 출현 빈도가 높은 기능은 개념공간의 중심적 위치에 놓고 출현 빈도가 낮은 기능은 주변적 위치에 놓는다.

전통적인 대조분석 방법에 비해 의미지도 모형은 아래와 같은 몇 가지 장점이 있다.

첫째, 의미지도는 연구 대상의 품사, 통사적 동질성 등에 대해 제약이 엄격하지 않다. 의미적 기능이 같거나 비슷한 대상이면 품사 소속이나 통사적 특징과 큰 상관없이 의미지도로 연구할 수 있다. 따라서 대조연구의 범위가 크게 확장되었다. 의미지도는 형식적인 대조에서 벗어나 문법 형식이 나타내는 문법적 의미나 기능에 초점을 둔 연구 방법이라고 할 수 있다.[12]

둘째, 두 가지 이상의 연구대상이 있으면 의미지도는 범언어적인 연구, 언어 대조연구와 단일 언어 연구에 모두 적용할 수 있고 의미적 기능 간의 함축적 보편성을 도출할 수 있다. 이로써 의미지도는 의미론 연구와 문법화 연구를 더 심화시켰다.

셋째, 의미지도를 통해 다기능 문법 형식 각 기능 간의 내적 연관성을 직관적으로 확인할 수 있다. 의미지도는 각 기능 간의 연관성과 각 문법 형식의 기능 중첩 부분을 잘 드러내서 제2언어 교육 영역에서 표기량 계산, 습득 순서 예측 등 실용적 용도가 있다.

넷째, 연구주제와 관련된 새로운 문법 형식이 발견되면 의미지도는

---

12    여기는 이지은(2013:237)을 참고했다.

언제나 수정과 보완이 가능하다. 그러므로 객관성이 높다.

각 언어의 분류사와 복수표지는 '수' 또는 '양'을 나타내는 공통적인 기능이 있고 기능 확장도 일정한 패턴을 따르지만 실제 확장 양상을 보면 차이점이 많다. 각 의미적 기능 간의 연관성을 고찰하고 각 연구대상의 기능 확장 양상을 직관적으로 정리하기 위해 연구 과정에서 의미지도 모형을 도입하겠다. 분류사와 복수표지 각 기능의 습득순서를 예측할 때도 의미지도를 보조적인 도구로 사용하고자 한다.

### 1.3.3 언어목록유형론의 현저성 이론

언어유형론의 발전 흐름은 크게 전통 언어유형론 시기와 현대 언어유형론 시기로 나눠서 살펴볼 수 있다. 전통 언어유형론 연구는 주로 형태론 영역에서 이루어졌다. 이 이론의 창시자는 19세기의 독일 언어학자 Schlegel 형제이다. 그들은 형태적 변화 특징에 따라 세계 언어를 무변화형 언어(无结构语), 부가형 언어(附加语)와 굴절형 언어(屈折语) 등 세 가지로 분류했다. 나중에 역사언어학자 Schleicher은 위와 같은 세 가지 언어 유형을 각각 고립어(孤立语), 교착어(黏着语)와 굴절어(屈折语)로 개칭하였다. Schlegel 형제와 Schleicher의 성과를 기초로 Humboldt는 포합어(多式综合语)라는 언어 유형을 제시했다. 북미주 Eskimo어를 비롯한 포합어는 하나의 동사 어근에 시제, 양태, 인칭 등 여러 가지 형태소를 함께 붙여 복잡한 의미를 나타낼 수 있고 목적어와 서술어를 하나의 단어로 통합할 수 있다. 그리고 명사 뒤에도 수량, 격 등을 표현하는 형태소를 붙일 수 있다. '고립어, 교착어, 굴절어와 포합어'라는 언어 분류법은 지금까지 사용되어 왔고 전통 언어유형론의 중요한 성과이다.

미국 언어학자 Greenberg가 제시한 현대 언어유형론은 여러 측면에서 전통 언어유형론과 다르다. 현대 언어유형론의 관심 영역은 각 언어 현상 사이의 연관성이다. 소련 언어학자 Jakobson은 언어 현상 사이에 존재할 수 있는 세 가지 관계를 아래와 같이 제시한 바가 있다. 첫째, 언어 현상 A와 언어 현상 B는 서로의 존재 조건이 된다. 즉 양방향 함축(双向蕴含)이다. 둘째, 언어 현상 A의 존재는 언어 현상 B가 존재하는 조건이다. 즉 단방향 함축(单项蕴含)이다. 셋째, 언어 현상 A와 언어 현상 B는 관계가 없다. Greenberg는 두 번째 상황, 즉 단방향 함축을 중요시하고 이를 현대 언어유형론의 함축적 보편성(蕴含共性)으로 발전시켰다.

현대 언어유형론의 기초가 된 성과는 Greenberg(1954)와 Greenberg(1963)이다. Greenberg(1954)는 학자의 어감과 직관으로 했던 연구에서 벗어나 정량화 언어유형론 연구의 첫걸음을 내딛었다. Greenberg(1963)은 45가지의 함축적 보편성을 제시하여 현대 언어유형론의 연구 패러다임에 깊은 영향을 주었다.[13] 초창기에 어순 연구를 많이 했기 때문에 현대 언어유형론은 '어순 유형론(语序类型学)'이라고도 불린다. 그러나 지금 현대 언어유형론의 연구 주제는 어순뿐만 아니라 음운, 형태, 통사와 의미 등 다양한 영역으로 확장되었다.

---

**13** Greenberg(1954)에 관한 내용은 Whaley(2010:30)을 참고했고 Greenberg(1963)에 관한 내용은 金立鑫(2006:35)를 참고했다.

현대 언어유형론의 관점에 따르면 언어 간의 차이는 무질서하게 나타나지 않고 일정한 패턴들에 의해 결정된다. 그 패턴들은 논리적 사고력과 인지적 요인 등이 종합적으로 작용하는 결과이고 명제 'p이면 q이다'로 요약할 수 있다. 이 명제를 연역하면 'p, q', '−p, q', '−p, −q'와 'p, −q' 등 네 가지 상황이 있는데 'p, −q'를 제외한 세 가지만 논리적이다.[14] 이 때문에 현대 언어유형론은 '다양성 속에서 보편성을 찾는' 언어학 이론이라고 할 수 있다. 그러므로 유형론의 시각으로 보면 문법 형식들 간의 함축적 보편성은 다양성이 나타나는 전제이자 다양화의 양상을 제한하는 기제이다. 현대 언어유형론은 두 가지 연구 방식이 있다. 첫 번째는 대량의 범언어적인 자료를 수집, 분석한 후 함축적 보편성을 제시하고 이를 해석하는 것이다. 두 번째는 소규모 언어 자료를 수집, 분석한 후 가설을 제기하고 범언어적인 검증, 해석을 하는 것이다. 함축적 보편성을 해석할 때 언어유형론은 도상성과 경제성 등 언어 내적 요인과 지리, 사회 문화 등 언어 외적 요인을 모두 중요시한다.

최근 몇십 년 동안 언어유형론의 이론 체계가 빠르게 발전해 왔다. 앞에서 언급한 유정성과 의미지도 등 새 이론 새 방법이 등장하였고 중국에서 '언어목록유형론'이라는 하위 이론도 새로 나타났다.

언어목록유형론은 2011년에 중국 언어학자 刘丹青이 제시한 이론이

---

**14** 여기서 'p이면 q이다'는 절대적인 규칙이 아니라 일종의 경향성이다. 대량의 범언어적 자료를 분석하면 가끔 논리적이지 않은 상황도 발견할 수 있지만 그러한 상황의 출현 빈도가 다른 상황에 비해 현저히 낮으면 명제의 정확성에 큰 영향을 끼치지 않는다.

다. 이 이론은 언어유형론의 하위 이론이고 가장 중요한 개념은 '언어수단목록'과 '현저성'이다.[15]

언어수단목록이라는 개념은 광의적과 협의적으로 나눠서 볼 수 있다.

광의적인 언어수단목록은 한 언어 체계에서 보유된 모든 언어 수단의 총화를 가리킨다. 음운, 형태, 통사와 텍스트적 수단은 모두 언어수단목록에 저장되어 있다. 각 언어의 수단목록은 크게 다를 수 있고 같은 의미 범주의 형식적 표현도 큰 차이가 있을 수 있다.

협의적인 언어수단목록은 '특정한 의미를 나타내는 모든 언어 수단의 총화'를 말한다. 예를 들면 원인을 표현할 때 중국어는 '因为, 由于, 所以' 등 관련사를 쓰고 한국어는 '−아서, −(으)니까, −기 때문에, −므로, −(으)로 말미암아' 등 연결어미를 쓴다. 여기서 '因为, 所以, −아서, −(으)니까' 등 모든 수단은 원인을 표현하는 수단목록을 구성한다. 범위를 더 좁히면 '한 언어에서 특정한 의미를 나타내는 수단'도 하나의 수단목록을 구성한다.[16]

언어 사용자가 모든 언어 수단에 기능을 골고루 부여하지 않기 때문에 일부분 수단은 다른 수단보다 더 많은 기능을 가지고 실제 생활에서 더 많이 쓰인다. 언어목록유형론의 시각으로 보면 이러한 수단은 현

---

15 '语言库藏类型学, 显赫度'와 '凸显, 强势' 등 전문 용어의 한국어 번역은 장회견(2017:3)을 참고했다.

16 '협의적인 언어수단목록'은 吳建明(2018:72)에서 제시된 개념이다. 이 개념을 설명하는 예시는 필자가 스스로 만든 것이다.

저성이 강하다. 언어목록유형론 연구는 크게 두 단계로 나눌 수 있다. 하나는 언어 사실을 기술하고 연구 대상의 현저성을 분석하는 단계이고 또 하나는 현저성 차이를 바탕으로 함축적 보편성을 도출하는 단계이다.

언어수단과 범주의 현저성은 두 가지 변수로 고찰할 수 있다. 하나는 부각(凸显) 정도이고 또 하나는 강세(强势) 정도이다. 부각 정도가 높은 수단은 목록에서 더 중요한 위치를 차지하고 다른 수단에 의해 쉽게 대체되지 않는다. 강세 정도가 높은 수단은 다른 개념 영역으로 확장하는 경향이 강하게 나타나고 언어 수단 간의 경쟁도 자주 일으킨다. 刘丹青(2012-1:292)은 현저성이 강한 범주의 다섯 가지 판정 기준을 제시했다.

가. 문법화 정도가 높거나 다기능 형식으로 표현되어서 언어수단목록에서 부각된다. 우회적으로 나타나는 경우가 적다.

나. 확장 추세가 강해서 원래 의미와 관련된 인접 의미를 표현할 수 있다. 이에 따라 형식-의미 관계가 복잡하고 범주를 넘는 대응 관계(跨范畴的对应关系)가 이루어진다.

다. 해당 의미 범주는 그 형식이 나타내는 여러 의미에서 원형적 위치를 차지한다.

라. 유추하기가 쉽고 통사적 분포가 넓다. 강제적으로 사용되는 경우도 있다.

마. 접근성(可及性)이 강하고 심리적으로 쉽게 활성화된다.

위와 같은 기준은 의미 범주를 중심으로 제시된 것인데 陆丙甫

(2015:199)는 이를 바탕으로 형식 범주에 입각한 두 가지 현저 범주 판정 기준을 제시했다.[17]

　　바. 해당 언어의 문법 체계 또는 다른 통사적 구조에 큰 영향을 준다.
　　사. 현저성이 강한 구조이면 구성원에 원래 없는 통사적 기능을 부여할 수 있다.

　현저성과 관련하여 '이차적 현저(二次显赫)'와 '내부적/외부적 확장(内部/外部扩张)' 등 부속적인 개념도 제시되었다. 새로운 이론으로서 언어목록유형론의 이론 체계는 계속 보완되고 있고 이에 따라 '입고/출고(入库/出库)', '언어수단의 분열/융합(库藏裂变/库藏聚变)' 그리고 '기생범주/숙주범주(寄生范畴/宿主范畴)' 등 개념과 기제가 나타나고 있다.

　전체적으로 보면 언어목록유형론과 Greenberg가 제시한 현대 언어유형론은 세 가지 측면에서 차이점이 있다.

　첫째, Greenberg의 언어유형론은 어순 연구에서 시작되었지만 언어목록유형론은 초창기부터 음운, 형태, 통사, 의미 등 다양한 연구 분야에서 두루 적용된다.

　둘째, 기존의 언어유형론 연구는 의미 범주에 입각하여 형식을 보는

---

17　陆丙甫(2015:199)에서 문법 체계에 큰 영향을 준 현저 범주를 중국어 '把(파)' 구문을 예시로 설명하였다. 현저성이 강한 구조(构式)를 중국어 비교구문 중의 한 가지인 '형용사+비교표지+비교기준+비교결과'를 예시로 설명하였다. 예를 들면 중국어에서 '高过他三寸'이라는 표현이 문법적이다. '高'는 형용사로서 목적어를 가지지 못하지만 현저성이 강한 비교 구조에 들어가면 기능이 확장되고 목적어를 가질 수 있게 된다.

성과가 많다. 이와 달리 언어목록유형론은 형식 범주와 의미 범주의 상호작용을 중요시하고 형식에 입각하여 의미를 보는 연구를 더 많이 한다. 언어 수단의 원형은 형식적이기 때문이다. 특정한 의미가 한 언어에서 문법화된 형식으로 표현되는지, 범주화되는지, 그 형식이 다른 의미도 나타내는지 등은 언어목록유형론 초기 연구의 주요 관심 분야였다.[18]

셋째, 기존 연구에서 도출된 함축적 보편성은 평면적, 일차적인 것인데 언어목록유형론은 현저성 차이를 기초로 한 입체적, 이차적인 함축적 보편성을 도출하려고 한다. 따라서 언어목록유형론 연구는 언어 수단의 기능 확장과 현저성 정도 분석에 중점을 둔다.[19]

전통 언어유형론, 현대 언어유형론과 언어목록유형론의 특징과 차이를 정리하면 〈표 5〉와 같다.

〈표 5〉 전통 언어유형론, 현대 언어유형론과 언어목록유형론의 대조

|  | 전통 언어유형론 | 현대 언어유형론 | 언어목록유형론 |
|---|---|---|---|
| 창시자 | Schlegel 형제<br>(독일) | Greenberg<br>(미국) | 刘丹青<br>(중국) |
| 창시 시간 | 19세기 | 1950, 60년대 | 2011년 |
| 초기 관심 분야 | 형태 | 어순 | 다양한 언어학 분야 |

18 '둘째' 부분은 刘丹青(2011:290)과 刘丹青(2012:292)를 참고했다.
19 즉, 언어목록유형론의 시각으로 보면 현저성 차이는 언어수단목록의 차이로 인해 생긴 것이고 유형론적 차이는 현저성 차이로 인해 생긴 것이다. 기존 연구는 '언어수단 혹은 현상의 유무'로 함축적 보편성을 도출하려고 하는데 언어목록유형론은 '언어수단 혹은 현상의 현저 여부'로 함축적 보편성을 도출하려고 한다.

| 연구 시각 | 형식 | 양방향<br>(의미 → 형식 연구<br>더 많음) | 양방향<br>(형식 → 의미 연구<br>더 많음) |
|---|---|---|---|
| 연구 목표 | 세계 언어 분류하기 | 함축적 보편성<br>제시하기 | 현저 범주 찾기와<br>함축적 보편성<br>제시하기 |

　　문법화 이론과 의미지도 모형으로 한국어, 표준 중국어, 상하이방언에서 분류사와 복수표지의 기능을 고찰한 후, 이 책은 광의적인 언어수단목록 개념 아래 이들 수단의 현저성 강약을 파악하겠다. 이를 기초로 각 언어(방언)에서 이 두 문법 형식의 상호작용 양상을 분석하고 함축적 보편성을 도출하고자 한다.

### 1.3.4 유표성차이가설

　　지난 몇십 년 동안 제2언어습득 연구에서 대조분석이 중요한 이론이었다. 그러나 실제 교육 현장에서 대조분석 가설은 한계점이 드러났다. 대조분석의 한계점을 보완하기 위해 Eckman(1977)은 아래와 같은 유표성차이 가설을 제시하였다.

　　가. 모국어와 다른 목표언어의 특징이 모국어보다 더 유표적이면 습득하기가 어렵다.
　　나. 모국어보다 더 유표적인 목표언어의 특징을 배울 때 습득 난이도는 유표성의 정도와 정비례한다.
　　다. 모국어와 다른 목표언어의 특징이 모국어보다 덜 유표적이면 습득하기가 어렵지 않다.

위 가설을 더 직관적으로 정리하면 〈표 6〉과 같다.

〈표 6〉 유표성이 모국어전이에 주는 영향[20]

| | 모국어(L1) | 목표언어(L2) | 중간언어 |
|---|---|---|---|
| 1 | 무표기 | 무표기 | 무표기 |
| 2 | 무표기 | 유표기 | 무표기 |
| 3 | 유표기 | 무표기 | 무표기 |
| 4 | 유표기 | 유표기 | 무표기 |

유표성차이가설은 대조분석 가설에 표기이론, 문법 등급 등을 접목시켜서 제2언어 습득 과정에서 난이도의 유무뿐만 아니라 난이도의 정도까지 예측할 수 있다. 그리고 실제 교육 과정에서도 비교적 높은 예측력과 해석력을 보인다.

이 책은 언어목록유형론의 현저성 개념을 유표성차이가설에 접목시켜 중국인, 특히 상하이를 비롯한 오방언 지역 출신 학습자가 한국어 분류사, 복수표지를 공부할 때의 난점과 각 기능 습득 순서를 예측하겠다. 그 다음에 한국인 학습자가 표준 중국어 분류사, 복수표지를 공부할 때의 난점과 각 기능 습득 순서도 고찰하고자 한다.

기존 연구 성과에서 '표기(标记)'와 '표지(标志)'라는 용어가 혼용되는 현상이 있다. 먼저 이 두 가지 용어의 차이를 밝히겠다. '표기(标记)'는 구조, 통사적 분포나 출현 빈도 면에서의 '특수함'을 가리키는 것이고 '표지(标志)'는 '-들, -s'처럼 문법 의미를 나타내는 외현적 언어 수단을

---

20  〈표 6〉은 唐承贤(2005:63)에서 재인용한 내용이다.

가리킨다. 沈家煊(2015:30)을 비롯한 일부분 성과에서도 '표기'와 '표지'가 이처럼 구분되었다.[21] '표지'의 유무는 반드시 '표기성'의 강약과 관련되지 않는다.

각 언어학 이론에서 '표기'에 대한 이해와 판정 기준이 다른데 다음 부분에서 구조주의 언어학에서 언어유형론까지 각 언어학 이론에서 '표기'가 어떻게 인식되고 있는지를 살펴보고 이 책에서 말하는 '유표기'와 '무표기'의 판정 기준을 밝히겠다.

'표기' 개념을 최초로 체계화시킨 학자는 구조주의학파의 Jakobson이다. Jakobson에 따르면 유표성 유무를 판정하는 기준은 세 가지이다. 각각 분포 기준, 사용 빈도 기준과 습득 난이도 기준이다.[22] 이원적으로 대립된 두 대상에서 분포가 넓고 사용 빈도가 높으며 일찍 습득된 대상은 무표적인 것으로 간주된다. Jakobson의 관점에서 연구대상은 단순히 '유표적'과 '무표적'으로 이분되는 경향이 강하게 드러나는데 그것이 한계점이라고 할 수 있다.

그 후 생성학파의 대표적인 학자인 Chomsky는 '표기'를 생성문법에 접목시켰다. '표기'에 대한 Jakobson과 Chomsky의 관점은 차이가 있다. 우선, Chomsky는 유표성이 상대적이고 수의적인 것이라고 주장한다. 예를 들면 음소를 연구를 할 때, Jakobson은 [+유성음]인 음소가 유표

---

21    沈家煊(2015:30)에 '如果一种语言的复数不加标志, 单数名词也不加标志'라는 말이 있다. 이 문장에서 '-들'과 같은 문법 형식은 '표기'가 아니라 '표지'로 간주되어 있다.

22    Jakobson이 말하는 '습득 난이도'는 아동이 모국어를 습득할 때의 난이도이다.

적이라고 주장하는 반면에 Chomsky는 [+유성음]과 [+무성음] 모두 '유표기'의 판정 기준으로 간주될 수 있다고 주장한다. 즉 [+유성음]은 바로 [−무성음]이고 [−유성음]은 바로 [+무성음]이다. 둘째, Chomsky에 의하면 보편문법처럼 유표성도 인간의 대뇌에서 선천적으로 존재하는 것이다. 보편문법은 핵심문법과 주변문법 두 부분으로 나눌 수 있는데 그중 핵심문법(核心语法)은 주도적이고 무표적인 규칙과 구조이고 주변문법(边缘语法)은 종속적이고 유표적인 규칙과 구조이다. 이 경우에 '유표'와 '무표'는 이분된 개념이 아니라 하나의 연속체이다. 유표성의 강약은 상대적인 것이고 변수(参数)의 선택에 달려 있다.

나중에 王鲁男(2010) 등 성과는 Chomsky의 '표기관'을 질의했다. 핵심문법과 주변문법은 명확한 경계가 없는 연속체이다. 따라서 '변수' 자체도 유표성이 있고 모호한 부분이 존재한다. 그리고 보편문법의 관점에서 핵심문법은 선천적이고 습득하기 쉽고 주변문법은 후천적이고 습득하기 어렵다. 실제 연구에서 습득하기 쉬운 것을 모두 무표적인 핵심문법으로 간주하고 습득하기 어려운 것을 모두 유표적인 주변문법으로 간주하는 경향이 있는데 이렇게 하면 연구는 객관적 기준이 부족하다. 그러므로 생성문법 시각에서의 표기이론도 보완해야 할 부분이 있다.

沈家煊(1997)은 생성문법을 기초로 한 Zobl(1983)의 표기이론을 소개했다. Zobl(1983)에 따르면 유표성은 학습자의 투영능력(投射能力)과 관련된 것이다. 무표적인 대상은 직접 공부하지 않아도 관련 대상으로 추론, 투영할 수 있다. 이와 반대로 유표적인 대상은 직접적으로 배우지 않으면 습득하기 어렵다.

체계기능문법에서 유표성은 '수량적 유표성'과 '형식적 유표성'으로 나누어져 있다. '수량적 유표성'을 가진 대상은 분포가 좁고 출현 빈도도 낮다. '형식적 유표성'을 가진 대상은 구조가 상대적으로 복잡하다. 대부분 경우에 양자는 일치하지만 일부분 상황에서 차이가 있다. 예를 들면 한국어 '해요체'로 명령의 뜻을 표현하려면 '-아/어/여요'와 '-(으)세요' 두 가지 구조를 사용할 수 있다. 수량적 측면에서 보면 '-(으)세요'는 더 많이 사용되어서 무표적이지만 형식적 측면에서 보면 '-아/어/여요'는 더 보편적이고 기본적인 구조이어서 무표적이다. 이 외에 체계기능문법은 구체적인 언어 환경이 유표성 강약에 영향을 준다고 주장한다.[23]

인지언어학 이론에서 '표기'는 '원형'과 긴밀한 관계가 있다. 한 범주에서 전형적인 구성원은 무표적이라고 간주해야 하고 비전형적인 구성원은 유표적이라고 간주해야 한다는 주장이다. 원형범주는 사실상 무표적인 특징의 집합이다. 따라서 인지언어학 시각으로 보면 원형적 구성원과 가까워질수록 유표성이 약해진다. 인간이 간략원칙(简约原则), 자연원칙(自然原则)과 낙관원칙(乐观原则) 등 몇 가지 기본적 원칙으로 세상을 인지하는데 이러한 원칙에 부합되면 무표적이고 어긋나면 유표적이다.

Greenberg는 표기이론에 함축적 보편성을 접목시켜 아래와 같은 유

---

23 '표기'에 대한 체계기능문법의 인식은 巩湘红, 常晨光(2011:124)을 참고했다.

형론적 유표성 판단 기준을 제시했다.

> 구조 X가 있는 모든 언어에 구조 Y가 존재하고 구조 Y가 있는 모든
> 언어에서 구조 X가 반드시 존재하지 않으면 구조 X는 구조 Y보다 유
> 표적이다.

유표적인 대상은 구조 면에서 더 많은 특징을 가지고 분포와 빈도 면
에서 봐도 상대적으로 적게 나타난다. 그리고 중립적인 위치에 나타나
지 못한다.

언어유형론 시각에서 보는 표기이론은 세 가지 특징이 있다.

첫째, 유형론 학자는 범언어적인 조사로 유표성의 유무와 강약을 판
단해야 한다고 주장한다.

둘째, 표기이론의 연구대상은 단일범주에서 다범주(多范畴)로 확대된
다. 예를 들면 유형론 학자는 수범주에 명사범주를 접목시켰다. 명사는
개체명사와 집합명사 두 가지가 있는데 개체명사의 경우 단수는 무표적
이고 복수는 유표적이지만 집합명사의 경우 복수는 오히려 무표적이다.

셋째, 언어유형론 학자들은 함축적 보편성(蕴含共性)과 문법 등급(语
法等级) 연구에 표기이론을 도입하였다.

구조주의부터 언어유형론에 이르기까지 '표기'에 대한 각 학파의 이해
와 해석을 정리하면 〈표 7〉과 같다.

〈표 7〉 '표기'에 대한 각 학파의 이해와 해석

| | 1. 구조주의 | 2. 생성문법(Chomsky) |
|---|---|---|
| 대립방식 | 이원적 유무 대립 | 정도의 연속체 |
| 판정기준 | 외부 요인[24] | 인간 대뇌에서의 '변수' |
| 비고 | 음소 연구에서 많이 적용 | '표기'를 상대적 개념으로 인식 '핵심/주변문법'에 접목 |
| | 3. 생성문법(Zobl) | 4. 기능문법 |
| 대립방식 | 정도의 연속체 | 정도의 연속체 |
| 판정기준 | 인간 대뇌에서의 '투영능력' | '선택 확률'과 '구체적 언어 환경' |
| 비고 | 없음 | '무표기'를 다시 '수량적/형식적 무표기'로 나눔 |
| | 5. 인지언어학 | 6. 언어유형론 |
| 대립방식 | 정도의 연속체 | 정도의 연속체 |
| 판정기준 | 인간의 인지 원칙 | '함축적 보편성'과 '문법등급' |
| 비고 | '원형범주'에 접목 | 범언어적인 조사를 강조 연구대상을 다범주로 확대 |

이 책에서 말하는 '표기'는 〈표 7〉에 나타난 유형론적 '표기' 개념이다. '표기'는 하나의 정도성 연속체로 인식하고 표기의 유무와 유표성의 강약은 함축적 보편성 및 문법 등급에 의해야 판단할 수 있다고 주장한다.

## 1.4 논의구성 및 예문 출처

이 책은 여섯 개의 부분으로 구성된다.

---

24  여기서 '외부 요인'은 분포 범위, 출현 빈도, 아동이 모국어로 습득할 때의 난이도 등을 가리킨다.

제1장은 서론이다. 서론에서 연구목적을 밝히고 연구대상을 확정한 후 주요 이론인 문법화 이론, 의미지도 모형, 언어목록유형론과 유표성 차이가설 등을 소개하겠다. 그중 언어목록유형론과 유표성차이가설은 비교적 새로운 이론이고 학계에 덜 알려져 있는데 이 두 이론의 기본 개념과 이론 체계, 특히 '현저성, 언어수단목록, 표기' 등 개념의 정의를 비교적 상세하게 살펴보겠다. 그리고 이 이론들이 책에서 어떤 문제를 해결하는 데 쓰일지도 밝히겠다. 마지막으로 논의구성과 예문 출처를 밝히겠다.

제2장은 선행연구이다. 선행연구는 우선 '분류사에 관한 선행연구'와 '복수표지에 관한 선행연구' 그리고 '분류사와 복수표지의 상호작용에 관한 선행연구' 등 세 부분으로 나누고자 한다. 각 부분은 다시 '한국 학계의 연구'와 '중국 학계의 연구'로 세분하겠다. 이 기초 위에 성과들을 '통시적 연구'와 '공시적 연구' 그리고 '본체연구, 대조연구'와 '습득연구' 등 여러 가지 유형으로 분류해서 기존 연구 성과의 공헌과 한계점을 밝히겠다.

제3장에서 분류사로 구성된 수량 표현 그리고 분류사의 확장 기능을 연구하겠다. 먼저 기초적 논의 부분에서 분류사와 복수표지의 범주 소속, 품사 소속, 문법 체계에서의 위상 등을 살펴보겠고 이 책에서 살펴볼 분류사의 목록을 작성하고자 한다. 이를 기초로 '분류사 수량 표현'의 통사와 의미적 특징을 연구하겠다.

어순 차이가 있지만 한국어, 표준 중국어와 상하이방언에서 분류사 수량 표현은 모두 '수량사, 분류사'와 '명사' 등 세 가지 요소로 구성된다.[25] 연구 과정에서 인저언어학의 '원형범주이론(原型范畴理论)'을 참고해서 '수량사+분류사+명사' 구조를 수량 표현의 기본 구조으로 보겠다. 원형인 '기본구조'를 먼저 연구하고 '기본구조의 확대, 축소와 중첩' 등 세 가지 상황을 나눠서 비전형적인 수량 표현에서 한국어, 표준 중국어와 상하이방언 분류사의 특징과 기능을 고찰하겠다. 분류사가 있는 수량 표현과 분류사가 없는 수량 표현이 어떤 의미, 통사적인 차이가 있는지도 언급하겠다. '기본구조의 확대'는 기본구조인 '수량사+분류사+명사'에 격조사, 지시사, 형용사 또는 소유구조를 붙이는 경우를 가리키고 '기본구조의 축소'는 기본구조에서 하나 이상의 구성 요소가 결여된 구조를 말한다. '수량사+분류사, 분류사+명사' 구조는 '기본구조의 축소'에 해당되고 일부분 언어(방언)에서 분류사는 단독적으로 나타날 수 있는데 이 현상에 대해서도 '기본구조의 축소'에서 간략하게 살펴보기로 한다. '분류사의 중첩'에서 '군데군데, 处处, 一个个, 一个一个' 등 주관량 표현의 통사적 제약, 의미적 특징 등을 고찰하겠다. 이를 바탕으로 이 책은 세 개의 유형론적 문제를 진일보 연구하고자 한다. 하나는 각 언어(방언)의 분류사 수량 표현이 어순 면에서 유형론적 공통점이 있는지를 탐구하는 것이고 또 하나는 언어목록유형론으로 분류사의 의미적 기능 현저성을 평가하는 것이다. 마지막으로는 현저성을

---

25  수량구조에서 분류사 앞에 위치하고 '수' 개념을 나타내는 문법 형식은 각 언어의 품사 체계에서 수사, 수관형사 등으로 다르게 분류된다. 논의 상의 편리를 위해 특별한 품사 구분이 필요하지 않은 경우에 이 책은 이 문법 형식을 중립적 용어인 '수량사'로 지칭하겠다.

검증하기 위해 문법화 이론에 따라 분류사의 개념공간을 구축하고 한국어, 표준중국어, 상하이방언에서 일반 분류사, 중립적 분류사와 불특정(不定) 분류사의 의미지도를 작성한 다음에 의미적 특성을 대조하는 것이다.

제4장에서 '복수표지 표현' 그리고 복수표지의 확장 기능을 연구하겠다. 이 부분에서 집합적 복수, 연합적 복수와 배분적 복수 등 세 가지 의미 유형에 따라 한국어, 표준 중국어와 상하이방언에서 복수표지의 통사와 의미적 특징을 각각 연구하겠다. 이를 기초로 한국어, 표준 중국어와 상하이방언 복수표지의 의미적 기능 현저성을 대조하겠다. 마지막으로 복수표지의 개념공간과 의미지도를 만들고 언어목록유형론의 시각으로 '분류사'와 '복수표지'의 기능적, 분포적 상호제약을 고찰하겠다. 이를 통해 현저성 차이에 입각한 함축적 보편성을 도출하고자 한다.

제5장에서 먼저 위의 논의 그리고 유표성차이가설에 따라 중국인 학습자, 특히 상하이를 비롯한 오방언 지역 출신 학습자가 한국어 분류사, 복수표지를 배울 때의 난이도와 습득 순서를 예측하겠다. 그 다음에 한국인 학습자가 표준 중국어 분류사, 복수표지를 배울 때의 난이도와 습득 순서도 예측하겠다.

제6장은 결론이다. 이 부분에서 이 책의 주요 결론을 요약하고 남은 문제, 앞으로의 연구 방향 등을 제시하겠다.

실제 생활에서 분류사와 복수표지가 어떻게 쓰이고 있는지를 파악하기 위해 이 책의 한국어와 표준 중국어 부분은 주로 인터넷에서 수집된 예문을 사용하고자 한다. 한국어 예문은 주로 네이버 블로그와 네이버 뉴스 등에서 수집하고 표준 중국어 예문은 주로 바이두(百度)와 웨이보(微博)에서 수집하겠다. 상하이방언은 구어에서만 쓰이고 서면(书面) 자료가 상당히 빈약해서 상하이방언 모어 화자인 필자가 실제 생활에서 수집한 문장을 예문으로 사용하고자 한다. 이 외에 한국어 부분은 〈표준국어대사전〉과 한국 국립국어원 언어정보나눔터 말뭉치를, 표준 중국어 부분은 북경대학교 CCL말뭉치를, 상하이방언 부분은 钱乃荣이 편찬한 〈上海记忆:上海话朗读〉 등 향토 문화책을 보충적 예문 출처로 삼겠다. 연구 필요에 따라 선행연구에 나타난 일부분 예문도 인용, 재인용하고자 한다.

인터넷이나 다른 출판물에서 인용된 예문은 모두 문장 밑에서 출처를 밝히겠고 출처가 밝혀지지 않는 예문은 필자가 스스로 만든 예문이다.

# 2

# 선행연구

# 2. 선행연구

　한중 분류사와 복수표지에 관한 연구는 깊이 있게 진행되어 왔다. 초기에 연구의 초점은 이 두 대상의 명칭, 품사 소속 등에 집중되어 있었는데 연구의 심화됨에 따라 연구 영역이 통사와 의미, 화용 등으로 확대되었다. 2000년대 이후 분류사와 복수표지의 교육, 습득, 번역 등에 관한 연구도 점점 나타나기 시작하였다. 이들 연구를 보면 수, 양범주 연구의 한 하위 부류로 진행된 연구가 있고 한두 개의 특정한 분류사, 복수표지를 가지고 이를 전문적으로 다루는 연구도 있다. 특히 중국 학계는 방언과 소수민족 언어의 분류사와 복수표지를 깊이 연구하였다. 최근 들어 언어유형론의 영향으로 한 언어에서 분류사와 복수표지의 상호작용 양상을 고찰하는 성과도 생겼다.

　이 장은 크게 '분류사에 대한 연구, 복수표지에 대한 연구' 그리고 '분류사와 복수표지의 상호작용에 대한 연구' 등 세 부분으로 구성된다. 앞에 있는 두 부분은 다시 '한국 학계의 연구'와 '중국 학계의 연구'로 나뉜다. 성과가 비교적 많은 분류사 부분에서 한중 분류사 연구의 역사에 대해서도 간략하게 정리하겠다. 이를 바탕으로 한국 RISS와 중국 CNKI 등 학술 사이트에서 1990년대 이후 발표된 관련 논문을 수집하고 연구 형식(공시-통시, 본체-대조-범언어 등), 연구 언어, 적용 이론 등에 따라 유형별로 정리하겠다. 이를 통해 이 영역의 연구 현황과 추세를 파악하고 기존 성과의 공헌과 한계점을 제시하겠다. 논문을 수집할 때 석박사 학위논문과 KCI, CSSCI 등재논문을 위주로 수집하겠다.

## 2.1 분류사에 대한 연구

분류사는 오랫동안 한중 언어학계 연구 초점 중의 하나이다. 이에 대한 연구는 20세기 초부터 계속 이어져 왔지만 가장 기본적인 문제 중에도 아직 해결되지 못한 문제가 있다. 예를 들면 'classifier'이라고 불리는 문법 형식을 한국어와 중국어에서 어떤 용어로 대응시켜야 하는지에 대해 의견이 분분하다. 최근 들어 학계에서 '분류사, 分类词'라는 표현이 많이 쓰이지만 〈표준국어대사전〉과 〈大辞海〉에서 검색하면 이 두 단어는 모두 없고 아직 표준 단어로서의 자격을 받지 못한다. '단위성 의존명사'와 '量词' 등 명칭은 여전히 널리 쓰이고 있고 한국어의 경우 초기 연구에서 '셈단위[서정수(1969)], 수량단위어[김영희(1981)], 단위어[박성훈(1985)], 셈숱말[김영희(1987)]'과 같은 용어도 많이 나타났다.

연구 현황을 더 전면적으로 파악하기 위해 분류사에 관한 성과를 수집할 때 '분류사, 단위성 의존명사, 수량 표현, 수량구'와 '分类词, 量

词' 등 여러 용어를 키워드로 검색하였다. 검색 결과에서 한국어 논문 120여 편과 중국어 논문 150여 편을 분석 대상으로 선정하였다. 진려봉(2012)을 제외한 대부분 논문에서 연구된 '분류사'는 Allan(1977), Craig(1984)와 Aikhenvald(2000)에서 말하는 '수 분류사'이다.

### 2.1.1 한국 학계의 연구 현황

최형용(2017:90,97)에 따르면 한국어 연구에서 분류사를 최초로 설정한 성과는 Underwood(1890)이고 한국인 문법가의 연구에서 분류사를 최초로 설정한 성과는 안확(1917)이다. 전통 문법 연구에서 품사를 설정할 때 대명사와 수량사를 따로 설정하지 않고 '명사'에 포함시키는 경우가 많았는데 '수'에 대한 관심이 적어서 분류사를 다루는 연구도 자연히 적었다. 분류사를 언급해도 대부분 경우에 대명사나 명사의 하위 부류로 봤다. 예를 들면 이희승(1949)는 분류사를 '양대명사'라고 지칭하고 대명사의 일종으로 분류했다. 최현배(1937)은 분류사를 '셈낱덩이안옹근이름씨(수단위 불완전명사)'라고 불렀다. 이와 비슷하게 이상춘(1946), 박태윤(1948)과 이숭녕(1956)도 각각 '셈의 단위를 표하는 불완전명사, 명수(命數)불완전명사, 단위 불완전명사' 등 명칭으로 명사 연구의 시야에서 분류사를 살펴봤다. 이 외에 최재익(1918)과 홍기문(1947)을 비롯한 일부분 성과는 수량사와 분류사를 하나의 덩어리로 보아 '수량사' 또는 '수량사의 연체보조' 등 말로 이 구조를 명명하였다.[26] 분

---

26 　최형용(2017:87)에 따르면 최재익(1918)은 오늘날의 '수량사'를 '수칭'으로 명명

류사라는 품사를 따로 설정한 성과는 Underwood(1890), Scott(1893), 안확(1917), Ramstedt(1939)와 Rogers(1953) 등이다. 그중 Scott(1893)과 안확(1917)은 분류사의 수량화 기능에 초점을 두고 이를 각각 'numerative(수량사)'와 '조수량사'라고 명명하였는데 Underwood(1890)과 Ramstedt(1939), Rogers(1953)은 분류사의 부류화 기능에 초점을 두고 이를 각각 'specific classifier(특칭 분류사), classifier(분류사), numerical classifier(수 분류사)'라고 명명하였다. 위에서 언급된 전통 문법 연구 성과들을 보면 대부분은 한국어 품사 체계 전반을 소개하는 것이고 특정한 품사나 범주를 다룬 연구가 거의 없었다. 분류사를 논의한 성과도 그 언어 현상을 기술하는 데 그쳐서 깊이 들어가지 않았다는 아쉬움이 있다.

현대언어학 이론의 도입에 따라 1970년대 이후 한국 학계에서 분류사를 전문적으로 다루는 성과가 나타나기 시작하였다. 이정은(2013:3)에 따르면 임홍빈(1979)에서 '분류사'라는 용어가 처음으로 제시되었다. 이전 시기보다 분류사 연구의 영역이 다양해졌는데 한국어 분류사 범위에 대한 연구[예:김하수(1976)], 한국어 분류사 의미 범주와 기능에 대한 연구[예:유동준(1983)], 수량 표현에서 한국어 분류사의 통사적 특징에 대한 연구[예:김영희(1981)] 등이 있었다.

1990년대 이후 한국 학계의 분류사 연구는 연구 영역, 연구 형식 그리고 적용 이론 등 측면에서 더 다양해지고 논문 수량도 현저히 증가했다. RISS에서 석박사 학위논문과 KCI 등재논문을 위주로 1990년대 이

---

하고 '수 관형사+수 분류사'로 구성된 '한 개, 세 마리' 등 표현을 '수량사'라고 명명하였다.

후에 발표된 분류사 연구 성과 120여 편을 수집하였는데 그중 2010년 이후 발표된 논문은 65% 정도를 차지하고 석박사 학위논문은 44% 정도를 차지한다.[27] 박사논문은 곽추문(1996), 손설매(2003), 진려봉(2012), 왕슈에(2013) 등 12편이다. 긴 시간 동안 연구되어 왔지만 분류사 영역에 아직도 다룰 만한 주제가 많고 학계의 주목을 받고 있다. 이에 대해 박사생의 참여가 상대적으로 적은데 앞으로 이 점을 보완해야 한다.

연구 형식을 보면 대부분 논문은 본체연구이다. 그중 한국어 본체연구는 상당한 비중을 차지하고 이지은(2018), 김혜진(2020)을 비롯한 중국어 분류사 본체연구도 몇 편이 있다. 이 두 논문은 모두 '个'를 연구 대상으로 했지만 각각 어휘확산 이론(词汇扩散理论)과 구문 문법(构式语法)을 이론 배경으로 했다. 강신(1995), 홍사만(2008), 보로비악(2010), 안경환(2017)과 곽새라(2017) 등 성과는 각각 몽골어, 일본어, 폴란드어, 베트남어와 페르시아어의 분류사를 연구했다.

수집된 논문에서 한국어와 외국어 분류사의 대조연구는 51편이 있고 대부분은 한중 분류사 대조이다. 이 외에 Nazarudin(2010), 표국남(2014), Luiza(2020) 등 논문은 한국어-인도네시아어, 한국어-베트남어, 한국어-러시아어 사이의 대조연구를 했다.

범언어적인 연구가 상대적으로 적은데 주로 우형식(2003, 2004), 안수정(2014)와 비조위(2014) 등이 있다. 우형식(2003)은 일곱 가지의 동아시아와 동남아 언어를 연구 대상으로 하고 기본 어순 및 수량 표현 어순

---

27  수집된 120편의 논문에서 2010년 이후 발표된 논문은 79편이 있고 석박사 학위논문은 53편이 있다.

사이의 연관성을 연구했다. 우형식(2004)도 이와 비슷한 연구범위인데 다룬 주제는 분류사의 형태, 통사적 기능 그리고 단위성, 부류성 의미이다. 안수정(2014)는 한, 중, 일, 베트남어에서 한자어 분류사를 연구 대상으로 하고 이들의 통사, 의미적 공통점과 차이점을 고찰하였다. 비조위(2014)는 한국어, 중국어와 일본어에서 인간성 분류사의 의미와 화용적 특징을 연구했다.

연구 시각을 보면 수집된 대부분 논문은 공시적 연구이고 통시적 연구 성과는 14편 정도가 있다. 공시적 연구는 크게 세 가지로 나눌 수 있는데 각각 분류사 체계 연구, 특정한 범위의 분류사 연구 그리고 개별 분류사 연구이다. 공시적인 체계 연구는 유정정(2015)를 예로 들 수 있고 특정한 범위의 분류사 연구는 석수영(2018)이 대표적이다. 이 논문은 한중 신체 부위 명사를 연구범위로 삼고 이 명사들이 분류사로 문법화하는 양상을 연구했다.

통시적 연구는 주제에 따라 크게 네 개의 유형으로 나눠서 볼 수 있다. 첫 번째 유형은 특정한 고대 작품에 나타난 분류사를 연구하는 것이다. 예를 들면 채완(1996)은 중립적 분류사 '개'의 차용 과정과 의미, 통사적 특징을 연구했다. 석주연(2011)은 조선시대 의학서 언해본에 나타난 분류사의 종류, 형태적 특징, 의미 그리고 한문 원문과의 대응 양상 등을 고찰하였다. 조미희(2014), 배영환(2015)와 신성철(2018)은 각각 〈번역노걸대〉, 조선시대 언간 자료와 정조 시기 편지에 나타난 분류사의 의미 범주와 통사적 특징 등을 연구했다. 두 번째 유형은 한국어 분류사 전반의 통시적인 변화에 대한 연구이다. 대표적인 성과는 김선효

(2005)와 정해권(2017)이다. 김선효(2005)는 한국어 분류사를 문법화 정도에 따라 세 가지 유형으로 나누고 이들의 문법화 과정과 기제를 고찰하였다. 정해권(2017)은 수량 표현의 통사적 변화 과정을 살펴봤다. 세 번째 유형은 한중 분류사의 통시적인 대조연구이고 박정구(2012), 김양진(2015)와 단명결(2015) 등을 예로 들 수 있다. 그중 박정구(2012)는 통사적 영역의 성과이다. 그 논문은 갑골문시기(甲骨文時期)부터 중국어 수량 표현의 어순 변화를 고찰하고 그것이 한국어 수량 표현에 어떤 영향을 줬는지를 연구했다. 김양진(2015)와 단명결(2015)는 의미적 영역의 성과인데 연구 주제는 한중 한자어 분류사이다. 이 논문들은 한자어 분류사가 한국어로 차용된 후 어떤 통시적 의미 변화를 겪었는지를 연구했다. 네번째 유형은 특정 대상에 관한 통시적 연구인데 석주연(2009)와 이상신(2018)을 예로 들 수 있다. 석주연(2009)는 한국어 '뭉치류' 분류사(예:뭉치, 더미, 덩어리 등)의 의미 특징을 통시적 자료로 설명하고 이 분류사들의 핵심적 기능이 '수량화'라고 주장하였다. 이상신(2018)은 한국어 동남 방언에서 봉분을 세는 분류사 '장'의 음운과 의미를 연구했다.

분류사의 연구 영역은 형태론부터 화용론까지 매우 다양하게 분포되어 있고 최근 들어 습득과 교육 영역에서도 분류사와 관련된 논문이 나타나기 시작하였다.

형태론 측면에서 주로 두 개의 연구 초점이 있다. 하나는 분류사의 품사이고 또 하나는 분류사 중첩 형식의 문법성 여부이다. 전자는 박재희(2018)을 예로 들 수 있다. 현행 학교문법에서 '분류사'라는 부류가 설정되어 있지 않고 의존명사의 하위 부류로 귀속시켰는데 박재희(2018)

은 '접어'라는 새로운 문법 부류를 설정하고 분류사를 접어로 봐야 한다고 주장하였다. 강방(2010)은 후자의 예로 들 수 있는데 그 논문은 한중 분류사의 중첩 가능성, 중첩 양상 등을 연구했다.

통사론 측면에서 수량 표현의 결합 양상이 연구 초점이고 문장에서 수량 표현의 통사적 기능, 다른 성분과의 공기 제약 등도 연구 주제이다. 예를 들면 김수진(2003)은 한국어 수량 명사구의 여덟 가지 통사적 구조를 정리했다.[28] 통사 구조 유형을 확정한 후 수량 표현에서 명사와 '수량사+분류사' 구조의 관계, 주격/목적격조사가 첨가된 후 각 부분의 통사적 성격도 주목되는데 오상언(2014) 등 논문은 이와 관련된 연구를 했다. 문장에서 수량 표현의 통사적 기능, 다른 성분과의 공기 제약 등은 각각 정염방(2018), 이남순(1995) 등에서 고찰되었다.

의미론 측면의 분류사 연구는 거시적 연구와 미시적 연구로 나눌 수 있다. 거시적 연구는 분류사의 통사-의미적인 특징에 초점을 두고 부류화, 수량화, 개체화 등 기능을 연구한다. 대표적인 성과는 석주연(2009), 이지은(2018) 등이다. 이 외에 어순이 수량 표현 의미에 주는 영

---

[28]  김수진(2003:31)에서 제시된 한국어 수량 명사구의 통사적 구조는 다음과 같은 여덟 가지이다.
(가) 명사-수량사-단위명사:강아지 한 마리;
(나) 명사-조사-수량사-단위명사:강아지가 한 마리;
(다) 수량사-단위명사:네 켤레;
(라) 수량사-단위명사-의-명사:한 권의 책;
(마) 수량사-단위명사-명사:한 줄기 눈물;
(바) 명사-수량사:사람 둘;
(사) 명사-조사-수량사:사람이 둘;
(아) 명사-단위명사:돈 푼께나.

향을 살펴본 연구와 한중 분류사 체계의 의미적 대응 양상을 살펴본 연구도 있다. 후자의 경우 중국 유학생들이 쓴 석사논문이 많은데 언어 사실을 단순히 기술하는 데 그치고 연구 패턴이 단일하다는 아쉬움이 있다. 미시적 연구는 특정한 범위 안의 분류사 또는 개별 분류사의 의미 변천, 확장 과정 등 주제를 다룬다. '점(点)'의 의미 확장 과정을 통시적으로 연구한 정경재(2011)은 이에 해당된 예이다.

화용론 측면의 연구는 상대적으로 적고 주로 인간성 분류사(예:분, 명, 놈)를 연구하는 과정에서 부차적으로 진행되었다. 장하연(2019), 최영(2020) 등을 예로 들 수 있다. 이 외에 분류사가 들어가 있는 구조의 화용적 의미도 고찰되었는데 김혜진(2020)은 이에 해당된다.

최근 들어 분류사 교육, 습득과 관련된 연구도 나타나고 있다. 이들 성과는 어린이의 모국어 습득과 성인 학습자의 제2언어습득으로 나눠서 볼 수 있다. 한국 어린이의 분류사 습득에 관한 성과는 이귀옥(1997)과 박은진(2016) 등이다. 외국어로서의 한국어 분류사 습득을 연구하는 성과는 이다미(2006), 장홍수(2010)과 이선영(2013)등이다. 이들 논문에서 주로 오류분석, 대조분석, 문법성 테스트와 접근성등급(可及性等级) 등을 도입하였고 장홍수(2010)을 비롯한 일부분 성과는 교육 방안까지 설계했다.

수집된 논문의 이론 배경은 구조주의에서 언어유형론까지 매우 다양하다. 코퍼스언어학과 계량언어학(计量语言学)을 도입한 성과도 있다. 생성문법을 배경으로 한 성과는 박소영(2009)와 이영제(2011)을 예로 들 수 있다. 박소영(2009)는 한국어 수량 표현의 기저구조에서 명사와 수 분류사가 주술 관계를 이룬다고 주장하고 다른 구조의 이동 과정을 연구했다. 이영제(2011)은 '−년산, −인분' 등 복합 분류사의 형성 과정을 생성적 시각으로 고찰하였다. 인지언어학을 배경으로 한 연구성과는 임지룡(2017)과 이운재(2019)가 대표적이다. 이 두 논문은 모두 한중 분류사의 범주화와 의미 확장에 초점을 두었다. 언어유형론을 이론 배경으로 한 성과는 근보강(2010), 박정구(2012)와 염초(2013) 등이다. 각각 의미와 통사적 측면에서 연구를 전개했다. 오래된 연구 주제에 새 이론을 도입해서 창의성과 이론적 수준이 있지만 분류사와 관련된 함축적 보편성을 도출하지 못했다는 것이 이들 논문의 아쉬운 부분이다. 코퍼스와 계량학 이론은 연구의 객관성을 높이는 장점이 있는데 이와 관련된 성과는 각각 유정정(2015)와 노성화(2015) 등이다. 나머지 연구는 주로 구조주의 언어학의 시각에서 했다. 그중 한국어와 외국어 분류사의 사전적 의미를 서로 대응시키려는 성과가 많았다.

### 2.1.2 중국 학계의 연구 현황

중국어 분류사에 대한 연구는 马建忠(1898)로 거슬러 올라갈 수 있다. 马建忠(1898/2010:120−121)은 '滋静'이라는 품사를 논의했다. 그 책에서 말하는 '滋静'은 대체로 오늘날 중국어 품사 체계 중의 '수량사'에 해당되고 크게 세 가지로 세분된다. 첫 번째 유형은 '数目'이고 두, 세 번째 유형은 각각 '序数'와 '约数'라고 한다. '数目'와 '序数'는 지금 말하는 기수량사와 서수량사에 해당된 개념이다. '约数'에 대해 '三之二, 十分之一' 등을 예로 들었는데 이는 현대 언어학의 '분수(分数)'와 비슷한 개념이다. '数目'를 살펴볼 때 马建忠(2010:121)은 아래와 같이 기술하였다.

> 非表词而后者, 必所数者可不言而喻. 故凡物之公名有别称以计数者, 如车乘马匹之类, 必先之。

이 문장에서 언급된 '别称以计数者'는 현대 중국어 문법 체계 중의 '양사'에 해당되고 유형론적 시각에서 '수 분류사'와 비슷한 개념이다. 马建忠(2010:121-122)는 고대중국어 문헌 자료로 '别称以计数者'를 설명하였는데 그 예를 보면 '人卒四万名, 大战十六次, 米三万二千斛, 丹砂千斤' 등이 제시되어 있다. 이를 통해 그 당시에 명량사, 동량사, 부류 분류사, 도량형 분류사 등 하위 개념이 아직 세분되지 못했다는 사실을 알 수 있다. 그 후 黎锦熙(1924)는 '量词'라는 용어를 처음으로 제시하고 이를 명사의 하위 부류로 귀속시켰다. 王力(1943)은 '单位词'라는 용어를 쓰고 黎锦熙(1924)처럼 이를 명사의 하위 부류로 봤다. 1950년대에 발표된 〈暂拟汉语教学语法系统简述〉에서 '量词'라는 용어는 공식적으로 인정을 받았고 처음으로 독립적인 품사의 지위를 얻었다.[29]

1950년대 이후 중국어 분류사에 대한 연구가 계속되었다. '양사'라는 품사가 공식적으로 인정된 후 이에 대한 연구는 주로 양사의 역사적 변천과 하위 분류 등 주제를 중심으로 전개했다. 역사적 변천에 관한 대표적인

---

29  黎锦熙(1924), 王力(1943)과 〈暂拟汉语教学语法系统简述〉에 관한 논의는 孙晓雪(2019:2)를 참고했다.

성과는 劉世儒(1965)이다. 그 논서는 위진남북조(魏晋南北朝) 시기의 중국어 양사 체계를 연구했다. 양사 하위 분류에 대한 논의는 王力(1956), 丁声树(1961), 劉世儒(1965), 吕叔湘(1980)과 朱德熙(1982)에서 찾을 수 있는데 적으면 세 개, 많으면 아홉 개의 하위 분류가 설정되었다. 이 다섯 가지의 논저에서 제시된 양사 하위 분류를 정리히면 〈표 8〉과 같다.

〈표 8〉 양사 하위 분류 설치에 관한 대표적인 의견

| 논저 명칭 | 양사 하위 분류 |
| --- | --- |
| 王力(1956) | 천연적 단위, 집단, 도량형, 용기, 글과 관련된 단위, 행위 단위[30] |
| 丁声树(1961) | 개체양사, 집단양사, 도량형양사, 임시양사 |
| 劉世儒(1965) | 배반사(陪伴词), 배반칭량사(陪伴称量词), 칭량사(称量词)[31] |
| 吕叔湘(1980) | 개체양사, 집합양사, 부분양사, 용기양사, 임시양사, 도량양사, 자주양사(自主量词), 동량사, 복합양사[32] |

---

30  여기서 글과 관련된 단위는 '行, 段' 등을 가리키고 행위 단위는 '一阵铃声'에서의 '阵'과 비슷한 단위이다.

31  여기서 말하는 '배반사'는 오늘날의 '개체양사'에 해당되고 '배반칭량사'와 '칭량사'는 대체로 집합양사와 도량형, 용기양사에 해당된다. 여기의 해석은 张赪(2012:2)를 참고했다.

32  吕叔湘(1999:14)에 따르면 '자주양사(自主量词)'는 뒤에 명사가 따르지 않는 양사이고 양사가 필요없는 특수명사로도 볼 수 있다. '年, 月, 倍, 国, 省' 등이 이 부류에 속한다.

33  朱德熙(1982:49-50)에 따르면 '불특정 양사'는 '点'와 '个' 두 개만 있고 '준량사'는 吕叔湘(1999:14)의 '자주양사'에 해당되는 개념이다.

| 朱德熙(1982) | 개체양사, 집합양사, 도량사, 불특정양사(不定量词), 임시양사, 준양사(准量词), 동량사[33] |
| --- | --- |

여기서 유의해야 할 점이 하나 있다. 위 표를 보면 중국어 양사는 언어유형론에서 말하는 수 분류사와 똑같은 개념이 아니다. 광의적인 관점에서 수 분류사는 대체로 개체양사, 집합양사, 부분양사, 용기양사, 임시양사와 불특정양사를 범위로 할 수 있지만 협의적인 관점에서 개체양사, 집합양사와 부분양사만 수 분류사로 볼 수 있다.

1990년대 이후 중국 학계의 분류사 연구 성과가 점점 많아지고 '양사' 대신 '분류사'를 쓰는 연구도 나타나기 시작하였다.

중국 CNKI에서 '分类词'와 '量词'를 키워드로 1990년 이후 발표된 논문을 검색한 후 석박사 학위논문과 CSSCI, 핵심학술지 등재논문을 위주로 성과를 정리하였다. 논문 수량은 151편이다. 그중에 석박사 학위논문은 절반 이상을 차지하고 박사 학위 논문은 步连增(2011), 黄平(2012)와 徐菊容(2015) 등 36편이 있다. 분류사는 그 동안 중국 언어학계에서 관심을 받아 왔던 주제이고 깊이 있게 연구되었다.

한국과 달리 중국 학계의 일부분 분류사 연구는 수범주(数范畴)와 양범주(量范畴) 연구의 일환으로 이루어졌다. 예를 들면 潘奧(2019), 王蕾雅(2019)와 何伟(2020)은 각각 수범주, 양범주와 수량범주라는 주제 아래 중국어 분류사를 연구했다. 이 현상을 통해 범주 연구에 대한 중국 학계의 관심을 알 수 있다. 그러나 이와 동시에 수범주와 양범주가 뚜렷하게 구분되지 못하고 있다는 사실도 확인된다. 분류사의 범주 소속에 대해 제3장에서 논의하고자 한다.

먼저 수집된 논문을 본체연구, 대조연구와 범언어적 연구로 나눠서 살펴보겠다.

본체연구는 크게 두 가지로 나눌 수 있는데 하나는 표준 중국어 분류사의 의미적 기능 및 문법화 등을 논의하는 것이고 또 하나는 중국어 방언 또는 소수민족 언어의 분류사를 연구하는 것이다. 표준 중국어 분류사에 대한 본체연구는 古川裕(2001), 宗守云(2011) 등이다. 전자는 중국어 문장에서 수량 표현의 출현 조건을 논의했고 후자는 분류사 범주화의 요인과 기제 등을 연구했다. 중국어 방언과 소수민족 언어 분류사의 본체연구는 周小兵(1997), 蒋颖(2008) 등을 예로 들 수 있다. 이 두 논문은 각각 중국어 광저우방언과 푸미어(普米语)의 분류사를 살펴봤다. 중국 남부지방 일부분 방언과 소수민족 언어에서 분류사는 문법화가 더 깊이 진행되었고 표준 중국어 분류사가 갖추지 못하는 여러 기능을 가지고 있다. 이에 대한 연구는 방언과 소수민족 언어학자에 의해 활발히 이루어지고 있다. 이 외에 张旭(2018), 王晨燕(2019) 등 논문은 각각 외국어 그리고 중국 수화(手语)의 분류사 본체연구를 했다.

분류사 대조연구는 '중국어-외국어' 대조와 '표준 중국어-방언/소수민족 언어' 대조 두 부분으로 세분될 수 있다. 중국어-외국어 대조는 주로 영어, 한국어, 일본어와 태국어 등을 대조 대상으로 했는데 대표적인 성과는 각각 杨朝春(2009), 蔡玉子(2014), 栾孟颖(2015)와 高仪贞(2017)이다. 표준 중국어와 방언 또는 소수민족 언어 사이의 대조연구는 张玲(2014)와 李姗(2018)을 예로 들 수 있다. 전자는 위구르어(维吾

尔语)와 중국어에서 수량을 나타내는 수단을 대조하고 후자는 중국어 윈난(云南)방언과 하니어(哈尼语)의 중첩식 분류사 구성을 대조했다. 선행연구에서 이와 비슷한 성과가 드물다.

범언어(방언)적인 연구는 상대적으로 적고 刘丹青(2011), 李知恩(2011) 등이 대표적인 성과이다.

연구 시각을 보면 공시적 연구는 대부분이고 통시적인 연구는 서른 편 정도가 있다.

공시적 연구에서 분류사의 체계적 특징에 대한 연구는 柳成姬(2016)과 高仪贞(2017) 등이다. 전자는 중국어에서 명사와 분류사의 양방향 의미 선택 관계를 연구했고 후자는 분류사와 수량 명사구의 중첩 양상을 연구했다. 특정한 범위 안의 분류사를 연구한 성과는 宋艳艳(2018), 姜浩(2019) 등인데 주로 중국어 방언 분류사를 다루었다. 개별 분류사에 관한 연구는 많지 않고 周清艳(2009)와 翟雪霏(2015)가 대표적인 성과이다. 周清艳(2009)는 중립적 분류사 '个'의 통사, 의미적 특징을 연구하고 'V个NP/VP' 등 구조도 살펴봤다. 翟雪霏(2015)는 어림수(概数)를 연구하는 논문인데 불특정 분류사 '点'과 '些'의 기능을 간략하게 언급하였다.

통시적 연구는 크게 두 가지로 세분할 수 있다. 하나는 중국어 분류사의 발달 과정을 연구하는 것이고 또 하나는 특정한 시기나 특정한 고전문학 작품에 나타난 분류사를 연구하는 것이다. 步连增(2011), 徐丹, 傅京起(2011)과 李建平, 张显成(2016) 등은 전자에 속하고 乔会(2018)과 黄红霞(2018)은 후자에 속한다. 步连增(2011)은 한나라(汉朝)

시기부터 현대까지 중국어 분류사의 발달 과정을 고찰한 논문이다. 徐丹, 傅京起(2011)는 유형론적 시각으로 명사성 분류사와 동사성 분류사의 분포 및 탄생 과정을 살펴봤다. 李建平, 张显成(2016)은 문법화의 시각으로 중국어 분류사의 형성 원인을 연구했다. 乔会(2018)과 黄红霞(2018)은 각각 청나라 소설과 〈맹자〉에 나타난 분류사의 형태, 통사와 의미적 특징을 살펴봤다.

수집된 분류사 논문의 연구 영역은 음운론부터 화용론까지 매우 다양하게 분포되어 있다.

음운론 측면의 연구는 毛志萍(2019)를 예로 들 수 있다. 그 논문은 중국어 각 방언에서 명사가 분류사로 문법화할 때 일어난 음운적 변화를 연구하고 방언 분류사 발음에 남아 있는 상고(上古)시대 중국어의 흔적을 찾아냈다.

형태론 측면의 연구 주제는 분류사 중첩을 통해 새 단어를 만드는 현상에 집중되어 있다. 이와 관련된 성과는 陈淑梅(2014), 张妙香(2015)와 袁蕾(2015) 등이다. 이 세 논문은 각각 중국어 방언, 태국어와 위구르어 분류사의 중첩 양상을 연구했다.

통사론 측면의 연구는 주로 분류사와 다른 성분의 결합 양상 그리고 문장에서 분류사의 출현 위치를 고찰하였다. 대표적인 성과는 陆俭明(2014)와 何伟(2020) 등이다. 이 외에 刘晓红(2011)은 수량 표현에서 '지시사, 수량사, 분류사, 형용사'와 '명사'의 어순을 연구했고 施其生(2009), 王健(2013) 등은 '형용사+분류사, 분류사+명사' 등 비전형적인 구조의 통사적 특징을 연구했다.

의미론적 연구는 상대적으로 많고 크게 세 개의 유형으로 나눌 수 있다. 첫 번째 유형은 분류사의 의미적 기능을 연구하는 것이다. 예를 들면 宗守云(2014)는 '개체화(个体化), 쌍음절화(双音节化), 명확화(明确化)' 등 기존 관점을 제시하고 이들의 합리성과 문제점을 지적하였다. 두 번째 유형은 분류사로 표현된 주관량(主观量)을 연구하는 것이다. 이 분야의 대표적인 학자는 李宇明이다. 李宇明(1997, 1998, 1999) 등 논문을 통해 중국어의 주관량 표현 수단을 체계적으로 연구했다. 이 외에 李善熙(2003)도 주관량을 다루는 성과이다. 세 번째 유형은 분류사의 통사-의미적 연구인데 대표적인 성과는 백여 가지의 언어와 방언을 조사해서 분류사 의미지도를 작성한 李知恩(2011)이다. 분류사의 범주화와 의미 확장을 연구하는 논문도 있는데 宗守云(2011)이 이에 해당된다.

화용론적 연구는 많지 않은데 洪波(2012)와 徐茹钰(2018) 등을 예로 들 수 있다. 전자는 중국티베트어족(汉藏语系) 제어에서 분류사의 화용적 기능을, 후자는 중국어에서 임시 분류사의 화용적 기능을 고찰하였다.

분류사 습득은 중국어교육 분야의 연구 초점이어서 성과가 상당히 많다. 胡越(2018), 李琛(2018)과 张广勇, 王俊菊(2019) 등을 예로 들 수 있다. 이 영역의 대부분 논문은 외국인의 중국어 분류사 습득을 연구 주제로 하고 오류분석을 주요 이론으로 한다. 그리고 문법성 판단 테스트 등 수단을 이용하는 성과도 존재한다.

수집된 논문의 연구 이론은 주로 구조주의, 생성문법, 인지언어학과 언어유형론이다. 그중 구조주의와 인지언어학을 도입한 연구는 상대적으로 많다. 생성문법을 도입한 성과는 李艳惠(2000)과 安丰存(2014) 등 몇 편밖에 없는데 전자는 중국어 복수표지인 '们'과 분류사가 서로 배척하는 원인을 생성문법으로 설명하였고 후자는 '분류사+명사' 구조의 생성 과정을 연구했다. 陈玉洁(2007)과 盛益民(2017) 등 논문은 언어유형론을 배경으로 하고 통사, 의미적 측면에서 소수민족 언어와 중국어 방언에 대한 범언어적 연구를 했다.

## 2.2 복수표지에 대한 연구

한국어 복수표지는 주로 '-들, -네'와 '-희'가 있고 그중 '-희'는 '저, 너' 등 인칭대명사와 결합하는 것을 제외하면 생산성을 거의 안 가진다. 표준 중국어에서 가장 전형적인 복수표지가 '们'이다. 이에 대해 학계는 논쟁이 거의 없다. 대부분 중국어 방언에도 전문적인 복수표지가 있다. 예를 들면 북부 오방언(北部吳方言)에서 접미사 '拉'는 분포가 제한적이지만 일정한 복수적 의미를 나타낼 수 있다. 그러나 한국어, 표준 중국어와 대부분 중국어 방언에서 경우에 따라 명사는 복수표지 없이 복수 의미를 나타낼 수 있다. 복수표지의 의미, 통사적 기능 그리고 복수표지의 생략 조건 등에 대해 학계는 많은 연구를 하였다. 아래 부분에서 한중 학계의 대표적인 복수표지 연구를 살펴보겠다.

### 2.2.1 한국 학계의 연구 현황

폐쇄적인 문법 형식이어서 한국어 복수표지의 범위 확정, 결합 양상 등에 대해 논쟁이 상대적으로 적고 연구 현황도 비교적 단순하다. 학술 사이트 RISS에서 '복수표지'를 키워드로 논문을 검색하고 그중 1990년 이후 발표된 석박사 학위논문과 KCI 등재논문을 위주로 수집하였는데 논문 수량은 61편이고 분류사보다 현저히 적다. 연구 주제도 비교적 집중된다.

수집된 논문에서 석사 학위논문이 12편이 있고 나머지는 학술지 논문이다. 한국어 복수표지에서 '-희'는 비생산적이고 실현 양상도 간단해서 연구는 주로 '-들'과 '-네'를 중심으로 진행되었다. 대부분 논문은 '-들'을 연구대상으로 했고 '-네'를 다룬 성과는 사례(2015-1)와 정상희(2016) 두 편만 발견하였다. 이 두 가지 복수표지만을 연구대상으로 삼으면 전개할 만한 내용이 적은데 이것은 복수표지를 전문적으로 다룬 박사 학위논문이 없다는 이유 중의 하나로 판단된다.

61편의 논문에서 본체연구는 39편이 있고 절반 이상을 차지한다. 이외에 대조연구는 19편, 범언어적 연구는 3편이다.

본체연구에서 한국어 본체연구는 34편, 중국어 본체연구는 4편, 헝가리어 본체연구는 1편이다. 그중 사례(2015-2)는 중국 사천방언 복수표지 '些, 伙, 家'를 연구대상으로 했는데 한국 학계에서 보기 드문 성과이다. 대조연구는 주로 한중, 한영 대조이고 전재연(2004)와 조은숙(2019)등 연구는 한국어와 프랑스어, 터키어의 복수표지를 대조했다. 범언어적 연구는 고영근(2012), 강덕수(2018)과 김영민(2018) 등 세 편이다. 그중 고영근(2012)와 강덕수(2018)은 한국어와 퉁구스(通古斯) 제어 간의 범언어적 연구를 했다. 고영근(2012)는 경남 진주 방언과 퉁구스 제어의 형태석 특징을 연구했다. 한국어 방언에 관한 유형론적 연구라는 점에서 상당한 독특성과 이론적 수준을 보였다. 김영민(2018)은 평행 텍스트를 통해 한국어, 중국어와 일본어에서 영어 복수표지의 대응 양상을 살펴봤다.

통시적인 연구는 옥징미(2000), 최윤(2018), 이태수(2019)와 홍연옥(2019) 등 네 편밖에 없고 나머지는 공시적인 연구이다. 이태수(2019)는 〈충의직언(忠义直言)〉이라는 책에 나타난 복수표지 '诸, 众, 每' 등을 연구했고 나머지 세 편은 '-네, 들'과 '们'의 통시적 특성을 다루었다.

복수표지 연구는 형태, 통사, 의미, 화용, 습득과 번역 등 다양한 영역에서 진행되었다.

복수표지의 형태론적 연구는 주로 '-들'의 문법 성격을 중심으로 전개되었다. 학교문법에서 '-들'은 보조사로 분류되어 있지만 이에 대해 다른 의견이 항상 있다. 예를 들면 최윤(2018)은 '-들'이 의존명사라고 주장하였다. 복수표지의 통사적 연구는 두 가지로 나눌 수 있는데 하나는 복수표지와 명사의 결합 과정에서 유정성이 주는 영향을 고찰하는 것이고 또 하나는 간접 복수표지를 연구하는 것이다. '-들'은 부사나 종결어미 뒤에서도 나올 수 있다. 이러한 간접 복수표지의 특징을 살펴보는 연구는 임홍빈(2000)과 홍용철(2003) 등이다. 의미적 연구는 주로 유표지 복수와 무표지 복수의 의미적 차이를 고찰하였는데 대표적인 성과는 백미현(2002), 노은주(2008)과 정혜(2011)이다. 화용론 측면의 연구는 정상희(2016)과 유길문(2017) 등인데 각각 '-네'의 비칭(卑稱)성과 간접 복수표지인 '-들'의 화용적 기능을 연구했다. 외국인의 한국어 복수표지 습득을 연구하는 논문은 이쉐신원(2019)와 김예인(2020) 등이고 모어 화자의 한국어 복수표지 습득 연구는 김소영(2017) 등을 예로 들 수 있다. 이 외에 정경숙(2011), 곽은주(2011) 등은 복수표지의 번역 전략을 연구했다.

복수표지 부분에서 구조주의 언어학 이론과 언어유형론의 하위 이론인 유정성이론이 많이 쓰였다. 간접 복수표지의 기저구조를 연구하는 전재연(2003), 이해윤(2018) 등은 생성문법을 도입하였고 김영민(2010)은 인지적 시각 차이로 중국어 무표지 복수와 '们' 복수의 의미적 차이를 해석하였다. 이 외에 강범모(2007)과 노은주(2008)은 각각 코퍼스로 무표지 복수 및 '수량사+분류사+명사+복수표지' 구조의 실제 사용 양상을 조사했다.

### 2.2.2 중국 학계의 연구 현황

중국 CNKI에서 '复数'와 '复数标记' 등 키워드로 1990년대 이후 발표된 논문을 검색하였다. 그중 석박사 학위논문과 CSSCI, 핵심학술지 등재논문을 위주로 연구 성과 75편을 수집하였다. 수집된 논문에서 학술지 논문이 대부분이고 박사 논문은 彭晓辉(2008), 陈俊和(2009), 马伟(2013), 张玲(2014)과 桑紫宏(2016) 등이다. '们'의 어원을 언급한 李艳惠(2000)과 고대 위구르어 복수표지를 연구한 热比古丽(2009) 등을 제외하면 수집된 논문은 모두 공시적인 연구 성과이다.

이 부분의 연구 형식은 주로 본체연구와 대조연구이고 범언어적 연구 성과는 적다. 본체연구는 표준 중국어 복수표지 '们'과 여러 방언, 소

주민족 언어의 복수표지를 중심으로 진행되었다. 전자의 예는 王丽娟(2009)이고 후자의 예는 盛益民(2014), 宋文辉(2015) 등이다. 연구대상은 주로 오방언(吳方言)과 북방관화(北方官话) 의 복수표지이다. 이 외에 외국어 복수표지에 관한 본체연구도 있는데 영어 복수를 연구한 黄茜然(2015)와 러시아어의 복수 표현 수단을 연구한 田秀坤(2019)는 이에 해당된다.

중국 학계의 복수표지 대조연구는 두 가지 유형으로 나눌 수 있는데 하나는 중국어와 외국어 간의 대조연구이고 또 하나는 표준 중국어와 방언, 소수민족 언어 간의 대조연구이다. 외국어와의 대조연구는 주로 영어, 한국어, 태국어 등을 대상으로 했다. 한중 복수표지의 대조연구 성과는 权裕璃(2000), 崔健(2009), 李甲礼(2010)과 郑美英(2011) 등이다. 崔健(2009)는 통사적 위치, 진릿값 등 변수로 한중 복수표지의 출현 제약을 고찰하였다. 나머지 세 편의 논문은 인지언어학과 구조주의 이론으로 '们'과 '들'의 의미, 통사, 화용적 기능을 대조했다. 그중 李甲礼(2010)은 대조분석 이론으로 중국어 복수표지의 습득 과정에서 한국인 학습자가 어렵게 느낄 부분을 예측하였다. 표준 중국어와 방언, 소수민족 언어 간의 대조연구는 彭晓辉(2008)을 예로 들 수 있다. 그 논문은 표준 중국어와 상방언(湘方言), 서남관화(西南官话)의 복수 표현 수단을 대조했다.

범언어적인 연구는 李蓝(2008)과 赵瑞兰(2007) 등을 예로 들 수 있다. 李蓝(2008)은 443가지의 방언 및 소수민족 언어에서 인칭대명사 복수의 실현 방식을 정리, 분석하였고 赵瑞兰(2007)은 표준 중국어와 하니어(哈尼语), 징퍼어(景颇语) 수범주의 유정성 제약을 고찰하였다.

중국 학계의 복수표지 연구 주제는 음운, 형태부터 화용, 습득까지 다양하게 분포되어 있다. 여기서 주목해야 할 부분은 음운, 의미와 화용론 연구이다. 일부분 소수민족 언어는 음조 변화와 모음 교체 등 방식으로 수의 차이를 나타내는데 이와 관련된 연구는 朱建新(2000)과 李大勤(2001) 등이다. 의미론적 연구에서 桑紫宏(2016) 등은 무표지 복수와 유표지 복수의 차이를 연구했는데 일반수(通数)와 큰복수(大复数) 등 개념이 제시되었다. 화용론적 연구에서 주목해야 하는 성과는 张黎(2003)과 刘承峰(2007)이다. 이 두 논문은 어휘적 수(词法数), 통사적 수(句法数)와 의미적 수(语义数) 등 개념을 대조하고 화용적 수(语用数)라는 새로운 개념을 제시했다. 그리고 이 논문들은 중국어에 수범주가 존재하고 그 수범주는 화용적이라고 주장하였다. 복수표지 습득 연구는 아동 모국어 습득과 성인의 제2언어 습득으로 나눠서 볼 수 있다. 중국 어린이 모어 복수표지 습득과 관련된 연구는 苍静波(2011) 등이다. 외국인 학습자를 위한 중국어 복수표지 습득 연구는 李甲礼(2010)을 예로 들 수 있고 중국인 학습자를 위한 외국어 복수표지 습득 연구는 杨朝春(2013)과 杨梅(2014) 등이다. 주로 문법성 판단 테스트, 대조 분석과 인지언어학 이론을 적용하였다.

## 2.3 분류사와 복수표지 상호작용에 대한 연구

Greenberg(1972)에 따르면 수 분류사와 복수표지는 한 언어에서 서로 배타적인 존재이다. 이에 대한 반례가 많이 제기되었다. 수 분류사와 복수표지 사이에 일정한 상호작용이 있다는 것은 학계에 점점 알리게 되고 관련 연구도 나타나기 시작하였다. 그러나 논문의 수량은 아직 많지 않다.

수집된 논문에서 분류사와 복수표지를 함께 살펴본 것이 많지만 대부분 경우에 '수량범주' 또는 '수범주'라는 큰 주제 아래 범주를 실현하는 두 가지 방법으로 여겨지고 서로 독립적으로 연구되었다.

분류사와 복수표지의 상호작용에 관한 연구는 주로 두 개의 유형으로 나눌 수 있다. 첫 번째 유형은 분류사와 복수표지가 한 문장에서 같이 나타날 수 있는지 그리고 그 원인을 연구하는 것이다. 李艳惠, 石毓智(2000), 桑紫宏(2016)과 孙晓雪(2019) 등은 대표적인 성과이다. 李艳惠, 石毓智(2000)과 桑紫宏(2016)은 각각 생성문법과 유형론의 시각으로 표준 중국어에서 분류사와 복수표지가 공기하지 못하는 이유를 밝혔다. 孙晓雪(2019)는 140여 가지의 중국 방언과 소수민족 언어에서 분류사와 복수표지의 사용 양상을 분석하였는데 분류사와 복수표지가 공기할 수 있는 언어(방언)을 찾아냈다.

한국 학계는 분류사와 복수표지의 공기 현상에 대해 관점이 많다. 강범모(2007)은 '어림수+명사+복수표지' 구성이 한국어에서 문법적이라고 하고 정혜(2011)도 '백 개의 유행곡들'과 같은 명사구를 제시했다. 이와 반대로 노은주(2008)은 말뭉치를 통해 '수량사+분류사+명사+복수표지' 구조가 실제 생활에서 많이 쓰이지 않는다고 주장하였다.

분류사와 복수표지의 체계적인 상호작용을 연구한 논문은 刘丹青(2011), 김충실(2014), 염초(2013)과 孙晓雪(2019) 등이다. 刘丹青(2011)

은 언어목록유형론의 관점에서 중국어 분류사가 현저범주(显赫范畴)임을 증명하고 분류사와 복수표지의 상호작용을 연구했다. 염초(2013)은 이과 비슷한 맥락에서 중국어와 한국어 명사 수량의 표현 수단을 대조했다. 김충실(2014)는 확대 생명도 위계가 복수표지에 반영되는 현상을 고찰하였다.

전체적으로 보면 한중 학계는 분류사와 복수표지에 관한 연구를 깊이 있게 진행해 왔다. 연구 영역은 음운론에서 화용론까지 다양하게 분포되어 있고 습득과 번역에 관한 연구도 나타나고 있다. 이와 동시에 적용 이론과 연구 대상의 다양성도 보이고 있는데 최근 들어 언어유형론의 도입이 많아지고 범언어(방언)적 연구도 증가하고 있다.

그러나 선행연구에서 몇 가지의 한계점도 드러났다.

첫째는 분류사와 복수표지의 범주 소속이 아직 명확하게 밝혀지지 못하고 있다는 점이다. 한국 학계의 성과를 보면 분류사와 복수표지는 각각 어떤 범주의 표현 수단인지에 대해 언급이 거의 없다. 중국 학계의 성과를 보면 수범주, 양범주와 수량범주 연구는 모두 분류사와 복수표지를 다루고 있어서 일정한 혼선 현상이 있다. 이 두 대상의 범주 소속에 대해 더 많은 연구가 필요하다.

둘째는 분류사 연구와 복수표지 연구를 유기적으로 결합한 성과가 적다는 점이다. 앞에서 서술하였듯이 한 논문에서 분류사와 복수표지를 동시에 다룬 논문이 있지만 대부분 경우에 이 둘은 '수량범주'라는 큰 주제 아래 서로 무관한 두 가지의 문법 형식으로 연구되었다. 분류사와 복수표지의 특징 대조를 해도 대부분 경우에 '공기 제약' 현상을 중심으로 했다. 한 언어에서 분류사와 복수표지 사이의 체계적인 형태, 통사, 의미 대조는 간과되었다.

셋째, 분류사의 의미론적 연구는 주로 미시적인 측면에서 진행되었다. 특히 한국에서 발표된 중국 유학생 석사 학위논문을 보면 한중 분류사의 의미 범주를 표로 정리한 후, 한국이 분류사의 중국어 대응 형식을 찾아내고 이들의 사전적 의미에 따라 '완전히 같음, 완전히 다름, 차이점이 있고 공통점도 있음' 등 세 가지로 나눠서 대조하는 연구가 많다. 연구 형식과 내용이 서로 비슷해서 중복 작업이라는 느낌이 든다. 이와 동시에 분류사의 거시적인 통사-의미적 연구는 아직 보완해야 할 공간이 많다.

마지막으로 연구 형식을 보면 한국어, 중국어와 외국어 사이, 표준 중국어와 방언, 소수민족 언어 간의 대조연구가 활발히 이루어지고 있지만 표준 중국어, 외국어와 중국어 방언, 소수민족 언어 사이에 진행된 연구는 아직 많지 않다. 지금까지 이러한 연구는 刘丹青(2011), 李知恩(2011), 孙晓雪(2019)와 오효뢰(2019) 등 몇 편밖에 없고 그중 한국 학계에서 발표된 성과는 한국어와 중국어 월방언(粤方言) 분류사를 대조하는 오효뢰(2019) 한 편밖에 없다. 분류사와 복수표지의 유형론적 특징을 더 명확하게 파악하기 위해 앞으로 이러한 범언어(방언)적 연구가 많이 나타나기를 기대한다.

# 3

# 한국어, 표준 중국어와
# 상하이방언의 분류사 수량 표현

# 3. 한국어, 표준 중국어와 상하이방언의 분류사 수량 표현

이 장에서 먼저 분류사에 관한 기본적 논의를 하겠다. 선행연구에서 수범주, 양범주와 수량범주를 연구하는 성과가 많지만 이 세 가지 범주의 성격, 정의, 하위 분류, 상호 관계 등에 대해 일정한 혼선 현상이 있다. 한국어, 표준 중국어와 상하이방언의 분류사 수량 표현을 연구하기 전에 한국어와 중국어에서 수범주와 양범주의 존재 여부, 상호 관계, 분류사와 복수표지의 범주 소속 등을 논의하겠다. 이를 기초로 분류사의 명칭, 핵심적 기능과 품사 등을 살펴보겠다. 그 다음에 의미적, 기능적 선정 기준을 설정하고 이 책의 연구범위에 들어갈 한국어, 표준 중국어, 상하이방언 분류사를 목록화하겠다.

기초적 논의를 한 다음에 한국어, 표준 중국어와 상하이방언 분류사의 의미, 통사적 기능을 각각 살펴보겠다. 각 절은 주로 기본적 구조, 기본적 구조의 확대, 기본적 구조의 축소와 분류사의 중첩 등 네 개의 부분으로 구성되고 표준 중국어 특수 분류사 '个, 点, 些'와 상하이방언 특수 분류사 '个, 眼'에 대해서도 살펴보겠다.

위 논의를 바탕으로 유형론적 시각으로 확대된 분류사 수량구조의 어순 보편성과 한국어, 표준 중국어, 상하이방언 분류사의 현저성을 연구하겠다. 마지막으로 이 세 가지 언어(방언) 분류사의 개념공간을 구축하고 의미지도를 작성하겠다.

## 3.1 분류사에 관한 기본적 논의

선행연구에서 언급하였다시피 지난 몇십 년 동안 한중 학계는 분류사와 복수표지에 관한 성과를 많이 축적하였다. 그러나 이 영역에서 몇 개의 기본적 문제에 대해 학계는 아직 공감대를 형성하지 못하고 연구 과정에서 개념 혼동 및 판정 기준 불일치 등 몇 가지 현상을 흔히 발견할 수 있다.

첫째, 분류사와 복수표지를 연구할 때 '수, 양' 및 '수량'이라는 개념이 흔히 언급되는데 한국어와 중국어에서 '수범주, 양범주' 그리고 '수량범주'가 존재하는가? 존재하면 이 세 가지 범주는 어떤 관계이고 분류사와 복수표지는 각각 어떤 범주의 표현 수단인가?

둘째, 수범주와 양범주는 어떤 수단으로 실현될 수 있고 그 수단 중에서 분류사와 복수표지는 어떤 위상을 차지하고 있는가?

셋째, 선행연구에서 분류사는 '단위성 의존명사, 단위어, 수량사'와 量词, 单位词, 类别词, 副名词, 陪伴词' 등 여러 가지 명칭으로 명명되었는데 범언어적 연구의 시각에서 가장 적합한 명칭이 무엇인가? 분류사 명명에 대한 의견을 통해 각 학자가 가장 중요시하는 분류사 기능도 확인할 수 있다. 분류사는 다양한 의미적 기능을 동시에 갖고 있는 문법 형식인데 그중 일차적인 기능이 무엇인가?

넷째, 현행 학교문법에서 한국어 분류사는 '의존명사'로 분류되었는데 중국어 양사처럼 한국어 품사 체계에서 '분류사'라는 단독적인 품사를 설치하면 타당성이 있는가?

위 질문들에 대답을 하기 위해 먼저 이 책의 논의 기초를 확립하겠다. 이를 바탕으로 서론에서 언급된 범위와 기준에 따라 연구대상인 분류사를 목록화하겠다.

### 3.1.1 분류사와 복수표지의 범주 소속

'수'는 이산(离散)적 개체 사물의 수효를 가리키는 개념인데 '수' 개념이 언어에 투사되면 언어학 층위의 수범주가 형성된다. 王丽娟(2009:17)에 따르면 '수범주'는 명사구 지칭량을 구분하는 형태-통사적 범주이다.[34] 이 관점은 서양 언어의 사실에 입각한 것이라고 할 수 있고 한국어와 중국어에 수범주가 존재하는지에 관한 초기적인 연구는 이러한 관점의 영향을 많이 받았다.

먼저 한국어에 수범주가 존재하는지에 관한 대표적인 의견을 보자. 남기심, 고영근(2014:85)에 따르면 영어, 독일어 등 인도·유럽어에서 복

---

**34** 원문은 아래와 같다.
"数是用以区别名词短语指称量的形态句法属性范畴。"

수의 표시가 동사는 물론, 관사, 형용사에까지 영향을 미치기 때문에 수범주의 설정이 큰 의의를 띠고 있으나 한국어에서는 그러한 사실이 확인되지 않는다고 하여 수의 문제를 크게 다루어 오지 않았다. 고영근, 구본관(2018:82)는 한국어는 수 표현이 문법 범주로 발달하지 않은 언어이고 수의 표시가 규칙성을 찾기 어렵다고 지적하였다. 이 외에 구본관(2015:166)도 한국어에 문법 범주로서의 수범주가 존재하지 않는다는 주장이 널리 받아들여지고 있다고 한다. 전체적으로 보면 인도·유럽어처럼 체계적이고 규칙적인 형태 수단으로 수를 나타내지 않아서 한국어에 문법적인 수범주가 없다는 관점은 주류를 이루고 있다. 의미, 화용 등 층위에 수범주가 있는지에 대해 연구는 거의 진행되지 않았다.

이와 달리 중국 학계는 중국어 수범주의 존재 여부에 대해 몇십 년 동안 계속 논의해 왔다. 呂叔湘(1980/1999:7)에 따르면 중국어는 엄격한 의미에서의 형태적 변화가 없고 복수를 나타낼 때 '们'은 반드시 쓰이지 않고 심지어 쓰면 안 되는 경우도 있다. 따라서 중국어는 문법 층위의 규칙적인 수범주가 없다. 그러나 高名凱(1948), 張斌, 胡裕樹(1989), 房玉淸(1992)와 左思民(2001) 등 연구는 중국어에 수범주가 있다고 주장하였다. 이 연구들은 수범주의 실현 방식을 확대시키거나 실현 규칙성에 대한 요구를 낮추는 방식으로 중국어 수범주의 존재를 인정하였다.[35]

---

[35] 수범주 실현 수단의 확대는 高名凱(1948)을 예로 들 수 있다. 그 논저는 중국어 명사와 분류사가 중첩 형식으로 수를 표현할 수 있다는 이유로 중국어 수범주의 존재를 인정하였다. 수범주 실현 규칙성 요구의 낮춤은 張斌, 胡裕樹

2000년대에 들어 중국 학계는 수범주 존재 여부에 대해 관심이 점점 적어지고 수범주 실현 방식에 대해 관심을 가지기 시작하였다. 이 시기에 새로운 수범주 개념의 출현과 기존 수범주 개념의 세분화 현상이 나타났다. 의미적인 수(语义数), 화용적인 수(语用数) 등 개념이 제시되었고 '문법적인 수'는 '형태적인 수(词法数), 통사적인 수(句法数)'와 '어휘적인 수(词汇数)' 등 여러 하위 유형으로 세분되었다. 그러나 이 개념들의 정의는 연구자마다 다르고 분류도 수의적이고 중첩된 부분이 있다. 张黎(2003), 吴长安(2006), 刘承峰(2007), 彭晓辉(2008)과 陈振宇(2009)는 모두 중국어 수범주의 체계를 정리했는데 이들의 관점을 정리하면 〈표 9〉와 같다.

〈표 9〉 중국어 수범주 체계에 관한 대표적인 관점

| 성과 명칭 | 수범주 체계 | 정의 |
|---|---|---|
| 彭晓辉(2008) | 어휘적인 수(词汇数) | 기수량사와 숫자 |
| | 문법적인 수(语法数) | 형태적 표지 추가로 실현된 수 |
| 陈振宇(2009) | 어휘적인 수(词汇数) | 수량구조로 실현된 수 표현 |
| | 형태적인 수(词法数) | 형태적 표지 추가로 실현된 수 |
| | 통사적인 수(句法数) | 동사 등의 일치관계로 실현된 수 |
| 刘承峰(2007) | 형태적인 수(词法数) | 형태적 표지 추가로 실현된 수 |
| | 통사적인 수(句法数) | 수량구조로 실현된 수 표현 |

(1989)를 예로 들 수 있다. 그 논저에 따르면 '们'과 '-s'는 문법적으로 완전히 일치하지 않지만 명사에 복수 의미를 첨가하는 기능이 같다. 따라서 중국어 수범주의 존재를 섣불리 부정하지 말아야 한다.

36 이에 해당된 예는 '위원회, 주석단' 등인데 刘承峰(2007:22)에 따르면 이러한 단어는 표층구조에서 단수로 나타나지만 기저구조에서 복수이다.

| | | | |
|---|---|---|---|
| | 의미적인 수(语义数) | 기저구조에서의 수[36] (표층구조에서 반드시 복수로 나타나지 않음) | |
| 张黎(2003) | 화용적인 수(语用数) | 수량구조뿐만 아니라 통사적 구조, 문맥, 백과지식 등으로 이해된 수 | |
| 吴长安(2006) | 범수(泛数) | 단수로 복수 의미를 나타내는 경우[37] | |
| | 정수(定数) | 절대적인 수 | 형태적 표지로 나타내는 수 |
| | | 상대적인 수 | 부사, 일치관계, 중첩 등으로 나타내는 수[38] |

위 표를 보면 수범주에 관한 논의는 통사, 화용 등 영역으로 확대되었지만 수범주 하위 체계의 분류와 정의에 있어서 상당한 불일치 현상이 있다. 그리고 그중에 '양'을 나타내는 일부분 수단도 혼재되어 있다. 그러나 전체적으로 보면 의미에 기반한 수범주 체계가 이미 확립되었다. 다시 말하면 각 언어에 '수'라는 의미 범주가 있는데 단수와 복수는 이 의미 범주의 가장 기본적인 구성원이고 일부분 언어의 의미 범주에 범수(泛数), 쌍수, 삼수, 다수 등도 포함되어 있다. 의미 범주로서의 '수'는 형태적 수단뿐만 아니라 통사, 화용적 수단으로도 표현된다. '범수' 등 개념의 존재 때문에 한국어와 중국어에서 복수표지의 사용이 인구

---

**37** '범수'는 선행연구에서 '通数, 일반수' 등으로도 불린다.

**38** 吴长安(2006)은 부사 '다, 모두' 등으로 나타내는 수를 '화용적인 수'라고 명명하고 '형태적인 수'의 실현 수단에 '중첩' 등을 추가했다.

어보다 규칙적이지 않다. 그러나 형태적 표지로 수범주를 표현할 수 있다는 것은 학자들의 공통된 인식이다. 형태적 수표지는 수와 관한 정보를 직접적이고 명시적으로 나타내고 화용, 통사적 수단보다 문법화의 더 심층적인 단계에 처해 있다. 그러므로 형태적 수표지는 수범주의 전형적인 실현 수단이라고 할 수 있다.

한국어, 표준 중국어와 상하이방언은 각각 복수표지 '-들, -희,-네, 们'과 '拉'가 있다. 그러므로 이 책은 이 세 가지 언어(방언)에 의미적 층위의 수범주가 존재하고 복수표지는 수범주를 실현하는 수단 중의 하나라고 주장한다. 복수표지는 문장에서의 출현 위치에 따라 형태적 또는 통사적 수단으로 간주된다.

〈표 9〉에서 '수량구조(수량사+분류사+명사)'를 수범주의 실현 수단으로 보는 견해가 있지만 이것은 학자들의 공통적인 인식이 아니다. 분류사의 범주 소속은 수범주와 양범주의 비교를 통해 확인하겠다.

'양'은 사물의 성질, 운동 양상과 성상(性狀) 등을 인지하는 방식 또는 시각이고 일정한 수치를 갖는다. '양' 개념이 언어 영역에 투사되면 언어학적인 '양범주'가 형성된다. 한국 학계에 비해 중국 학계는 양범주에 관한 연구를 더 많이 했다. 한국 논문 사이트 RISS에서 '양범주'를 검색하였는데 '양(量)'을 연구하는 논문이 있지만 이것을 범주로 보고 고찰하는 성과는 거의 없었다. 중국 학계의 대표적인 양범주 연구 성과는 李宇明(2000)이다. 그 논저에서 양범주는 여섯 개의 하위 부류로 세분되었고 각각 물량(物量), 공간량(空间量), 시간량(时间量), 동작량(动

作量), 능급량(級次量)과 어세(语势)이다.[39] 물량, 공간량 등은 다시 객관

량과 주관량으로 나뉜다. 이에 대해 '등급량'과 '어세'는 다른 네 가지의

양과 층위가 다르다는 지적이 있었다. 그 후 양범주 구축 과정에서 '객

관 세계의 양'과 '언어 자체의 양'을 나눠서 설정하는 경향이 나타났다.

李善熙(2003), 陈勇(2014), 赵国军(2015)와 周婷(2016) 등 연구도 각각의

양범주 체계를 구축하였는데 그들의 견해를 정리하면 〈표 10〉과 같다.

〈표 10〉 양범주 체계 설정에 관한 대표적인 관점[40]

| 성과 명칭 | 양범주 설정 양상 |
|---|---|
| 李宇明(2000) | 물량, 공간량, 시간량, 동작량 |
| 李善熙(2003) | 시간량, 공간량, 성상량(性狀量) |
| 陈勇(2014) | 물체수량, 시간수량, 공간수량, 동작수량[41] |

---

**39** 여기서 '등급량'은 등급 차이로 인해 생긴 양적 차이를 말한다. 李宇明
(2000:65-66)에 따르면 '十, 百, 千, 万'과 '白, 雪白, 雪白雪白'는 등급량의 예
이다. 등급량은 명사뿐만 아니라 수량사와 형용사에서도 찾을 수 있다. '어세'
는 화자 주관적 감정의 등급을 가리킨다. 예를 들면 명령의 뜻을 나타낼 때
의문문의 어세는 명령문보다 약하다.

**40** 이 책의 연구 주제와 거리가 있어서 〈표 10〉에서 등급량과 어세 같은 '언어 자
체의 양'을 제외했다.

**41** 陈勇(2011:34)는 양범주 밑에서 '수량'과 '정도'라는 하위 부류를 설정하였는
데 다른 연구에서 말하는 '공간량, 시간량, 동작량' 등을 모두 '수량'의 하위
부류로 했다. 이 점은 〈표 10〉의 다른 연구 성과와 다르다.

**42** 赵国军(2015:139)에 따르면 이산적 실체를 가리키는 명사는 수량사와 분류
사 없이 물량을 나타낸다. 그러나 그 '물량'의 정의가 무엇인지, 뒤에서 언급된
'수량'과 어떤 차이가 있는지 등을 명확하게 설명하지 않았다.

**43** 周婷(2016)의 양범주 설정은 毛志萍(2019:174)에서 재인용된 것이다.

| 赵国军(2015) | 물량, 동작량, 성상량, 수량, 공간량, 시간량[42] |
| --- | --- |
| 周婷(2016) | 물량, 수량, 성상량, 동작량[43] |

위 표에서 陈勇(2014), 赵国军(2015)와 周婷(2016)은 모두 양범주 밑에서 '수량'을 직접 설정하였다. 李宇明(2000)은 '물량'의 표현 방식에 대해 '수량 명사구, 분류사의 단독적 사용, 분류사의 중첩' 등을 언급하였는데 이는 '수량'을 '물량'의 하위 부류로 보는 것이다.[44] 李善熙(2003:2)는 '공간량'을 사물의 수량과 사물의 도량으로 나눴는데 '수량'을 '공간량'의 하위 부류로 귀속시켰다.

분류 상의 차이가 있지만 선행연구를 통해 의미론 층위의 양범주 개념은 각 언어(방언)에 보편적으로 존재한다는 사실을 알 수 있다. 의미론 층위에서 수범주와 양범주는 서로 어떤 관계인지에 대해 학자들이 견해가 다르다. 曲英梅(2009:99-104)는 '양화범주(量化范畴)'라는 상위 개념을 설정하고 그 개념 밑에 수범주와 양범주를 하위 부류로 놓았다. 그 논문에서 수량사구, 기수사나 서수사의 첨가 등은 모두 양화를 실현하는 것으로 간주되었다. 陈俊和(2009:25)에 따르면 수범주와 양범주는 서로 다르지만 중첩된 부분이 있는 두 범주이다. 李双剑(2009:22)와 毛志萍(2019:173-174)는 서로 반대된 의견을 보이고 있다. 전자에 의하

---

**44**  李宇明(2000:32)에 따르면 '물량'의 실현 수단에 '许多, 好多, 若干' 등 어휘적 수단도 포함되어 있다. 이 단어들은 명확한 수를 표현하지 않아서 여기서 말하는 '물량'과 다른 선행연구에서 말하는 '수량'은 동일한 개념이 아니다. 그 논저에서 '수량'은 '물량'의 하위 부류인 것으로 판단된다.

면 양범주는 수적 의미가 꼭 포함하고 있고 수범주는 양범주를 꼭 포함하지 않는다. 후자에 의하면 양범주는 수범주를 포함시켰다. 그 논문에 따르면 수는 양의 구체적인 표현이고 양을 계산하기 위해 수량사가 나타나게 되었다. 양범주의 실현은 수량사와 밀접한 관계를 가진다.[45] 이 네 가지 관점을 그림으로 표현하면 다음과 같다.

[그림 4] 曲英梅(2009)에서 제시된 수범주와 양범주의 관계

[그림 5] 陈俊和(2009)에서 제시된 수범주와 양범주의 관계

---

[45] 毛志萍(2019:173-174)의 원문은 다음과 같다.
"量涵括数, 数是量的具体表现。数词是用来计数的词, 是数的语言形式, 对量的计数需要产生数词, 所以数词是量值的具体体现。语言中量范畴的表达与数词密切相关。"

[그림 6] 李双剑(2009)에서 제시된 수범주와 양범주의 관계

[그림 7] 毛志萍(2019)에서 제시된 수범주와 양범주의 관계

수범주, 양범주의 관계에 대한 이 책의 관점은 [그림 5]와 가장 비슷하다. 曲英梅(2009:99)는 양화범주를 설치하였지만 이 범주의 개념과 실현 수단, 그리고 설치 필요성에 대해 명확한 언급이 없고 하위 부류로 간주된 수범주와 양범주가 서로 어떤 관계인지도 밝히지 않았다. 李双剑(2009:22)는 양범주가 수범주에 포함되어 있다는 관점인데 이러한 견해로 李宇明(2000)에서 언급된 등급량과 어세 등을 설명하지 못한다. 예를 들면 '白, 雪白'와 '雪白雪白'는 정도가 점점 강해진다는 것이 분명하지만 이것을 숫자로 양화하기가 어렵다. 毛志萍(2019:174)의 관점도 수와 양의 관계를 전면적으로 설명하기 어렵다. 우선, '수'만으로 양을 표현하지 못하는 경우가 있다.

(9) 가. 북어 한 <u>마리</u>          나. 북어 한 <u>쾌</u>

(10) 일 더하기 일은 <u>이</u>이다.


  예문(9가, 나)에서 수량사는 모두 '하나'이지만 나타내는 수량이 다르다. '한 쾌'는 북어 20마리를 가리키기 때문이다. 예문(10)에 나타난 수는 단순한 수치이고 특정한 양을 표현하지 않는다. 그러므로 수는 반드시 양과 관련되지 않고 양을 나타낼 때도 결합하는 분류사에 따라 차이가 생길 수 있다.

  이 책은 수범주와 양범주를 독립적이지만 중첩된 부분이 있는 두 개의 범주로 본다. 이 중첩된 부분은 바로 '수량'이다. 수범주와 관련되지만 근원적으로 수량은 양적 개념이어서 수량을 양범주로 귀속시키기로 한다. 毛志萍(2019:174)에 따르면 수량은 양의 원형이다.

  수량을 어떻게 정의하는지에 대해 광의적인 관점과 협의적인 관점이 있다. 채옥자(2013:229)에 의하면 수량은 분리량과 연속량으로 나눌 수 있다. 그중 분리량은 가산의 대상을 헤아리는 양이고 연속량은 불가산의 대상을 헤아리는 양이다. 광의적인 관점으로 보면 수량은 분리량과 연속량을 모두 포함하고 협의적인 관점에서 수량은 분리량만 포함한다. 연속량은 양범주의 다른 부분으로 분류된다. 채옥자(2013)의 논의를 보면 그 논문은 위 〈표 9〉에서 언급된 陈勇(2014)처럼 '수량'을 상위 범주로 설정하고 시간량, 공간량과 동작량 등을 수량의 하위 부류로 했다. 李宇明(2000)과 채옥자(2013)을 바탕으로 이 책에 나타나는 '수량'이라는 개념에 대해 다음과 같이 설명하고자 한다.

수량은 물량(物量) 중의 한 가지로 가산의 대상을 헤아리는 분리량을 가리킨다. 수량은 수와 양의 공통적인 작용으로 생긴 개념이고 근원적으로 양범주의 하위 부류에 속한다. 의미론적 층위의 수량범주는 각 언어(방언)에서 보편적으로 존재하지만 각 언어(방언)에서 수량범주가 실현되는 층위와 방식은 차이가 있다.

이 책에 나타나는 '수량'의 개념을 확립하고 '수량 표현'의 개념을 밝히고자 한다. 선행연구에서 '수량 표현'의 정의에 대한 언급이 많지 않은데 대표적인 성과는 채옥자(2013)과 최정도(2017)이다. 이들의 관점은 다음과 같다.

> 채옥자(2013:230)의 관점:수 개념의 의미를 가지는 표현이다. 넓은 의미에서는 자연언어의 거의 모든 문장들을 포괄하는 개념이며 좁은 의미로 문장 안에 수량을 의미하는 독립된 문법 형식이 명시적으로 나타나 있는 경우만을 지칭한다.

> 최정도(2017:25)의 관점:수 개념(수, 양, 순서)을 나타내기 위하여 수량사가 나타나는 모든 언어 표현.

위 두 관점을 보면 최정도(2017:25)의 개념 설정은 '수적 표현'과 '양적 표현'을 구분하지 않고 상당히 광의적으로 했다는 것을 알 수 있다. 채옥자(2013:230)은 좁은 의미의 '수량 표현' 정의를 채택하였고 범위를 확정할 때 수량사와 수관형사뿐만 아니라 '수량'을 표현하는 접사, 단어, 구와 절까지 모두 포함시켜서 '수량 표현'의 범위를 비교적 넓게 설정하였다. 이 두 가지의 관점 그리고 위에서 언급된 다른 성과를 바탕으로 이 책에 나타나는 '수량 표현'이라는 용어에 다음과 같이 설명하고자 한다.

수량 표현은 문장에서 가산의 대상을 헤아리는 분리량을 나타내는 표현이고 수량범주의 언어적 실현이다. 수량 표현은 접사, 단어, 구와 절 등으로 다양하게 실현될 수 있고 구체적인 양상은 각 언어(방언) 의 현실에 따라 다르다.

실현 수단이 많지만 한국어와 중국어에서 '수량사+분류사'로 구성된 수량사구는 명시적이고 직접적으로 사물의 수량을 나타내서 가장 전형적인 수량 표현이라고 할 수 있다. 수량사, 분류사와 명사의 결합은 통사적인 과정이어서 이 책은 연구대상으로 삼는 전형적인 분류사가 수량범주의 통사적인 실현 수단이라고 주장한다. 수범주 실현방식을 논의하는 〈표 8〉에서 劉承峰(2007), 陳振宇(2009) 등은 '어휘적인 수, 통사적인 수' 등 이름으로 수량구조를 수범주 실현 수단 중의 하나로 분류했는데 위의 논의를 통해 이 책은 '수량사+분류사' 수량구조는 수범주가 아닌 양범주의 실현 수단이라고 주장한다.

이 절의 논의를 정리하면 다음과 같다. 선행연구를 보면 수범주, 양범주와 수량범주에 관한 연구는 아직 보완해야 할 부분이 있다. 한국 학계는 한국어에 규칙적이고 형태적인 수 표현 수단이 없다는 이유로 수범주 설정에 관한 연구를 깊이 진행하지 않았다. 그리고 양범주에 관한 연구도 많지 않다. 이와 반대로 중국 학계는 여러 측면에서 수범주와 양범주에 관한 연구를 해 왔지만 개념, 정의 면에서의 혼동과 체계 구축 면에서의 불일치를 많이 보였다. 이 절은 우선 '수'와 '양'의 정의를 밝혔다. 그 다음에 각 언어(방언)에 의미론적 층위의 수범주와 양범주가 존재한다고 논증하였다. 이를 바탕으로 각 층위에서 이 두 범주의 실현 수단을 살펴보고 수범주와 양범주의 관계를 논의했다. 이 책은 수범주와 양범주는 독립적이지만 연관성이 있는 두 개의 범주로 파악하고 중첩된 부분은 바로 '수량'이라고 주장하였다. 이어서 수량과 수량표현의 정의, 양범주 체계에서 수량범주의 위상 등을 논의했다. 전체적으로 보면 복수표지는 수범주를 실현하는 전형적인 수단이고 수량사와 분류사로 구성된 수량사구는 수량범주를 나타내는 전형적인 수단이다. 복수표지는 경우에 따라 형태적 수단일 수 있고 통사적 수단일 수도 있다. 한국어와 중국어에서 수량구조를 형성하는 것이 통사적 과정이어서 분류사는 통사적 수단으로 여겨진다.

분류사와 복수표지의 범주 소속 논의를 통해 아래 부분의 대조 기초를 확립하고자 한다. 전형적인 분류사와 복수표지는 각각 양적(수량적) 표현과 수적 표현을 형성하는 데 참여하는 문법 형식이다. 그러므로 전형적인 분류사와 복수표지 간의 상호작용을 연구하는 이 책은 양범주의 통사적 실현 수단과 수범주의 형태/통사적 실현 수단 간의 기능 대조를 진행하겠다고 할 수 있다.

### 3.1.2 분류사의 명칭, 기능과 품사

선행연구를 보면 언어유형론 연구에서 'classifier'이라고 불리는 문법형식은 다양한 명칭으로 불리고 있다. 예를 들면 중국 학계에서 이 문법 형식은 대부분 경우에 '양사'라고 불리고 한국 학계에서 '단위성 의존명사'라고 많이 불린다. 최근 들어 언어유형론의 영향에 따라 '분류사'라는 용어도 점점 쓰이기 시작하였지만 이는 아직 널리 받아들이지 못하는 명칭이다. 〈표준국어대사전〉과 〈大辭海〉에서 검색하면 '분류사/分类词'라는 단어는 등재되어 있지 않다. 분류사는 수량구성을 이루는 통사적인 기능 외에 몇 가지의 의미적 기능도 가지고 있다. 의미적 측면에서 분류사의 전형적, 일차적인 기능이 무엇인지에 대해 한중 학계는 논쟁이 있어 왔다. 분류사에 부여하는 명칭을 통해 각 학자가 분류사의 어떤 의미적 기능을 가장 중요시하는지를 확인할 수 있다. 이 절에서 먼저 한중 분류사 명칭에 관한 대표적인 의견을 보고 분류사의 일차적인 기능이 무엇인지를 보겠다. 이를 기초로 한국어 분류사가 '의존명사'로서의 전형성이 있는지, 이 책에서 '분류사'라는 용어로 'classifier'을 지칭하는 이유가 무엇인지 등을 밝히겠다.

선행연구에서 한국어와 중국어의 분류사는 여러 가지 명칭으로 명명되었는데 한국어 분류사 명칭에 대한 대표적인 의견을 정리하면 〈표 11〉과 같다.

〈표 11〉 한국어 분류사 명칭에 대한 대표적인 의견[46]

| 성과 명칭 | 분류사 명명 방식 |
|---|---|
| 최현배(1961) | 셈낱덩이안옹근이름씨 (수단위 불완전명사) |
| 김민수(1971) | 수량사 |

---

**46** 〈표 11〉의 일부분 내용은 최형용(2017:49−50)과 김수진(2003:12)를 참고했다.

| | |
|---|---|
| 노대규(1977) | 수량단위사 |
| 김영희(1981) | 셈숱말. 셈가름말<br>(수량사. 수 분류사) |
| 홍양추(1987) | 셈숱낱덩이매인이름씨<br>(수량단위의존명사) |
| 임동훈(1991) | 수량단위형식명사 |
| 박선옥(1997) | 양화사 |
| 우형식(2001) | 분류사 |
| 박진호(2011) | 단위명사 |
| 남기심. 고영근(2011) | 단위성 의존명사 |

〈표 11〉을 두 가지의 측면에서 읽을 수 있다. 먼저 의미적 기능 측면에서 보면 학자들이 중요시하는 분류사 의미적 기능은 세 가지가 있다. 첫 번째는 단위를 나타내는 것[예:최현배(1961), 박진호(2011)]이고 두 번째는 명사의 수량을 나타내는 것[예:김민수(1971), 김영희(1981)]이다. 세 번째는 명사를 범주화하는 것[예:우형식(2011)]이다. 품사 설정 측면에서 보면 최현배(1961)을 비롯한 일부분 성과는 분류사를 명사의 하위 부류로 귀속시켰고 명명할 때 명사로서의 형식성, 불완전성 등을 강조했다.

그 다음에 중국어 분류사 명칭에 대한 대표적인 의견을 〈표 12〉로 정리했다.

| 성과 명칭 | 분류사 명명 방식 |
| --- | --- |
| 罗常培(1954) | 类别词 |
| 刘世儒(1965) | 陪伴词 |
| 吕叔湘(1980) | 量词 |
| 郭锐(2002) | 单位词 |
| 叶子(2019) | 分类词 |

이 외에 李双剑(2016:278)에 따르면 중국 학계는 '副名词, 助名词, 单位词'와 '数位词' 등 명칭도 제시했다. 이 명칭들을 보면 분류사의 단위 표시와 범주화 기능이 중요시되었고 품사 설정에 있어서 통사적 비자립성, 명사로서의 비전형성 등이 강조되었다. 명명 방식이 다양하지만 전체적으로 보면 분류사의 품사와 의미적 기능에 대해 한중 학계가 중요시하는 부분이 비슷하다.

분류사의 일차적인 기능이 무엇인지에 대해 논쟁이 있어 왔다. 한국 학계의 연구를 보면 주로 부류화, 수량화와 개체화 등 관점이 있다. 분류사의 일차적인 기능이 부류화라고 주장하는 성과는 우형식(2000, 2015) 등이다. 대상의 수량이 같더라도 유정성에 따라 인간, 동물과 식물은 각각 명, 마리, 그루 등 분류사와 결합하는데 수량화보다 범주화 기능이 더 근원적이라고 주장하였다. 일차적인 기능이 수량화라고 주장하는 연구는 이남순(1995)와 박진호(2011)을 예로 들 수 있다. 박진호(2011)은 중립적 분류사 '개'가 범주 특징을 나타내는 구체적 분류사를

---

[47]  〈표 12〉의 일부분 내용은 毛志萍(2019:4)에서 재인용한 것이다.

대체할 수 있다는 이유로 부류화가 분류사의 일차적인 기능이 아니라는 관점을 내세웠다. 경우에 따라 '수량화'를 '단위화'라고 하는 연구도 있다. 개체화 관점을 가진 성과는 김수진(2003)과 진려봉(2012) 등이다. 김수진(2003:16)에 따르면 분류사는 '개체화되어 인식된 수량의 대상이 되는 명사가 세어지는 유형이나 방식을 표현하는 것'이라고 했다. 이 설명을 보면 '개체화'와 '수량화'는 일맥상통한 관점이고 '개체화'는 '수량화'에 대한 심화이다.

중국 학계는 분류사의 일차적인 기능에 대해 주로 개체화, 쌍음절화(双音节化), 명확화(明确化) 등 관점이 있다.[48] 쌍음절화 관점에 따르면 중국어를 비롯한 일부분 분류사 언어에서 쌍음절이 선호되지만 수량사가 단음절이다. 쌍음절을 이루기 위해 분류사가 만들어졌다. 명확화 관점은 중국어에 단음절 명사가 많기 때문에 동음어(同音词) 현상을 해소하기 위해 분류사가 만들어졌다고 주장한다. 이 두 가지 관점은 중국어의 실제 상황을 어느 정도 반영할 수 있지만 분류사의 범언어적인 특성을 설명하지 못한다. 분류사의 일차적인 개체화라고 주장하는 성과는 刘丹青(2012)인데 예문을 가져오면 다음과 같다.

(11) 가. 我招了个研究生，很聪明。
　　 나. *我招了研究生，很聪明。

---

48　쌍음절화와 명확화의 관한 내용은 宗守云(2014:121)을 참고했다. 분류사 쌍음절화 기능에 관한 대표적인 논의는 戴庆厦(1998)과 石毓智(2006) 등이고 분류사 명확화 기능에 관한 대표적인 논의는 刘世儒(1965)와 桥本万太郎(2008) 등이다.

위 예문을 보면 분류사 '个'는 목적어인 '研究生'을 범주화하지 않지만 개체화를 통해 한정성을 높였다. 따라서 뒤에 있는 성분의 수식을 받을 수 있다.

이 책은 김수진(2003), 刘丹青(2012)와 의견을 같이 하고 분류사의 일차적인 기능이 '개제화'라고 주장한다. '개/个'를 쓰는 경우가 아니더라도 분류사는 범주화 기능을 언제나 할 수 있는 것이 아니다. 명사 '책'을 예로 들면 '책 한 권' 외에 '책 한 가지, 책 한 더미, 책 한 쪽' 등도 말할 수 있는데 이 현상에 대해 '책이 다양하게 범주화될 수 있다'고 해석하면 무리가 있다. '권, 가지, 더미, 쪽'은 의미가 다르지만 수량사와 결합하면 지시대상이 개별화된 존재로 인식된다. 따라서 '개체화'가 분류사의 일차적인 기능으로 본다.

张旭(2018:177)은 분류사의 의미적 기능을 하나의 연속체로 보았다. 이 연속체의 한쪽은 분류 기능이고 다른 한쪽은 계량 기능이다. 위 논의를 보면 분류사의 의미적 기능은 '연속체'라기보다는 '집합체'에 더 가깝다. 도량형을 제외한 전형적인 분류사는 범주화, 수량화와 개체화 등 기능을 동시에 갖추고 있다. 범주화 능력 강약에 있어서 각 분류사는 차이가 있지만 수량을 나타내는 동시에 결합 대상을 개체화하는 기능은 공통적이다. 따라서 분류사는 일차적인 기능이 개체화이고 범주화, 수량화 등도 할 수 있는 다기능 문법 형식으로 봐야 한다.

현행 한국어 학교문법에서 분류사는 의존명사의 하위 부류로 분류되고 '단위성 의존명사'라고 불린다. 한국어 의존명사는 의미가 형식적, 문법적이고 관형어가 반드시 선행해야 하는데 격조사와의 결합 제약에 따라 '보편성 의존명사, 주어성 의존명사, 서술성 의존명사, 부사성 의존명사'와 '단위성 의존명사' 등 다섯 가지로 분류된다. 그중 단위성 의존명사의 성격은 다른 의존명사와 차이가 있다. 먼저 단위성 의존명사 앞에 있는 관형어는 수 관형어로 한정되고 '-ㄴ/는/ㄹ'로 연결된 관형어와 공기하지 못한다.

(12) 가. 아직 멀쩡한 것을 왜 버리느냐?
　　　나. 살다 보면 그럴 수도 있지.
　　　다. 그는 웃고만 있을 뿐이지 싫다 좋다 말이 없다.
　　　라. 방 안은 숨소리가 들릴 만큼 조용했다.
　　　마. 고등어 두 마리
　　　[모두 <표준국어대사전>에서 인용]

　예문(12가-마)는 각각 보편성 의존명사, 주어성 의존명사, 서술성 의존명사, 부사성 의존명사와 단위성 의존명사의 예문인데 선행대상과의 결합에서 단위성 의존명사와 다른 의존명사 간의 차이를 확인할 수 있다. 이 외에 단위성 의존명사의 범위 구성도 독특하다. 학교문법에서 '사람, 병, 사발' 등 명사도 단위성 의존명사로 간주된다. 남기심, 고영근(2014:69)는 이러한 단어에 대해 '자립명사가 의존명사의 기능을 띤다'고 해석하는데 다른 의존명사에서 이러한 겸류(兼类) 현상은 거의 발견되지 않는다. '단위어'라는 상위 개념을 설정하고 그 밑에 '단위성 의존명사(전형적인 분류사)'와 '단위성 자립명사(의존적인 기능을 띠는 자립명사)'라는 하위 부류를 놓는 주장도 있지만 이 주장은 아직 널리 받아들이지 못한다. '분류사'라는 독립적인 품사를 설치하자는 의견도 제기되고 있다. 전체적으로 보면 단위성 의존명사는 선행대상과의 결합 제약 그리고 범위 구성 측면에서 비전형적인 특징을 보이고 중국어의 '양사'처럼 품사를 따로 설치하는 것은 일정한 합리성이 있다.

중구 하계는 1950년대 〈暂拟汉语教学语法系统简述〉가 출판된 이후 '양사'를 독립적 품사로 인정해 왔다. 유형론적 연구에서 말하는 '분류사'보다 '양사'는 더 큰 개념이다. 黄伯荣, 廖旭东(2011:17)를 보면 중국어의 양사 체계는 명량사뿐만 아니라 동량사도 포함되어 있다. 그리고 차용양사를 보면 명사에서 유래된 것뿐만 아니라 '捆, 挑'처럼 동사에서 유래된 것도 있다. 그러므로 중국어에서 전형적인 'classifier'은 '양사'의 일부분이고 '양사'로 대응시키면 범위 상의 편차가 생긴다.

위의 논의를 정리하면 분류사는 범주화, 수량화와 개체화 등 의미적 기능을 동시에 갖추고 있다. 그중 개체화는 한국어와 중국어 분류사의 일차적인 기능이다. 'classifier'에 대한 명명 방식을 통해 한중 학계가 의미적으로 분류사의 수량화, 범주화 기능을 중요시하고 통사적으로 문장에서 분류사의 비자립성을 중요시한다는 사실을 알 수 있다.

한국과 중국의 현행 학교문법에서 각각 '단위성 의존명사'와 '양사'라는 용어가 쓰이고 있는데 이는 몇 가지의 문제점이 있다. 첫째, 이 두 용어는 모두 '수량화' 기능에 초점을 두는데 분류사의 일차적인 기능인 개체화를 제대로 드러내지 못한다. 둘째, 한국어 의존명사에서 단위성 의존명사는 비전형적이고 의미와 통사적 특징 때문에 이것을 의존명사에서 제외하고 독립적인 품사로 인정해야 하는지에 대해 아직 정론이 없다. 셋째, '병, 사람, 사발, 瓶, 人, 碗'처럼 계량적 성격이 있는 명사와 중국어 동량사, 동사적 차용양사 때문에 실제로 '양사'와 '단위성 의존명사'의 외연은 'classifier'보다 크다. 그러므로 '양사'와 '단위성 의존명사'는 'classifier'의 가장 적합한 명칭이 아니다. 최근에 언어유형론의 영향으로 '분류사'라는 용어가 많이 쓰이고 있지만 이 용어도 한국어와 중국어에서 'classifier'의 일차적인 기능을 잘 드러내지 못한다는 한계점이 있다. 그러나 '양사'와 '단위성 의존명사'에 비해 '분류사'는 중립적인 성격이고 유형론적 연구에서 광범위하게 쓰이고 있어서 이 책에서 '분류사/分类词'로 'classifier'을 지칭하기로 한다.[49]

### 3.1.3 연구대상인 분류사의 선정 기준과 목록화

서론에서 언급하였듯이 대부분 분류사는 명사에서 문법화된 것이고 문법화 정도에 따라 '전형적인 분류사, 명사적 성격이 남아 있는 분류사'와 'Q-N 구조에서의 N' 등 세 가지로 나눌 수 있다. 사회 발전에 따라 전형적인 분류사에서 사전에 등재되어 있지만 일상생활에서 거의 안 쓰이는 것이 많이 생겼다. 이 책은 '전형적이고 광범위하게 쓰이는 분류사'를 연구대상으로 하는데 이 부분은 '전형성'과 '사용 빈도' 두 가지 기준으로 한국어, 표준 중국어와 상하이방언에서 연구대상을 선정하고 목록화하겠다.

---

**49**  한국어와 중국어는 품사 체계의 차이가 있어서 한국어에 '양사', 중국어에 '의존명사'라는 품사가 없다. 따라서 이러한 용어는 특정한 언어에 기반한 맞춤형 전문용어이고 대조연구와 범언어적 연구에 사용하면 적합하지 않다.

먼저 의미와 통사 두 가지 측면에서 분류사 '전형성'의 판정 기준을 마련하겠다. 앞에서 언급하였듯이 전형적인 분류사는 의미가 문법적이고 형식적이다. 그리고 수량 표현에서 지시하는 명사적 대상을 범주화, 수량화와 개체화하는 의미적 기능이 있다. 통사적 분포를 보면 분류사는 반드시 수사나 수관형사와 결합할 수 있어야 하고 '수사/수관형사+분류사+명사' 구성을 형성할 수 있어야 한다. 이에 따라 전형적인 분류사의 판정 기준을 아래와 같은 세 가지로 하고자 한다.

(가) 범주화 기능이 있어야 한다.
위 부분에서 살펴봤듯이 분류사는 범주화 능력의 강약 차이가 있다.
범주화 기능이 강한 분류사에 대해:
해당 분류사에 의해 범주화된 명사는 공통적인 의미 특징이 있다.
범주화 기능이 약한 분류사에 대해:
명사는 자체의 속성 때문에 해당 분류사와 결합한다.
(나) 수량화, 개체화 기능이 있어야 하고 'Q+CL+N' 구조를 형성할 수 있어야 한다.
'수사/수관형사+분류사+(의)+명사' 또는 '명사+수사/수관형사+분류사' 구조에 들어갈 수 있다.
(다) 의미는 문법적이고 형식적이어야 한다.
'이것/그것/저것이 _____이다./这是/那是_____。'의 빈칸에 들어가지 못한다.

이 세 가지 판정 기준을 적용하면 검증 대상의 분류사적 기능과 통사적 비자립성을 모두 확인할 수 있다. 기준(가)와 (다)를 통해 '그릇,

병/碗, 瓶' 등 분류사적 용법을 가지는 자립명사를 연구대상에서 제외할 수 있다. 기준(가)를 보면 범주화 기능이 약한 전형적 분류사도 지시대상의 속성에 따라 수량 표현을 구성한다. 이 점에서 분류사적 용법을 가진 명사와 구분된다.

(13) 가. 사과 한 개    나. *사람 한 개    다. *책 한 개
     라. 一个苹果      마. 一个人         바. *一个书
(14) 가. 물 한 병      나. 물 한 그릇      다. 물 한 컵
     라. 一瓶水        마. 一碗水         바. 一杯水

예문(13)과 (14)를 비교하면 차이가 나타난다. 예문(13)에서 '개/个'는 범주화 기능이 약한 중립적 분류사이지만 각 언어에서 유정성, 공간성 등 변수로 인해 범주화 능력이 다르다. 예문(14)에서 '물'과 분류사의 결합은 물 자체의 속성이 아니라 물을 담는 용기에 따라 결정된 것이다. 분류사와의 결합이 지시대상 자체의 속성에 따라 결정된 것인지는 분류사 전형성을 판정하는 중요한 기준이다. 기준(다)는 자립성 여부에 관한 기준인데 '병, 그릇' 등 단어는 문장에서 독립적으로 쓸 수 있어서 전형적인 분류사에서 제외된다.

그 다음에 분류사 '사용 빈도'에 관한 기준을 마련해야 한다. 사전에 등재되어 있는 분류사를 보면 일상생활에서 자주 쓰이는 것은 일부분만이다. 그리고 자주 쓰인다고 판정할 수 있는 기준도 명확하지 않고 대부분 경우에 연구자의 직관에 따른다. 외국어 교육의 어휘 교육은 대체로 그 언어의 고빈도 기본 어휘를 범위로 하는데 이 책은 외국어로서

의 한국이, 중국어 교육요강에 수록된 어휘표를 참고하고 이 두 언어에서 자주 쓰이는 전형적인 분류사를 목록화하고자 한다. 한국어 부분에서 참고할 교육요강은 한국 국립국어원에서 편찬한 〈한국어 학습용 어휘 목록(2003)〉, 〈한국어 교육 어휘 내용 개발(2015)〉와 〈국제 통용 한국어 표준 교육과정 적용 연구(2017)〉 등 세 가지이다. 중국어 부분에서 2015년 인민교육출판사에서 출판한 〈HSK考试大纲(1-6级)〉를 참고자료로 하겠다. 상하이방언은 교육적인 자료가 거의 없어서 상하이방언 사전인 钱乃荣(2008)을 참고하겠다.

위에서 언급된 세 가지의 한국어 교육요강에서 등급에 따라 분류사를 각각 76개, 99개와 67개를 제시했다. 그중 〈한국어 교육 어휘 내용 개발(2015)〉는 나머지 두 가지의 교육요강과 달리 '고급 어휘' 뒤에 '보충/참고'라는 부분을 추가하고 그 안에 '닢, 모, 접, 톨' 등 외국인 학습자에게 비교적 생소한 분류사까지 학습 내용으로 했다. 이 세 가지 교육요강의 어휘표에서 분류사를 찾아내고 중복된 항목과 도량형 분류사를 삭제한 후 이 절에서 제시된 세 가지의 방법으로 분류사로서의 전형성을 검증하였다. 검증에 통과한 단어는 아래와 같은 43개이다. 이 43개의 단어는 동형이의어가 있는 상황이 많은데 〈표준국어대사전〉에서 이 단어들의 번호도 다시 확인, 수정하였다.

가지04, 개07(個), 건03, 겹01, 군데, 권01(卷), 그루01, 끼01, 놈, 닢, 대01, 대16(臺), 동14(棟), 마디01, 마리01, 매12(枚), 모04, 모금01, 명03(名), 벌02, 부13(部), 분01, 살04, 석07(席), 세03(歲), 송이01, 술06, 인02, 자루 01, 장17(張), 점10, 접02, 제13(劑), 주22(株), 쪽03,

채08, 켤레02, 톨, 통11(通), 포기01, 편09(篇), 척08(隻), 첩5(貼)[50]

2015년 중국 인민교육출판사에서 출판한 〈HSK考试大纲(1-6级)〉은 총 5000개의 중국어 단어를 제시했다. 그중 '量词'로 표시된 단어는 83개가 있다. 1급에서 6급까지 어휘표에 각각 10개, 4개, 14개, 14개, 24개와 17개의 양사가 있다. 먼저 그중의 전형적인 동량사와 도량형 분류사를 연구대상에서 제외시켰다. 이 절에서 제시한 세 가지의 판정 기준을 이 단어들에 적용한 결과 검증에 통과한 전형적인 표준 중국어 분류사는 아래와 같은 58개이다. 이 단어들은 모두 중국어 양사 사전인 郭先珍(1987)에 기재되어 있다.

---

50 '점10'을 비롯한 일부분 단어는 사전에서 명사와 의존명사로서의 뜻이 동시에 등재되어 있다. 그러나 의존명사로서의 의미는 이미 문법화로 인해 많이 탈색되었다. '점10'을 예로 들면 명사로서의 의미는 '작고 둥글게 찍은 표'이지만 의존명사로 쓰일 때 그림, 의류와 고기 등 대상과 어울려서 원형적 의미와 상당한 차이를 보인다. 이러한 경우에 명사로서의 의미가 있어도 이 책에서는 이 단어를 분류사로 본다.
　　이 외에 '건03'을 비롯한 일부분 단어는 사전에서 명사로 분류되었지만 예문을 보면 '이번 건, 재개발하는 건'처럼 앞에 반드시 관형사형 성분이 있어야 하고 단독적으로 쓰이지 못한다. 이러한 단어는 명사라기보다 의존명사로서의 성격이 더 강하고 보편성 의존명사와 단위성 의존명사의 특징을 동시에 갖추고 있다고 볼 수 있다. 통사적 비자립성과 문법적, 형식적 의미를 가지기 때문에 이 책에서 이 단어들을 분류사로 귀속시키기로 한다.
　　〈국제 통용 한국어 표준 교육과정 적용 연구(2017)〉에서 '인분(人份)'이라는 복합적 분류사를 제시했지만 〈표준국어대사전〉에서 단어로 등재되어 있지 않아서 이 책은 '인분'을 하나의 응고된 단어로 보지 않고 분류사 '인'에 접미사 '분'이 첨가되어서 형성된 복합 구성으로 본다. '-인분'과 같은 분류사 복합 구성에 대해 '분류사 수량 표현 기본적 구조의 축소' 부분에서 상세하게 살펴보겠다.

本, 册, 层, 场, 串, 次, 丛, 滴, 点, 顶, 栋, 段, 堆, 顿, 朵, 番, 份, 幅, 副, 个, 根, 件, 节, 届, 卷, 棵, 颗, 块, 粒, 辆, 枚, 批, 匹, 篇, 片, 群, 首, 束, 双, 艘, 台, 趟, 套, 条, 位, 项, 些, 页, 张, 阵, 只, 支, 枝, 种, 株, 幢, 组, 座[51]

상하이방언 사전인 钱乃荣(2008)에서 상하이방언 분류사 105개가 제시되었다. 그중 도량형 분류사와 지금 쓰이지 않는 분류사를 먼저 제외시키고 나머지 분류사에 위에서 제시된 세 가지 기준을 적용하였다. 이 책의 연구범위 안에 들어간 분류사는 다음과 같은 41개이다.

只, 个, 根, 条, 支, 枝, 本, 棵, 朵, 片, 桩, 件, 部, 粒, 顶, 座, 幢, 爿, 扇, 层, 块, 幅, 段, 页, 篇, 埭, 阵, 双, 副, 套, 串, 丛, 堆, 批, 票, 眼, 洒, 趟, 顿, 张, 场[52]

상하이방언은 대부분 경우에 구어체로만 쓰여서 표준 중국어에서 문어체 성격이 강한 '册, 枚, 艘' 등 분류사는 상하이방언에 없다. 그리고

---

**51** 이 분류사들 중에 '片'과 같은 분류사는 '纸片, 名片, 雪片' 등 단어를 구성할 수 있지만 단독적으로 '*这是片'이라는 문장을 구성할 수 없다. 따라서 이 책의 연구범위 안으로 넣기로 한다. '滴, 堆'를 비롯한 일부분 분류사는 동사에서 유래되지만 이미 명사를 구성하는 형태소가 되고 '水滴, 泪滴, 土堆' 등 단어를 생산적으로 구성할 수 있다. '*这是滴/*这是堆'처럼 문장 안에 단독적으로 들어갈 수 없어서 이 책의 연구범위 안에 넣기로 한다.

**52** 그중에 '爿'는 가게, 공장 등을 세는 분류사이다. '埭'는 거리(街道)를 셀 때 쓰이는 분류사이고 표준 중국어 분류사 '条'의 일부분 의미와 비슷하다. '洒'는 방울 형태의 액체를 셀 때 쓰이는 분류사인데 표준 중국어 분류사 '滴'와 비슷하다.

표준 중국어의 보급으로 인해 상하이방언에서 분류사의 사용은 '个, 只'를 비롯한 몇 개의 고빈도 분류사로 집중되는 추세가 있다. 분어체 분류사의 결여와 일부분 분류사의 사어화(死语化)로 인해 전체적으로 보면 상하이방언의 분류사는 표준 중국어보다 적다.

기본적 수량 표현은 '수량사, 분류사'와 '명사'로 구성되는데 격조사, 지시사나 관형사 등의 추가로 기본적 구조를 확대할 수 있고 수량사나 명사의 삭제로 기본적 구조를 축소할 수 있다. 이 외에 일부분 분류사는 중첩을 통해서 주관적인 대량(大量)과 소량(小量)을 나타낼 수 있다. 다음 부분에서 수량 표현의 기본구조, 기본구조의 확대, 기본구조의 축소, 분류사의 중첩 등 네 개의 부분으로 나눠서 한국어, 표준 중국어와 상하이방언 분류사의 형태, 통사와 의미적 기능을 살펴보고 대조하겠다.

## 3.2 한국어의 분류사 수량 표현

세계 언어에서 분류사 수량 표현은 주로 '수량사, 분류사'와 '명사' 등 세 가지의 요소로 구성된다. 일부분 언어에서 분류사 수량 표현은 한 가지의 어순만 있지만 다른 언어에서 수량 표현은 비교적 자유로운 어순을 보이고 있다. 한국어는 후자의 경우에 속한다. 한국어의 분류사 수량 표현은 다른 문장 성분과 어울려서 확대될 수 있고 문장 성분의 삭제로 축소될 수도 있다. 그리고 일부분 분류사는 중첩을 통해 새로운 의미를 나타낼 수 있다.

이 절에서 우선 한국어 수량구조에서 어떤 구조가 기본적 구조인지를 밝히겠다. 기본적 구조의 통사와 의미적 기능을 고찰한 후 확대, 축소 양상을 살펴보고자 한다. 기본 구조의 확대 부분에서는 한국어 명사 수량사구와 격조사, 지시사, 형용사, 소유 구조(领属结构)의 결합 양상을 고찰하겠다. 기본 구조의 축소 부분에서는 '수량사+분류사, 명사+분류사, 분류사의 단독적 사용' 등 여러 가지 상황으로 나눠서 한국어 분류사의 통사, 의미적 기능을 연구하겠다. 마지막으로 한국어 분류사의 중첩 양상을 살펴보겠다.

### 3.2.1 기본적 구조

한국어 수량 명사구의 구조 유형에 대해 학자들이 서로 견해가 다른데 적으면 네 개, 많으면 열두 개의 유형이 설치되어 있다. 수량 명사구의 유형을 비교적 상세하게 설치한 성과는 유정정(2014:57-58)이다. 그 논문의 분류 양상은 다음과 같다.

 

(i) 일반 구성
    가. 명사+수량사+분류사 (사과 한 개)
    나. 수량사+명사 (두 소년)
    다. 수량사+분류사 (열 걸음)
    라. 명사+수량사 (사람 둘)
    마. 명사+분류사 (돈 푼께나)
    바. 수량사 (셋)
(ii) 속격 구성
    가. 수량사+분류사+(의)+명사 (한 켤레의 구두)
    나. 수량사+의+수량사+분류사 (셋의 셋 배)
    다. 수량사+의+명사 (둘의 마음)

(iii) 분리 구성

　　가. 명사+격조사+수량사+분류사+격조사 (책을 다섯 권을)

　　나. 수량사+분류사+격조사+명사+분류사 (한 명도 핵생이)

　　다. 명사+격조사+수량사+격조사 (학생이 셋이)


　제시된 유형에서 먼저 '분리 구성'을 수량 표현의 기본적 구조에서 제외하겠다. 주격조사나 목적격조사를 붙이면 수량 표현의 통사적 구조가 달라지기 때문이다. 이러한 구조는 '기본 구조의 확대' 부분에서 상세하게 살펴보기로 한다.

　일반 구성의 (나, 라, 바)는 각각 '수량사+명사, 명사+수량사' 구조와 수량사의 단독적인 사용이다. 수량사와 명사로 구성된 명사구가 분류사 수량 표현으로 간주될 수 있는지에 대해 논쟁이 있다. 김지홍(1994)를 비롯한 일부분 연구는 생성문법의 시각으로 수량사와 명사로만 구성되는 한국어 수량 표현을 연구했는데 이러한 표현의 표층구조에서 공범주로 실현되지만 기저구조에 분류사가 있어서 분류사 수량 표현으로 봐야 한다고 주장하였다. 이 외에 최형용(2017:181)은 식당에서 쓰이는 '물 둘, 커피 하나' 등 표현을 예로 들어 '명사+수량사' 표현에 화자와 청자가 모두 아는 분류사가 상정되어 있다고 주장하였다. 이 두 가지 관점은 합리적인 면이 있다. 그러나 이 책은 분류사의 형태, 통사와 의미적 특징을 연구하는데 분류사가 공범주로 실현되거나 화자와 청자의 상정 때문에 출현하지 않으면 이러한 기능을 논의하기가 어렵다. 따라서 '수량사+명사, 명사+수량사' 그리고 수량사만으로 구성된 구조를 분류사 수량 표현의 기본적 구조로 보지 않고 '기본 구조의 축소'에서 대조의 대상으로 분석하겠다.

'일반 구성'에 나타난 (다, 마)는 각각 '수량사+분류사'와 '명사+분류사'인데 기본적 구성 요소가 결여되어서 '기본 구조의 축소' 부분에서 주요 논의 대상으로 삼겠다.

'속격 구성'으로 분류된 세 기지의 구조에서 '수량사+의+명사'는 분류사가 없어서 기본적 구조로 보지 않기로 한다. '수량사+의+수량사+분류사' 구조에서 분류사는 주로 '배'처럼 도량형이나 수학적 개념을 나타내서 논외로 하기로 한다.

그러므로 위에서 제시된 열두 가지의 한국어 수량 명사구 통사적 구조에서 기본적 구조는 아래와 같은 두 가지만이다.


한국어 수량 명사구의 기본적 구조:
(i) 명사+수량사+분류사 (사과 한 개)
(ii) 수량사+분류사+(의)+명사 (한 켤레의 구두)


이 두 가지 통사적 구조는 한국어 수량 표현에서 많이 쓰이고 있는데 그중 어느 구조가 더 기본적인 것인지에 대해 아직 정론이 없다. 채완(1982)는 중세와 근대한국어 문헌에서 확인된 수량 표현 구조 변화를 통시적으로 연구했는데 아래와 같은 그림을 제시했다.

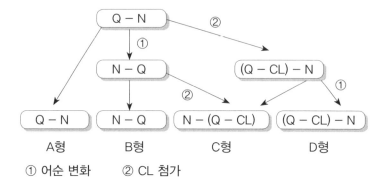

[그림 8] 채완(1982)에서 제시된 한국어 수량 명사구의 어순 변천[53]

채완(1982)에 따르면 한국어는 원래 분류사가 없는 언어이었고 중세 한국어에서 명사 수량을 나타낼 때 '수량사+명사' 형식이 쓰였다. 나중에 중국어의 영향으로 분류사가 한국어 어휘 체계에 들어가게 되었는데 수량사와 명사 사이에 분류사가 개입되었고 '수량사+분류사+명사' 구조가 형성되었다. '명사+수량사+분류사' 구조는 나중에 어순이 바뀌거나 '명사+수량사' 구조에 분류사가 첨가되어서 형성된 구조이다. 따라서 '수량사+분류사+(의)+명사'는 한국어 분류사 수량 표현의 기본적 구조이다.

이와 반대로 박정구(2012)는 '명사+수량사+분류사' 구조가 한국어 수량 명사구의 기본적 구조라고 주장한다. 채완(1982)에 따르면 중국어 수량 명사구의 어순은 '명사+수량사+반복소/분류사'에서 '수량사+분류사+명사'로 변화했는데 이 과정은 한국어 수량 명사구와 정반대

---

53    이 그림은 진려봉(2012:111)에서 재인용된 것이다.

이다. 따라서 한국어 분류사 수량 표현의 어순은 중국어의 영향을 받지 않았다. 그러나 박정구(2012:408)은 중세한국어 문헌에 나타난 대부분 수량 명사구는 그 당시 중국어 문헌에서 번역되어 온 것이고 '수량사+분류사+명사' 구조는 중국어 수량 표현 어순을 그대로 반영한 것이라고 한다. 그의 관점에 따르면 '명사+수량사+분류사' 구조는 분류사가 한국어 어휘 체계에 들어간 후 스스로 형성된 기본적 구조이다.

黄平(2013:69)는 57가지의 중국티베트어족 언어를 대상으로 기본 어순과 분류사 수량 표현 어순 간의 유형론적 보편성을 조사했다. 그 결과를 보면 OV 언어는 '명사+수량사+분류사' 구조와 강한 연관성을 보이고 VO 언어는 '수량사+분류사+명사' 구조와 강한 연관성을 보인다. 유형론적 시각으로 보면 이는 어순 조화를 이루는 현상이다. 분류사 수량 표현에서 핵심 성분이 명사이고 목적어와 서술어에서 목적어는 더 중요한 위치를 차지한다. 한 언어에서 각 통사적 구조의 어순은 어느 정도의 일치성이 있어야 해서 기본 어순과 분류사 수량 표현 사이에 이러한 연관성을 보인다. 우형식(2001:334)와 유정정(2014:59)는 실제 언어 자료에 나타난 분류사 수량 표현의 구조를 통계했는데 그 결과도 위에서 언급된 유형론적 보편성에 부합된다. 그러므로 이 책은 박정구(2012)와 의견을 같이 하고 한국어 분류사 수량 표현의 두 가지 기본적 구조에서 '명사+수량사+분류사'가 더 기본적인 구조라고 주장한다.

'수량사+분류사+(의)+명사' 구조에서 수량구조와 명사의 통사적 관계에 대해 '수식과 피수식'으로 보는 의견이 대부분이다. 그러나 '명사+수량사+분류사' 구조에서 수량구조와 명사가 어떤 관계인지에 대해 아직 정론이 없다. 주요 관점은 동격 관계, 수식-피수식 관계와 주술 관계이다.

동격 관계라고 주장하는 학자는 주로 명사와 수량구조에 같은 격조사를 붙일 수 있다는 것을 이유로 한다. 그러나 분류사 수량 표현에서 수량구조와 명사는 동등한 지위가 아니다.

(15) 가. 교실에서 학생이 다섯 명이 공부하고 있다.
　　　나. 교실에서 학생 다섯 명이 공부하고 있다.
　　　다. (?)교실에서 학생이 다섯 명 공부하고 있다.
　　　라. 교실에서 학생이 공부하고 있다.
　　　마. ?교실에서 다섯 명이 공부하고 있다.

위 예문을 보면 15(가, 나)는 문법적이고 (15다)는 문법성이 상대적으로 떨어진다. '학생'에 주격조사를 붙인 후, '다섯 명'의 통사적 성격이 불분명해지기 때문이다. 분류사 수량 표현에서 성분 하나를 없애는 (15라)와 (15마)를 보면 전자는 문법적이고 후자는 일정한 문맥이 없으면 어색하다. '학생'과 '다섯 명'은 동격 관계가 아니고 후자는 전자에 대한 설명이다. 따라서 분류사 수량 표현에서 수량구조와 명사의 통사적 관계를 동격으로 보는 관점은 무리가 있다. 실제 생활에서 명사와 수량구조가 동격 관계인 경우도 있지만 이때 분류사 수량 표현으로 볼 수 있는지가 문제이다.

(16) 그날 김 교수님 한 분만 특강을 하셨다.

대부분 발화 상황에서 여기의 '김 교수님'과 '한 분'은 동일한 대상을 지시하고 동격 관계를 이룬다. 그러나 이 표현은 선행대상을 수량화, 범주화하는 기능이 없고 분류사 수량 표현으로 볼 수 없다.

'명사+수량사+분류사' 구조를 수식—피수식 관계를 보는 관점도 있다. 그러나 대부분 경우에 한국어 수식 성분이 피수식 성분 앞에 나타나서 이러한 관점도 도전을 받는다.

이 책은 '명사+수량사+분류사' 구조를 주술 관계로 본다. 통사적으로 명사, 수량사와 분류사가 하나의 구를 이루지만 의미적으로 보면 수량구조는 선행하는 명사에 대한 서술이다.

(18) 가. 어제까지 <u>책 열 권</u>을 읽었다.
　　　나. 책은 열 권이다.


예문(18가)에서 '열 권'과 '책'은 의미 면에서 종속적인 관계인데 '책 열 권'이라는 표현은 (18나)의 의미가 포함되어 있다. '명사+수량사+분류사' 구조에 나타난 수량구조는 '—이다'가 생략된 서술어로 볼 수 있다. 따라서 '명사+수량사+분류사' 구조에서 수량구조는 선행대상에 대한 서술로 보는 것이 타당하다.

기본 구조인 '명사+수량사+분류사'와 '수량사+분류사+의+명사'는 의미 면에서 차이가 있다. 아래 예문을 보자.

(19) 가. 학교에 오는 길에 <u>친구 세 명</u>을 만났다.
　　　나. 학교에 오는 길에 <u>세 명의 친구</u>를 만났다.

진릿값의 시각으로 보면 예문(19가, 나)는 의미가 같고 모두 참이거나 모두 거짓이어야 한다. 그러나 이 두 문장은 한정성 등 차이가 있고 의미는 완전히 같지는 않다.

앞에서 언급하였듯이 '수량사+분류사+의+명사' 구조에서 수량구조와 명사는 수식–피수식 관계이어서 의미를 인지할 때 초점은 명사에 있다. '명사+수량사+분류사' 구조는 주술 관계이어서 초점은 뒷부분의 수량에 집중되어 있다. 따라서 '수량사+분류사+의+명사' 구조의 한정성은 '명사+수량사+분류사'보다 강하다. 최형용(2017:195)는 '수량사+분류사+의+명사' 구조는 총칭적 의미를 가지고 '명사+수량사+분류사' 구조는 부분적 의미를 가진다고 지적하였다.

예문(19가, 나)를 비교하면 (19가)는 불특정한 친구 세 명을 만났다는 의미가 더 두드러진다. (19나)는 수식, 한정적 성분이 명사 앞에 나타나서 특정한 범위 안에서 이름, 신분 등을 명확히 확인할 수 있는 세 명의 친구를 만났다는 의미가 더 강하다. 이 두 가지 구조의 한정성 차이는 아래 예문을 통해서도 확인할 수 있다.


(20) 가. 주어, 목적어, 서술어, 관형어, 이 네 가지의 문장 성분은…
　　　나. *주어, 목적어, 서술어, 관형어, 이 문장 성분 네 가지는…
(21) 가. 책상에 놓여 있었던 한 권의 책이 없어졌다.
　　　나. 책상에 놓여 있었던 책 한 권이 없어졌다.


예문(20)의 앞 부분에서 이미 구체적인 문장 성분이 명시되어 있고 지시사 '이'도 나타나 있어서 한정성이 강한 문맥이다. 이 경우에 '명사+수량사+분류사' 구조와 결합하면 문장이 어색해지고 비문이 된다. 예문 (21)은 두 가지 구조를 모두 쓸 수 있는 문맥인데 어느 구조를 쓰는지에 따라 의미 해석이 달라진다. (21가)처럼 한정성이 높은 표현을 쓰면 원래 책상에 특정한 책 한 권만 있고 그 책이 없어졌다는 뜻으로 해석되고 (21나)처럼 한정성이 약한 표현을 쓰면 책상에 놓어 있었던 여러 권의 책에서 불특정한 한 권이 없어졌다는 뜻으로 해석된다.

분류사 수량 표현의 한정성 차이는 문장과 텍스트에서도 확인할 수 있다. 대부분 경우에 주어 위치에서 한정성이 강한 구정보가 나타나고 목적어 위치에서 한정성이 약한 신정보가 나타난다. 이러한 양상은 수량 표현에 대한 선택으로도 확인할 수 있다.

> (22) 가. 연구 주제와 관련된 논문 50편을 다운받았다.
> (i) 나는 50편의 논문을 읽기 위해....
> (ii) ?나는 논문 50편을 읽기 위해...
> 나. 내 친구 두 명은 방학 때 집에 돌아가지 않기로 했다.
> (i) 그 두 명의 친구는 매일 도서관에서 공부하고...
> (ii) ?? 그 친구 두 명은 매일 도서관에서 공부하고...

예문(22가)에서 '나는 논문 50편을 읽기 위해...'라는 문장 자체는 틀린 문장이 아니다. 그러나 '논문 50편'이라는 것은 위 문장에서 이미 나타난 구정보이기 때문에 다시 언급될 때 한정성이 높은 '수량사+분류사+의+명사' 구조와 더 어울린다. (22나)도 비슷한 상황이다. 구정보가 나타나야 하는 위치에서 신정보를 표현하는 구조가 쓰이고 한정성이 높은 지시사 '그'와 결합해서 비문와 가까운 문장이 된다.

이 외에 '수량사+분류사+의+명사' 구조와 '명사+수량사+분류사' 구조의 의미적 차이는 부정을 통해서도 알 수 있다. 전자의 경우 수식-피수식 관계여서 부정을 하면 수량 표현 전체가 부정된다. 이와 달리 후자는 주술 관계이고 초점이 수량구조에 있다. 따라서 부정을 하면 중의성이 생기는데 수량구조만 부정될 수 있고 수량 표현 전체도 부정될 수 있다.[54]

(23) 가. 나는 교실에서 <u>다섯 명의 학생</u>을 보지 못했다.
　　 나. 나는 교실에서 <u>학생 다섯 명</u>을 보지 못했다.

예문(23가)는 한정적인 표현을 써서 특정한 다섯 명의 학생을 보지 못했다는 해석만 가능하다. 그러나 (23나)는 숫자 '다섯'에 대한 부정으로 이해될 수 있고 불특정한 학생 다섯 명을 모두 못 봤다는 뜻으로도 이해될 수 있다. 이 경우에 악센트 등을 통해 중의성을 해소해야 한다.

정리하자면 한국어 수량 표현은 여러 가지 통사적 구조가 있다. 학자에 따라 적으면 네 가지, 많으면 열두 가지 정도를 설치하였는데 그중 분류사 수량 표현의 기본적 구조로 볼 수 있는 것은 '명사+수량사+분류사'와 '수량사+분류사+(의)+명사' 두 가지만이다. 이 두 가지 구조에서 '명사+수량사+분류사'는 더 기본적인 구조이고 한국어의 SOV 기본 어순과도 일치성을 보인다. 진릿값의 측면에서 보면 '명사+수량사+분

---

**54**　분류사 수량 표현의 부정 양상에 대해 한송화(1999)를 참고했다.

류사'와 '수량사+분류사+(의)+명사' 구조는 의미가 같다. 그러나 전자의 한정성이 후자보다 약해서 실제 사용에서 일정한 의미적 차이를 보인다. 그러므로 문맥에 따라 뜻이 달라지거나 그중의 한 가지 구조를 쓰면 문장이 어색해지는 경우가 있다.

### 3.2.2 기본적 구조의 확대

한국어 분류사 수량 표현의 기본적 구조는 조사, 지시사, 형용사, 소유구조와의 결합을 통해 확대될 수 있다. 그러나 이 두 가지 구조는 모든 경우에 위와 같은 문법 형식과 자연스럽게 결합할 수 없고 이 문법 형식들은 분류사 수량 표현의 기본적 구조와 결합할 때 일정한 어순 제약을 받는다.

먼저 기본적 구조에 조사가 첨가되는 경우를 보자. '명사+수량사+분류사' 구조와 '수량사+분류사+(의)+명사' 구조는 모두 조사와 비교적 자연스럽게 공기할 수 있다.

(24) 가. 학생 세 명 / 세 명의 학생이 운동장에서 놀고 있다.
　　나. 이 일을 맡은 사람은 ?학생 세 명 / 세 명의 학생이다.
　　다. 길에서 학생 세 명 / 세 명의 학생을 만났다.
　　라. 내가 본 사람은 학생 세 명 / 세 명의 학생이 아니다.
　　마. 학생 세 명 / 세 명의 학생의 물건은 책상에 놓여 있다.
　　바. 학생 세 명 / 세 명의 학생에게 선물을 주었다.
　　사. 학생 세 명 / 세 명의 학생도 그 일을 목격하였다.

예문(24가–사)에서 분류사 수량 표현의 기본적 구조는 각각 주격조사, 서술격조사, 목적격조사, 보격조사, 관형격조사, 부사격조사, 보조사와 결합하였다. 한정성이 강한 일부분 통사적 위치를 제외하면 이 두 가지 기본적 구조와 뒤에 나타난 조사는 결합 제약이 심하지 않다.

그러나 실제 생활에서 기본적 구조의 중간 위치에 격조사가 삽입되는 경우도 있다. 이때 '명사+수량사+분류사' 구조만 삽입이 가능하고 삽입되는 격조사도 주격조사와 목적격조사로 제한된다. 그리고 중간에 삽입된 격조사는 구조 뒤에 나타난 격조사와 같아야 한다. 예문(24가, 다, 바)에 격조사를 삽입하고 그 양상을 살펴보자.


(24) 가′. 학생이 세 명이 운동장에서 놀고 있다.
　　　가″. *세 명이 학생이 운동장에서 놀고 있다.
　　　다′. 길에서 학생을 세 명을 만났다.
　　　다″. *길에서 세 명을 학생을 만났다.
　　　바′. *학생에게 세 명에게 선물을 주었다.


위 예문에서 확인할 수 있듯이 '수량사+분류사+(의)+명사' 구조에 격조사가 삽입되면 비문이 되고 (24바)처럼 부사격조사가 중복적으로 쓰일 때도 비문이 된다.

예문(24가)는 '주격중출구문'이다. (24가)와 (24가)는 '학생'과 '세 명'이 대상과 수량의 관계인 점에서 의미적 유사성을 가지지만 통사적 측면에 다른 점이 있다. (24가)의 통사적 구조는 아래와 같이 분석할 수 있다.

학생이 [세 명이 운동장에서 놀고 있다].

이 문장에서 '학생'은 문장의 주어이고 '세 명이 운동장에서 놀고 있다'는 서술절로 간주된다. '세 명'은 서술절의 주어이다. 이렇게 분석하면 문장은 겹문장이 되고 '학생'과 '세 명'은 한 구조의 두 구성 부분이 아니라 별개의 문장 성분으로 여겨진다. 그러므로 '명사+수량사+분류사+주격조사' 구조와 '명사+주격조사+수량사+분류사+주격조사' 구조는 통사적 측면에서 상당한 차이를 보인다.[55]

(24다')와 같은 구문은 이중목적어구문이다. 서술어인 '만나다'는 일반적으로 주어 하나와 목적어 하나만 필요한 2가동사(二价动词)이다. 그러나 이 문장에서 겉으로 보면 목적어는 두 개가 있다. '을/를'은 목적어 뒤에 한 번 나타나는 것이 일반적이지만 유표적인 특수 위치에 나타나는 현상도 흔히 볼 수 있다.

(24) 다'. 길에서 학생을 세 명을 만났다.
(25) 가. 어제 산엘(=에를) 갔는데 꽃이 활짝 피었더라.

---

[55] 예문(24가')와 같은 문장에서 주격조사가 붙은 성분에서 한 성분을 주어로 파악하고 다른 한 성분을 주제어로 파악하는 관점도 있다. 그러나 이러한 관점은 두 가지의 문제가 있다. 첫째, 주어는 통사론적 측면의 개념이고 주제는 화용론적 측면의 개념이다. 이 두 개념을 같은 층위에 놓고 논의하는 것이 타당성의 문제가 있다고 본다. 둘째, 유현경(2018:415)에서 지적한 바와 같이 한 문장에서 주격조사가 세 번 이상 나타나면 주제어 혹은 주어를 두 번 설치해야 하는 상황이 발생하는데 이러한 상황은 주제어로 해석하기가 어렵다.

나. 그 꽃은 예쁘지를 않다.

[모두 유현경(2018:298)에서 인용되었다.]

유표적인 위치에 나타나는 목적격조사의 문법적 성격에 대해 주로 두 가지의 해석이 있다. 남기심, 고영근(2014:99)는 이러한 '을/를'의 기능은 격조사라고 하기보다는 보조사적이라고 하는 것이 온당해 보인다고 지적하였다. 이와 비슷하게 이은교(2008)은 '을/를'을 '지정'과 '강조' 의미를 나타내는 보조사라고 주장하고 유동석(1984)는 '이/가'와 '을/를'이 모두 보조사의 일종으로 보고 '양태조사'라고 명명하였다.[56] 이에 대해 구본관(2015:196)의 의견은 다르다. 구본관(2015:196)에 따르면 유표적인 '이/가, 을/를'에 선행하는 요소는 상위문이 체언(구, 절)에 해당하므로 결국 격조사는 체언(구, 절)에 결합하는 것으로 볼 수 있다.[57]

이중목적어구문에 대해 이 책은 남기심, 고영근(2014)와 관점을 같이한다. 두 개의 목적격조사에서 유표적인 중간 위치에 삽입된 것은 통사적으로 보조사 기능을 하고 의미적으로 선행대상을 강조하는 기능을 한다고 주장한다. 목적격조사의 삽입 때문에 '명사+수량사+분류사'는 하나의 구조로 보지 못하고 명사와 수량구조는 별개의 문장

---

**56** 이은교(2008)과 유동석(1984)의 격조사 기능 관점은 남기심, 고영근(2014:99)에서 재인용된 것이다.

**57** 이중목적어구문에 대해 생성문법의 시각으로 기저구조에서 겹문장이어서 표층구조에서 목적어가 두 개로 나타난다고 주장하는 관점도 있다. 이 외에 '주격중출구문'처럼 하나의 목적어는 문장 전체의 목적어이고 또 하나의 목적어에 대해 '안은 문장'과 같은 구조가 있다고 설정하고 그 목적어는 '안긴 문장'의 목적어로 보는 관점도 있다. 그러나 이 두 가지의 관점은 주류가 아니다.

성분이 된다.

주격, 목적격조사가 중간에 삽입된 후 형성된 분류사 수량 표현 확대 구조는 진릿값 측면에서 기본적 구조와 같지만 통사적 측면에서 큰 차이를 보인다. 격조가의 첨가에 따라 강조 등 새로운 의미도 생긴다. 그러므로 격조사 추가를 통해 얻은 확대 구조는 여러 면에서 기본적 구조와 다르다.

주격, 목적격조사 외에 지시사, 형용사와 소유구조도 분류사 수량 표현과 결합할 수 있다. 먼저 기본적 구조에 지시사가 추가된 경우를 보자.

(26) 가. 나는 그 두 편의 영화를 친구에게 추천하였다.
　　　나. *나는 그 영화 두 편을 친구에게 추천하였다.

지시사 '이, 그, 저'는 한정성이 강하기 때문에 '수량사+분류사+의+명사' 구조와 자연스럽게 결합하고 (26가)처럼 '두 편의'와 함께 핵심인 '영화'를 수식, 한정할 수 있다. (26나)의 '명사+수량사+분류사' 구조는 한정성이 약해서 지시사와 결합하면 비문이 된다.

형용사는 '명사+수량사+분류사' 구조, '수량사+분류사+의+명사' 구조와 모두 결합할 수 있다. 그러나 문장에서의 출현 위치가 다르다.

(27) 가. 두 편의 재미있는 영화
　　　나. 재미있는 영화 두 편

예문(27)을 보면 '명사+수량사+분류사' 구조에서 형용사는 맨 앞에서 실현되고 '수량사+분류사+의+명사' 구조에서 형용사는 관형격조사 '의'와 명사 사이에서 실현된다. '수량사+분류사+의+명사' 구조에서 '의'가 생략되는 경우는 실제 생활에서 발견할 수 있지만 형용사가 추가되면 관형격조사의 생략이 어려워진다.

(28) 가. 아이가 한 가지(의) 물건에 집착하는 것은 발달 상 자연스러운 현상이다. (인터넷에서 수집)
　　　나. ?아이가 한 가지 귀여운 물건에 집착하는 것은 발달 상 자연스러운 현상이다.
　　　다. 아이가 한 가지의 귀여운 물건에 집착하는 것은 발달 상 자연스러운 현상이다.

예문(28가, 나, 다)를 비교하면 '수량사+분류사+의+명사' 구조에서 형용사의 출현 여부는 관형격조사의 생략 가능 여부와 연관성이 있다는 것을 알 수 있다. 다른 수관형사와 달리 '한'은 수학적인 의미 외에 '적다, 단일하다' 등 화용적 의미도 포함되어 있어서 언어 사용 과정에서 '한'이 들어가 있는 관용 표현이 많이 생겼다. '한 가지 물건' 외에 '한 가닥 희망' 등 표현도 찾을 수 있다. 이러한 표현은 널리 사용되어서 구조가 응고되었다. 예들 들면 '한 가닥 희망'의 '한'을 '두, 세'로 바꾸면 비문이 되고 '한 가지 물건'은 제약이 그렇게 엄격하지 않지만 수량이 커짐에 따라 문법성이 떨어진다. '두 가지 물건'보다 '아흔 두 가지 물건'이라는 표현은 상대적으로 어색하다. 형용사가 삽입되면 이러한 응고된 구조가 깨져서 보편적인 구조처럼 '의'가 나타나야 한다.

대부분 경우에 분류사 수량 표현에서 형용사는 명사 앞에 나타나고 명사와 긴밀한 통사적 관계를 가지지만 그렇지 않은 경우도 있다.

(29) 가. ?수범주와 양범주는 <u>두 개의 독립적이지만 연관성이 있는 의</u>
<u>미 범주</u>이다.

　　나. 수범주와 양범주는 <u>독립적이지만 연관성이 있는 두 개의 의</u>
<u>미 범주</u>이다.

(30) <u>독립적이지만 연관성이 있는 의미 범주 두 개</u>를 찾아서 연구하고
자 한다.

예문(29가, 나)를 비교하면 관형사형 성분이 앞에 있는 문장은 오히려 더 자연스럽다. 유형론적 시각으로 보면 한 통사적 구조에서 길고 이해하기가 어려운 성분은 바깥으로 밀리는 경향이 있다.[58] 이것은 문장의 이해 난이도를 낮추는 효과가 있어서 인간의 인지 특성에도 부합된다. 예문(30)처럼 '명사+수량사+분류사' 구조에서 명사가 수량구조를 선행해서 이러한 문제가 없다.

소유구조도 분류사 수량 표현과 결합할 수 있다. 지시사, 형용사와의 결합보다 소유구조와 분류사 수량 표현의 결합은 상대적으로 적다.

(31) 가. 작년 여름 <u>내 집 한 채</u>가 있어야겠다는 생각에 그 동안 모은
돈으로 집을 마련했다.

---

58　이러한 경향은 언어유형론에서 하나의 원칙이 되고 '무거운 성분 외부 이동
원칙(大块居外原则)'이라고 한다.

나. 나의 한 가지의 소망은 마음이 높아지는 것이 아니라 낮아지는 것이다.(인터넷에서 수집)

다. *내 한 가지의 소망은 마음이 높아지는 것이 아니라 낮아지는 것이다.

소유구조는 분류사 수량 표현의 두 가지 기본적 구조와 모두 결합할 수 있다. 결합할 때 소유구조는 수량 표현을 선행한다. 위 예문에서 확인할 수 있듯이 (31가)처럼 명사와 직접 결합할 때 '나의'는 '내'로 축약될 수 있고 (31나)처럼 소유구조와 수량구조가 인접할 때 '내'로 축약되면 비문이 된다. 따라서 (31가)와 같은 문장에서 '내'는 먼저 명사인 '집'과 결합하였다는 것을 알 수 있다. 소유구조와 분류사 수량 표현이 결합할 때 통사적 구조는 아래와 같이 분석할 수 있다.

[[내 집] 한 채]
[나의 [한 가지의 소망]]

지시사, 형용사와 소유구조가 한국어 분류사 수량 표현과 동시에 결합할 때 어순은 아래와 같다.

(32) 가. 나의① 그② 한 가지의 아름다운③ 소망
나. 나의① 아름다운② 소망 한 가지

위 예문에서 보이는 것처럼 '수량사+분류사+의+명사' 구조인 경우에 수식 성분은 '소유구조, 지시사, 형용사' 순서로 나타나고 그중 형용사는 수량구조의 경계를 넘어 명사와 직접 결합한다. '명사+수량사+분류사' 구조인 경우에 한정성이 약해서 지시사는 나타나기가 어렵다. 수식 성분은 '지시사, 형용사' 순서로 나타나고 형용사는 명사와 직접 결합한다.

이 부분의 논의를 정리하면 다음과 같다.

한국어 분류사 수량 표현의 기본적 구조는 두 가지 방법으로 구조를 확대시킬 수 있다. 첫 번째 방법은 '명사+수량사+분류사' 구조의 명사와 수량사 사이에 주격조사나 목적격조사를 삽입하는 것이다. 두 번째 방법은 기본적 구조에 지시사, 형용사나 소유구조를 추가하는 것이다. '명사+수량사+분류사' 구조에 격조사를 삽입하면 통사적 구조가 달라진다. 주격조사 '이/가'가 삽입되면 문장은 서술절을 안는 겹문장이 된다. 이때 명사는 문장 전체의 주어가 되고 수량구조는 안긴 문장의 주어가 된다. 목적격조사 '을/를'이 삽입되면 문장이 이중목적어구문이 되는데 이때 목적격조사는 보조사로서의 기능을 한다.

한정성의 제약 때문에 기본적 구조에서 '명사+수량사+분류사'는 지시사와 결합하기가 어렵다. 분류사 수량 표현과 형용사가 공기할 때 일반적으로 형용사는 명사와 긴밀한 통사적 관계를 이룬다. 그러나 관형사형 성분이 길고 복잡하면 구조의 가장 외부적인 위치에 있을 수도 있다. 이 외에 분류사 수량 표현은 소유구조와도 결합할 수 있다.

지시사, 형용사와 소유구조가 동시에 분류사 수량 표현과 결합할 때, 어순은 '소유구조-지시사-수량사-분류사-의-형용사-명사' 또는 '소유구조–형용사–명사–수량사–분류사'이다.

### 3.2.3 기본적 구조의 축소

한국어 분류사 수량 표현의 기본적 구조는 '수량사, 분류사'와 '명사' 등 세 가지 요소로 구성된다. 그러나 실제 생활에서 이 세 가지 요소 중의 하나가 결여되어 있는 구조를 발견할 수 있다. 나아가 분류사는 수량사, 명사 없이 단독적으로 기타 성분과 결합하는 경우도 있다. 이 절에서 이러한 구조를 살펴보고자 한다.

'수량사, 분류사'와 '명사'에서 한 가지의 성분이 결여되면 아래와 같이 네 가지의 구조가 형성된다.

( i ) 수량사+분류사      (ii) 명사+분류사

(iii) 명사+수량사      (iv) 수량사+명사

'수량사, 분류사'와 '명사'에서 두 가지의 성분이 결여되면 수량사, 분류사와 명사가 단독적으로 나타나게 되는데 이 경우에 수량사, 분류사가 단독적으로 나타나는 경우만 이 책의 연구 주제와 연관성이 있다.

(v) 수량사가 단독적으로 나타나는 경우

(vi) 분류사가 단독적으로 나타나는 경우

위에서 제시된 여섯 가지의 유형에서 분류사가 나타나는 유형은 (i, ii)와 (vi)인데 이 절에서 이 세 가지의 유형을 중심으로 논의를 전개하고

자 한다. (iii, iv)와 (v) 유형에 대해서도 간단하게 언급하겠다.

### 3.2.3.1 수량사+분류사 구조

먼저 '수량사+분류사' 구조를 살펴보겠다. '수량사+분류사' 구조로 형성된 수량 표현은 일상생활에서 흔히 발견할 수 있다. 문맥이 주어진 상황에서 '수량사+분류사' 구조는 문장에서 기본적 분류사 수량 표현을 대체할 수 있다.

> (33) 가. 작년에 영화 열 편을 봤다. 두 편은 한국 영화이고 여덟 편은 중국영화이다.
> 나. 사과 몇 개를 샀니? 열 개를 샀다.
> 다. *주차장에 한 대가 있다.

위 예문을 보면 '수량사+분류사' 구조는 문맥을 통해 수식하는 명사가 무엇인지를 알 수 있는 상황에서만 쓰일 수 있고 그렇지 않으면 비문이 된다. '수량사+분류사' 구조는 기본적 구조에서 명사가 생략되어서 생긴 축소 구조인 점에 대해 논쟁이 거의 없지만 '명사+수량사+분류사'에서 축소된 것인지 '수량사+분류사+의+명사'에서 축소된 것인지에 대해 의문이 있다. 채완(1983), 한송화(1999)와 우형식(2001) 등은 '수량사+분류사' 구성은 '명사+수량사+분류사'에서 유래된 것이라고 주장하였다. 이들의 논의와 대부분 예문을 보면 '명사+수량사+분류사' 구조를 기초로 한 것이 많고 '수량사+분류사+의+명사' 구조에 대한 논의가 별로 없다. 이 두 가지 구조의 의미적 차이는 한정성에 있는데 '수량사+분류사'

구조의 한정성 강약을 고찰하는 방식으로 원형을 검증하고자 한다.

    (34) 가. 책상에 <u>책 네 권</u>이 있다.

        나. <u>한 권</u>은 내 것이고 <u>세 권</u>은 철수의 것이다.

        다. *<u>이 한 권</u>은 내 것이고 <u>그 세 권</u>은 철수의 것이다.

    (35) 일등상을 받은 사람은 이 두 학생 중의 <u>한 명</u>이다.

예문(34나, 다)를 비교하면 '수량사+분류사' 구조는 한정성이 높은 문법 형식과 공기하지 못한다는 사실을 알 수 있다. (34나)의 '한 권'과 '세 권'은 위에서 언급된 '네 권'이라는 범위 안에 있지만 특정적이지는 않다. (34다)는 지시사로 한정적인 의미를 추가했는데 문장은 비문이 된다. 그러므로 한국어의 '수량사+분류사' 구조는 중국어 '这一本, 那三本'과 같은 표현을 형성하지 못하고 한정성이 약한 '명사+수량사+분류사'에서 유래되었을 가능성이 높다. 그리고 예문(33-35)를 보면 '수량사+분류사' 구조는 문장에서의 출현 위치와 상관없이 대부분 경우에 문맥에서 이미 나타난 대상에 대한 신정보를 나타낸다. 신정보는 [-한정성] 의미 자질을 가지는데 이것은 위에서 논의된 '수량사+분류사' 표현의 비한정성과도 일치한다. 그러므로 이 책은 '수량사+분류사' 구조는 [-한정성] 대상의 수량을 나타내는 구조로 본다. 이 구조는 어느 기본적 구조에서 유래된 것인지는 통시적 자료를 통해 진일보 고찰해야 하지만 한정성 요소가 추가된 후 문장의 문법성 변화 양상을 보고 이 책은 '명사+수량사+분류사' 구조에서 유래되었을 가능성이 높다는 관점을 내세운다.

### 3.2.3.2 명사+분류사 구조

분류사 수량 표현의 기본적 구조에서 수량사가 결여되면 '명사+분류사' 구조가 형성된다. 이 구조는 명사와 분류사 의미의 단순한 합성이 아니고 '양이 주관적으로 많거나 적다'는 새로운 의미도 포함되어 있다. 그리고 이 구조에 들어갈 수 있는 분류사는 제한적이다. 구성 성분 자체 의미 외의 새로운 의미를 나타낼 수 있고 모든 분류사가 이 구조에 들어가지 못한다는 점을 감안하면 '명사+분류사'는 이미 응고된 일종의 특별한 구조로 볼 수 있다. 이와 관련된 예문은 다음과 같다.


(36) 가. 소 마리나 기르느냐?

　　 나. 고기 마리나 잡았나?

　　　 (<표준국어대사전>에서 인용)

　　 다. 나이 살이나 먹은 청년이 예를 모르다니.

　　　 [최형용(2017:174)에서 재인용]

　　 라. 욕 마디나 듣더니 풀이 죽어 버렸군.

　　　 [이형주(2019:96)에서 재인용][59]


위 예문에서 '소 마리'와 '고기 마리'는 각각 '꽤 많은 양의 소 또는 고

---

[59] '마리, 살, 마디' 등 분류사뿐만 아니라 '푼, 잔, 술, 근' 등 단어도 '명사+분류사' 구조에 들어가서 '돈 푼께나, 술 잔께나, 밥 술께나, 고기 근께나' 등 표현을 구성할 수 있다. 그러나 '푼, 근' 등은 도량형 분류사이고 '잔' 등은 분류사적 용법이 있는 명사이다. 분류사로서의 비전형성 때문에 이 책에서 상세하게 전개하지 않기로 한다.

기가 있다'는 뜻을 나타낸다. 이와 비슷하게 '나이 살'과 '욕 마디'에 각각 '적시 않은 나이'와 '적지 않은 욕'이라는 의미가 포함되어 있다.

이형주(2019)는 '명사+분류사' 구조를 통시적으로 연구했는데 그 논문에 따르면 이 구조는 17-19세기의 언간 자료에서 처음 확인되었고 20세기 초반에 들어 형식, 의미와 분포 면에서 강한 확장을 보였다. 20세기 중반부터 '깨나'의 문법화 때문에 '명사+분류사' 구조는 생산성을 잃고 사용 빈도가 높았던 일부분 용례만 고정된 표현으로 지금까지 남아 있다.


(37) 가. 고기 <u>마리</u>도 몯 어더 보내오니 낫 업사오이다.
　　　나. 녀자까지라도 틈만 잇스면 <u>잡지ㅅ권 신문ㅅ장</u>이라도 반듯이 뒤적거리다.
　　　다. '<마의상서>ㅅ권이나 보앗지오'하고 량청은 경양한다.
　　　라. 흥정 <u>푼</u>이나 잇는 고무신 가가에서 뎜원인 듯한 이가...
　　　마. <u>힘ㅅ개</u>나 쓰는지라 대개는 왈패들이엇다.
　　　　　[모두 이형주(2019)에서 재인용]
(38) 가. 그 친구 <u>돈 푼</u>깨나 벌었던데.
　　　　　[이남순(1995:53)에서 인용]
　　　나. 수면제 오십 알 모으느라 <u>고생</u>깨나 했을 거야.
　　　　　(한국 국립국어원 언어정보나눔터 말뭉치에서 수집)


예문(37가-마)에서 (37가)는 17세기 문헌에 나타난 문장이고 나머지는 모두 1920, 30년대 문헌에서 추출된 문장이다. 이 문장들을 보면 20세기에 들어 '잡지, 신문' 같은 신조어도 '명사+분류사' 구조에 들어갔고 나중에 결합 대상은 고유명사, 동사 어근까지 확대되었다. 이 과정에서 분류사 '개'는 중립적 의미와 높은 사용 빈도 때문에 '명사+분류사' 구조에서 다른 분류사보다 더 많은 대상과 결합하였다. 예문(37마)처럼 분류사와 결합하지 못하는 '힘'까지 '개'와 공기하고 '힘ㅅ개'라는 표현이 생겼다. 나중에 재구조화(重新分析) 등 문법학 기제로 '개'와 '나' 사이의 경계가 없어지고 조사 '깨나'로 통합되었는데 문법화가 완성된 후 '깨나'는 '어느 정도 이상'의 뜻을 나타내는 보조사로 예문(38가)처럼 '명사+분류사' 구조 뒤에 나타날 수 있게 되었다.

이와 동시에 '명사+분류사' 구조의 의미는 '불특정한 적은 양'에서 '불특정한 많은 양'으로 확장하였다. 예문(37가-다)에서 '명사+분류사'는 양이 적다는 뜻을 나타내지만 (37라, 마)는 (37가-다)와 뜻이 다르다는 것을 확인할 수 있다. '불특정한 양'을 나타내는 공통적인 기초 위에서 다른 언어 수단이나 외부 환경의 영향으로 인해 의미적 변화가 생겼을 가능성이 있다.

비록 보조사 '깨나'가 생산적인 '명사+분류사' 구조를 대체했지만 현대한국어에서 '깨나' 자체도 높은 빈도로 쓰이지 않는다. 한국 국립국어원 언어정보나눔터의 말뭉치로 조회한 결과, '깨나'는 현대문어 자료에서 475개의 용례만 발견되었고 현대구어 자료에서 용례가 발견되지 않았다.

위에서 논의된 '수사+분류사' 구조보다 한국어에서 '명사+분류사' 구조는 생산성이 현저히 낮고 일상생활에서 덜 많이 쓰인다. 그리고 표현하는 수량의 성격도 차이가 있다. '수사+분류사' 구조는 객관적인 양을 표현하고 '명사+분류사' 구조는 주관적인 양을 표현한다. 그리고 그 양이 주관적으로 많거나 적다는 의미도 포함되어 있다.

### 3.2.3.3 분류사+접사 구조

일부분 한국어 분류사는 수량사와 명사 없이 단독적으로 접사와 결합할 수 있다. 분류사와 접사의 결합은 다음과 같은 네 가지의 유형으로 나눠서 살펴볼 수 있다.

먼저, 분류사는 '마다'의 뜻을 나타내는 접미사 '−당'과 결합할 수 있는데 이 경우 뒤에 보통 가격을 표현하는 말이 있다. 분류사는 '가격을 계산하는 기준'이라는 뜻으로 이해된다.

(39) 가. 주차비는 대당 5000원이다.
　　　나. 면코딩 고무장갑 개당 700원꼴 싸고 괜찮네.
　　　다. 수확한 옥수수는 자루당 천 원에 사 간다.
　　　　　(모두 인터넷에서 수집)

'분류사+당' 구조는 일상생활에서 광범위하게 쓰이고 있지만 '−당'과의 결합은 정도성 차이가 있다. '개, 대' 등 분류사는 물건을 계산하는 단위로 많이 쓰여서 '개당, 대당' 등 표현을 발견할 수 있지만 집의 가격을 말할 때 '채당' 등 표현은 많이 쓰이지 않고 '군데당, 그루당' 등 표현은 발견하지 못했다.

이 외에 분류사는 접사와 결합해서 '−인분, −인승, −개국, −개소' 등 복합적 표현을 구성할 수 있다. 이 표현들은 어휘화 정도의 차이가 있는데 '-개국, -개소'는 이미 〈표준국어대사전〉에서 의존명사로 수록되어 있고 '-인분, -인승'은 아직 단어로 인정되지 않는 상태이다.

이러한 표현은 내부적 구조에 따라 크게 형태적 결합과 통사적 결합 두 가지로 나눌 수 있다. 형태적 결합은 명사의 출현 여부에 따라 다시 두 가지로 세분될 수 있다.

> (40) 가. 일본어로 '불고기 3인분 주세요'를 어떻게 표현하나요?
> 나. 화장실 두 개소 리모델링 가격 견적 요청한다.
> 다. 50개국 120만 명이 참여한 세계 최대 규모 기후 위기 설문조사
> 라. 교통비 아끼려고 6인승 승합차에 51명 탑승
> (모두 인터넷에서 수집)

위 예문에서 (40가, 나, 다)는 형태적 결합의 예인데 구체적인 양상은 차이가 있다. 우선 '-개국'은 '-인분, -개소'와 달리 수식하는 명사가 나타나지 않는다. 형태소인 '국'에서 이미 '나라'라는 뜻이 포함되어 있기 때문이다.

> (40) 다'. *나라 50 개국 120만 명이 참여한 세계 최대 규모 기후 위기 설문조사

예문(40가, 나)에서 분류사와 명사성 접사로 구성된 복합 표현은 의미 초점의 차이가 있다. '-인분'의 경우 의미 초점은 선행하는 음식의 수량

을 나타내는 '분'인데 '-개소'에서 의미 초점은 분류사 '개'에 있고 형태소 '소'는 의미를 더 명확하게 하는 기능을 한다. 문장에서 장소명사가 선행되어 있어서 '소'가 삭제되어도 의미는 크게 변하지 않는다.

(40) 가'. *일본어로 '불고기 3인 주세요'를 어떻게 표현하나요?
나'. 화장실 두 개 리모델링 가격 견적 요청한다.

(40라)의 경우는 위에 있는 세 문장과 다르다. 이 문장에서 수식되는 명사는 수량구조의 뒤에 있고 접미사도 동사성을 가진다. '6인승 승합차'라는 표현은 '여섯 명이 타는 승합차'로 이해된다. 분류사 '인'과 접미사 '승' 사이의 결합은 형태적인 과정이지만 실제 의미를 보면 두 성분 간의 관계는 통사적인 것이다. 그리고 '분류사+접사' 구조의 의미적 기능을 보면 '-인분, -개국, -개소' 등 형태적 결합 구조는 선행대상의 수량, 범주를 나타내고 개체화하는 기능을 한다. 이 점은 전형적인 분류사와 큰 차이가 없다. 그러나 '-인승' 같은 경우는 선행대상의 수량이 아니라 속성을 나타낸다.

이영제(2011:327-328)은 '분류사+접사' 표현의 통사적 구조를 다음과 같이 분석하였다. '-인승' 등 통사적 결합 표현에서 분류사와 접미사는 아직 공시적 결합 단계에 있어서 단어의 자격을 받지 못한다. '-개국, -개소'를 비롯한 형태적 결합 구조에서 수량사에 후행하는 요소는 이미 재구조화가 끝났고 하나의 단어가 되었다.

[수량사+[분류사+접사]]<sup>60</sup>

위에서 논의된 '-인승' 외에 통사적 결합으로 이루어진 '분류사+접사' 표현은 '-회용, -년생, -년산, -년제, -원대' 등 여러 가지가 더 있다. 그러나 이 표현들에 나타나는 분류사는 동사성 분류사(예:회) 혹은 도량형 분류사(예:년,원)이다. 따라서 이 책에서 상세하게 전개하지 않기로 한다.

### 3.2.3.4 기본적 구조와 분류사 없는 구조의 차이

앞에서 언급하였듯이 분류사 수량 표현의 기본적 구조에서 분류사를 삭제하면 '수량사+명사'와 '명사+수량사' 두 가지 구조를 형성할 수 있다. 이 외에 수사가 문장에서 단독적으로 나타나는 경우도 있다. '수량사+명사, 명사+수량사'와 단독적으로 나타나는 수사도 수량의 의미를 표현할 수 있다. 그러나 위에서 논의한 것처럼 이러한 구조는 분류사가 없어서 이 책의 논의대상인 '분류사 수량 표현'으로 간주되지 않는다.

기본적 구조의 통사, 의미적 특성을 더 명확하게 파악하게 위해 이 절에서 '수량사+명사, 명사+수량사' 구조 그리고 단독적으로 쓰이는 수

---

60  이영제(2011)은 생성문법으로 한국어 '분류사+접사' 구조를 연구하는 논문인데 구조를 분석하는 과정에서 생성적 시각에 따라 '50개국, 6인승' 같은 표현에 나타난 수량사나 수사를 '어근'이라고 불렀다. 이 책은 이러한 생성문법의 시각을 따르지 않고 '수량사'라는 중립적인 용어를 쓰겠다. 이 외에 이영제(2011)에서 '분류사' 대신 '의존명사'라는 용어가 많이 쓰였다. 용어와 이론 배경의 일치성을 유지하기 위해 이 구조를 인용할 때 전사(转写) 작업을 했다.

사의 통사, 의미적 기능을 간략하게 살펴보고 기본적 분류사 수량 표현 구조와 대조하겠다.

먼저 '수량사+명사' 구조를 보겠다. 이 구조는 [+한정성] 의미 자질을 가지고 있는데 숫자가 작고 명사가 [+유정성]인 경우에 더 자연스럽게 쓰일 수 있다.

> (41) 가. 우리 반은 두 학생만 기말시험에 통과하지 못했다.
> 나. ?우리 반은 학생 둘만 기말시험에 통과하지 못했다.
> 다. 세 학생이 교실에서 공부하고 있다.
> 라. ?서른 학생이 교실에서 공부하고 있다.
> 마. 열 권의 책을 기증하였다.
> 바. ?열 책을 기증하였다.

예문(41가, 나)는 보조사 '만'을 통해 한정성이 높은 문맥을 조성하였다. '수량사+명사'인 (41가)는 자연스럽고 '명사+수량사'인 (41나)는 한정성이 약해서 다소 어색하다. (41다, 라)는 수량사의 크기에 차이가 있는데 '서른'은 '수량사+명사' 구조에 들어가기가 어렵고 '서른 명의 학생'과 같은 표현을 사용해야 한다. 그리고 (41마, 바)를 보면 '수량사+명사' 구조가 [−유정성] 명사와 결합하기가 어렵다.

'명사+수량사' 구조는 '수량사+명사' 구조처럼 작은 숫자와 [+유정성] 대상을 선호하지만 [−한정성] 의미 자질을 가진다. 그리고 이 구조는 한국어의 다른 수량 표현과 달리 '수관형사'와 결합하지 않고 '수사'와 결합한다.

(42) 가. 일손이 부족한데 <u>학생 셋</u>을 더 불러와!

　　나. ?일손이 부족한데 <u>세 학생</u>을 더 불러와!

　　다. 일손이 부족한데 <u>세 학생</u>을 더 불러왔다.


　예문(42가, 나)는 불특정한 대상 세 명을 더 불러오라는 문맥인데 이 경우에 [-한정성] 표현을 쓴 (42가)는 자연스럽고 [+한정성] 표현을 쓴 (42나)는 문법성이 떨어진다. (42나)와 (42다)의 차이는 시제인데 전자는 현재이고 후자는 과거이다. (42다)는 화자가 불러온 학생을 가리키고 청자에게 한 말이면 문법적이다. 그 발화 상황에서 지시대상의 한정성이 높아졌기 때문이다.


(43) 가. <u>학생 다섯</u>이 운동장에서 놀고 있다.

　　나. *<u>학생 쉰</u>이 운동장에서 놀고 있다.

　　다. <u>책 하나</u>로 한자, 문법 등을 다 공부할 수 있다.

　　　(인터넷에서 수집)

　　라. *<u>책 다섯</u>을 읽고 한자, 문법 등을 다 공부했다.

　　마. 여기 <u>커피 둘</u>!

　　바. ?여기 <u>커리 열</u>!


　예문(43가, 나)를 통해 '명사+수량사' 구조가 비교적 작은 숫자를 선호한다는 사실을 확인할 수 있다. 이 구조는 [+유정성] 대상을 선호하지만 경우에 따라 '책'을 비롯한 구체성이 있는 [-유정성] 명사와도 결합한다. 특히 일부분 한국어 명사는 어울리는 분류사가 없어서 '명사+수량사' 구조로 수량을 나타내야 한다. 그러나 (43라)처럼 이 구조에서 숫자가 커지면서 문법성도 점점 떨어진다. (43마)는 식당에서 많이 쓰이는 표현인데 비가산성 대상에 수량을 부여하는 경우이다. 이는 발화 과정에서 분류사가 상정된 상황이고 (43)의 다른 예문처럼 숫자가 커지면 문장이 어색해진다.

수사는 문장에서 분류사, 명사 없이 단독적으로 나타나는 경우도 있다. 이때 수치 표현과 수량 표현 두 가지 상황이 있는데 여기서 수량을 표현하는 경우만 살펴보겠다.

먼저, 10 이하의 숫자에서 비교적 작은 것은 접미사 '-이31'과 결합해서 '그 수량의 사람'이라는 뜻을 나타낼 수 있다. 예문은 아래 (44가, 나)와 같다. 이 외에 둘, 셋 등 수사는 단독적으로 나타나서 [+유정성] 대상과 [-유정성] 대상을 모두 지시할 수 있다. 예문(45가, 나)에서 확인할 수 있듯이 수사가 단독적으로 나타날 때 부사 '다'와 공기하는 경우가 많고 이때 선행하는 명사에 대한 유정성 제약이 엄격하지 않다.


(44) 가. 아빠 없이 <u>셋</u>이 첫여행을 떠난다.
      나. <u>둘</u>이 가면 좋은 여행지
          (인터넷에서 수집)
(45) 가. 조카 죽인 이모 부부 둘 다 구속
      나. 찜닭과 닭볶음탕 둘 다 맛있는 두뿍스 성내점
          (인터넷에서 수집)


전체적으로 보면 수사가 문장에서 단독적으로 나타나서 수량을 표현하는 경우는 10 이하의 비교적 작은 고유어 수사로 제한된다. 이때 대부분 지시대상은 [+한정성]이지만 (44나) 같은 [−한정성] 대상도 나타날 수 있다. 그리고 이 구조는 선행명사의 유정성에 대해 제약이 엄격하지 않다.

분류사 수량 표현의 기본적 구조와 '수량사+명사, 명사+수량사' 구조를 비교하면 공통점이 있고 자이점도 있다. 한정성 차이가 있다는 점은 기본적 구조와 '수량사+명사, 명사+수량사' 구조의 공통점이다. 그러나 이 두 가지 구조는 비교적 작은 숫자와 [+유정성] 대상을 선호하는데 이것으로 분류사 수량 표현의 기본적 구조와 구별된다.

분류사 기본적 구조와 수량을 나타내는 수사를 비교하면 유정성 제약이 크지 않다는 공통점을 찾을 수 있다. 그러나 수사는 한정성 제약에 있어서 더 자유롭고 숫자의 크기에 있어서 기본적 구조에 비해 제약이 엄격하다.

### 3.2.4 분류사의 중첩

한국어 분류사는 중첩의 형식으로 주관량을 나타낼 수 있다. 주관량은 크게 주관적 대량과 주관적 소량 두 가지로 나눌 수 있는데 분류사의 대부분 중첩 형식은 화자 인식에서의 주관적 대량을 나타낸다. 다만 중첩 구조의 유형에 따라 의미 초점은 '전체, 모두, 여럿'에 있는 것이 있고 '마다, 낱낱'에 있는 것도 있다.

전체 분류사에서 중첩될 수 있는 것은 일부분만이다. 郭秋雯 (2003:140)에 따르면 중첩이 가능한 분류사는 35 개 정도가 있고 한국어 전체 명사 분류사의 약 24%만 차지한다. 그중에서 분류사적 기능을 가진 명사를 제외하면 수량이 더 적다.


(46) 가. 포도가 <u>송이송이</u> 알차게 영글어 간다.

　　나. 물방울이 <u>점점이</u> 떨어졌다.

　　　　(모두 〈표준국어대사전〉에서 인용)

　　다. ?물방울이 <u>점점</u> 떨어졌다.

　　라. *나무를 <u>그루그루</u> 심었다.

　　마. *책을 <u>권권이</u> 읽었다.


　예문(46)을 보면 '송이, 점' 등 분류사는 문장에서 중첩된 구조로 나타날 수 있고 '그루, 권' 등 분류사는 그렇지 못한다. 중첩이 가능한 분류사도 일정한 형식을 따르지 않으면 비문이 되거나 뜻이 달라진다. 예문(46나)와 (46다)는 이 상황에 해당되는 예이다. 전자의 '점점이'는 〈표준국어대사전〉에서 '점을 찍은 듯이 여기저기 흩어지는 모습으로'라고 해석되는데 '점점'은 '조금씩 더하거나 덜하여지는 모양'으로 해석되어서 뜻이 완전히 달라졌다.

　일부분 선행연구 성과는 분류사의 음절수, 의미와 어원(고유어, 한자어, 외래어) 등 측면에서 중첩이 가능한 분류사의 특징을 찾으려고 했다. 그리고 3음절 이상의 분류사, 도량형 분류사와 외래어 분류사가 중첩이 어렵다는 주장을 내세웠다. 그러나 1, 2음절인 전형적 분류사에서 중첩이 가능한 분류사의 음운, 형태와 통사적 특징에 대해 규칙을 찾기 어렵다.

　한국어 분류사의 중첩 구조는 주로 세 가지가 있다. 각각 '분류사+분류사, 분류사+분류사+이'와 '한+분류사+한+분류사'이다.

먼저 '분류사+분류사' 구조로 중첩되는 상황을 보겠다. 이 구조에 들어갈 수 있는 분류사는 '개, 군데, 마디' 등이다.


(47) 가. 개개의 사건
　　나. 아버지가 개개 걸신으로 돌아다녔던 관계인지 용릉이는 피
　　　　골이 상접하도록 말라서…
　　다. 편지의 군데군데에서 기대에 냉수를 끼얹는 듯한 싸늘한 문
　　　　구가 튀어나오는 것이었다.
　　라. 화단에 군데군데 채송화가 피어 있다.
　　마. 아버지의 애정과 눈물이 마디마디(에) 사무친 글이다.
　　　　(모두 <표준국어대사전>에서 인용)


'분류사+분류사'로 된 중첩 표현은 명사 또는 부사를 형성한다. 예문 (47가, 다, 마)에서 분류사 중첩 표현은 명사이고 문장에서 격조사와 결합해서 관형어나 부사어 기능을 한다. 의미적 측면에서 '분류사+분류사'는 '여러 개의' 또는 '모든'이라는 뜻을 나타내서 주관적인 대량을 표현하는 구조로 볼 수 있다.

'분류사+분류사+이' 구조에 들어갈 수 있는 분류사는 '건, 점' 등이다. 예문은 아래와 같다.


(48) 가. 저 사람은 나에게 무슨 나쁜 감정이 있는지, 내가 하는 일은
　　　　건건이 방해를 한다.
　　나. 노천 술집의 붉은 등불이 화로의 남은 불씨처럼 점점이 뿌려

져 있었고…

(48가)에서 '건건이'는 사전에서 '건마다' 또는 '일마다'로 해석되고 '점점이'는 '여기저기 흩어지는 모습'이라고 해석된다. 따라서 이 구조의 의미 초점은 피수식 대상이 '낱낱임'을 나타내는 데 있고 이 점에서 위에서 언급된 '분류사+분류사' 구조와 다르다. 그러나 이 두 가지 구조가 나타내는 의미는 모두 화자 인식에서의 주관적 대량이다. 통사적으로 보면 '분류사+분류사+이' 표현은 서술어를 수식해서 부사어 기능을 하고 품사 체계에서 부사로 분류된다.

'한+분류사+한+분류사' 구조에 들어갈 수 있는 분류사는 '개, 마디, 장, 권' 등이 있다.

(49) 가. 한 마디 한 마디 읽어 내려갈 때 가슴이 절절해져서...
　　나. 컴퓨터 파일 창 한 개 한 개 분리하는 법 좀 가르쳐 주세요.
　　다. 윈도우 10 사진 한 장 한 장 클릭해서 열아야 하는데...
　　라. 나는 자연스레 그 책들을 한 권 한 권 꺼내서 읽곤 했다.
　　　　(모두 인터넷에서 수집)

인터넷에서 검색할 때 '한+분류사+한+분류사' 중첩 구조로 된 표현은 다른 두 가지 구조보다 많이 나타난다. 이 구조는 수량구조의 중첩으로 형성된 것인데 아직 '구'의 단계에 처해 있고 〈표준국어대사전〉에서 수록되어 있지 않다. 실제 용례에서 '한장한장'처럼 띄어쓰지 않는 경우를 많이 발견해서 앞으로 이 구조로 나타나는 수량 표현은 어휘화

될 가능성이 있다. 예문(49가-라)에서 확인할 수 있듯이 '한+분류사+한+분류사' 중첩 표현 뒤에 격조사가 없는 경우가 많은데 이러한 상황에서 예문(49가)처럼 중첩 표현이 부사어인지 목적어인지 판단하기 어렵다. 의미적으로 보면 '한+분류사+한+분류사' 구조는 '분류사+분류사+이' 구조처럼 선행대상을 하나 하나 분리해서 세는 의미가 있어서 '마다, 낱낱'에 의미 초점을 두는 주관적 대량 표현으로 볼 수 있다.

한국어 분류사 수량 표현에 관한 논의를 정리하면 다음과 같다.

한국어 수량 표현 구조의 유형 설정에 대해 학자들이 관점이 많은데 선행연구를 보면 적으면 네 가지, 많으면 열두 가지 정도의 유형이 설정되었다. 이 많은 구조들에서 가장 빈번하게 쓰이고 가장 기초적인 구조는 '명사+수량사+분류사'와 '수량사+분류사+(의)+명사' 두 가지이다. 한국어가 분류사가 없는 언어에서 분류사가 있는 언어로 발달하였다는 것에 대해 학계가 이견이 별로 없지만 이 두 가지 구조에서 어느 구조가 더 기본적인지에 대해 아직 정론이 없다. 유형론적 시각으로 보면 기본 어순과 분류사 수량 표현의 어순 사이에 일정한 범언어적 일치성이 있는데 SOV 언어인 한국어에서 '명사+수량사+분류사'가 기본적 수량 표현 구조일 가능성이 더 크다.

진릿값 층위에서 '명사+수량사+분류사'와 '수량사+분류사+(의)+명사' 구조는 의미가 같지만 이 두 구조는 한정성 등 차이가 있다. '명사+수량사+분류사' 구조에서 명사와 수량구조는 주술관계이고 '수량사+분류사+(의)+명사' 구조에서 명사와 수량구조는 수식과 피수식 관계이다. 그러므로 전자의 의미적 초점은 수량에 있고 한정성이 상대적으로 약하고 후자의 의미적 초점은 명사에 있고 한정성이 상대적으로 강하나.

이 두 가지 기본적 구조는 구성 요소의 추가로 확대될 수 있고 구성 요소의 삭제로 축소될 수 있다.

먼저 분류사 수량 표현의 기본적 구조 확대는 격조사, 지시사, 형용사와 소유구조의 추가로 이룰 수 있다. '명사+수량사+분류사' 구조만 격조사의 추가로 확대될 수 있다. 이때 구조의 중간 위치에 추가된 격조사는 주격조사와 목적격조사이고 분류사 뒤에 있는 격조사와 같아야 한다. 격조사가 추가되면 수량 표현의 통사적 구조가 달라진다. 주격조사가 추가되면 수량 표현이 들어간 문장은 겹문장이 된다. 이때 '명사+수량사+분류사' 구조가 해체되는데 명사와 수량구조가 통사적으로 어떤 관계인지에 대해 주제어와 주어, 안은문장의 주어와 안긴문장의 주어 등 여러 가지 관점이 있다. 이 책은 이때 명사는 문장 전체의 주어가 되고 수량구조는 안긴문장의 주어가 된다는 주장이다. 전체적으로 보면 '명사+주격조사+수량사+분류사+주격조사+(목적어)+서술어' 구조는 서술절을 안는 겹문장으로 볼 수 있다. 목적격조사도 '명사+수량사+분류사'의 중간 위치에 삽입될 수 있는데 이러한 경우에도 기본적 수량 표현 구조가 해체된다. 한 문장에 목적어 두 개가 있는 현상에 대해 각 언어학 이론에서 다양한 해석이 있다. 이 책은 두 목적어 중의 하나가 강조의 뜻을 나타내는 보조사로 본다.

이 외에 지시사, 형용사와 소유구조도 분류사 표현의 기본적 구조와 결합할 수 있다. 그중 지시사는 한정성이 높아서 '명사+수량사+분류사' 구조와 결합하기 어렵고 다른 성분은 기본적 구조와 비교적 자유롭게 결합할 수 있다. 기본적 구조와 결합할 때, 어순은 대체로 '소유구조+지시사+수량사+분류사+(의)+형용사+명사' 또는 '소유구조+명사+수량사+분류사'로 된다. 그러나 관형사형 성분이 길고 구조가 복잡할 때 수량 표현의 가상 외부적인 위치에 있을 수도 있다. 이러한 현상은 유형론적으로 보편성이 있고 인간의 인지 특성에도 부합된다.

한국어에서 기본적 분류사 구조의 축소는 '수량사+분류사, 명사+분류사'와 '분류사+접사' 등 세 가지 유형으로 나눠서 살펴볼 수 있다. '수량사+분류사' 구조는 일상생활에서 높은 빈도로 쓰이고 있는데 어느 기본적 구조에서 유래된 것인지에 대해 논쟁이 있어 왔다. 이 구조는 [−한정성] 의미이고 지시사와 공기할 수 없다. 그리고 문맥에서 이미 언급된 대상에 관한 신정보를 제공하는 데 더 많이 쓰여서 '명사+수량사+분류사' 구조에서 유래되었을 가능성이 크다.

'명사+분류사'는 특수한 구조이고 '주관적으로 많거나 적은 양'이라는 뜻을 나타낸다. 이 구조는 20세기 초, 중반에 많이 쓰였고 높은 사용 빈도로 인해 문법화 현상도 일으켰지만 지금 이미 생산성을 잃었고 보조사 '깨나'에 의해 거의 대체되었다. 고빈도로 쓰였던 '나이 살, 욕 마디, 소 마리' 등 일부분 표현만 응고된 관용적 표현처럼 쓰이고 있다.

'분류사+접사' 구조는 두 가지의 유형으로 세분될 수 있다. 첫째는 분류사 뒤에 접미사 '−당'을 붙이고 가격 계산의 기준을 나타내는 것이다. 둘째는 '−인분, −개국, −인승'처럼 실제 의미가 있는 접미사와 결합해서 복합적 표현을 이루는 것이다. 그중 '−인분, −개국, −개소' 등은 형태적 결합이고 '–인승'은 통사적 결합이다. 전자는 수량을 나타내는 분류사직 성격이 있지만 후자는 선행명사의 속성을 나타내서 분류사로서의 성격이 없다. '–인분, –개국, –개소' 등 형태적 복합 표현은 의미, 형태적 특징이 각각 다른데 우선 '–개국'의 접미사 '국'에 범주화 대상인 '나라'의 뜻이 포함되어 있어서 선행명사가 생략되는 경우가 일반적이다. 이와 달리 '–인분, –개소'는 명사가 선행해야 한다. '–인분'과 '–개소'도 의미 초점의 차이가 있다. 전자의 초점은 접미사에 있어서 '–분'이 생략되지 못하는데 후자의 초점은 '개'에 있어서 접미사가 생략되어도 문장이 문법적이다.

　한국어의 분류사 중첩은 '분류사+분류사, 분류사+분류사+이'와 '한+분류사+한+분류사' 등 세 가지의 구조가 있다. 분류사 중의 일부분만 중첩될 수 있는데 대체로 1,2음절 전형적 분류사가 중첩 가능성이 크다. 위에서 언급된 세 가지 구조에서 '분류사+분류사'는 '전체, 모두'라는 뜻을 나타내서 주관적 대량의 표현 수단으로 간주될 수 있고 '분류사+분류사+이'와 '한+분류사+한+분류사' 구조는 '마다, 낱낱'에 의미 초점을 두는 주관적 대량의 표현 수단으로 본다. 분류사의 중첩 표현은 대부분 경우에 명사 또는 부사의 특징을 띤다.

　'수량사+명사, 명사+수량사'와 수사가 단독적으로 쓰이는 구조는 분류사가 표층에 실현되지 않아서 이 책에서 분류사 수량 표현으로 인정되지 않는다. 그러나 기본적 구조의 의미, 통사적 특징을 더 깊이 고찰하기 위해 이 세 가지 구조에 대해서도 간략하게 살펴봤다. '수량사+명사' 구조는 [+한정성]이고 '명사+수량사' 구조는 [–한정성]이다. 이 두 구조는 [+유정성]인 명사와 10 이하의 작은 숫자를 선호하는 공통점이 있고 이것으로 분류사 수량 표현의 기본적 구조와 구별된다. '명사+수량사' 구조는 [+유정성]에 대한 제약이 상대적으로 약하고 수관형사가 아니라 수사와 결합한다는 점에서 다른 수량 표현과 차이가 있다. 수사가 문장에서 단독적으로 나타나서 수량을 표현하는 경우도 있는데 이 경우에 접미사 '-이'와 결합해서 '그 수량의 사람'이라는 뜻을 표현할 수 있고 주로 부사 '다'와 결합한다. 이때 주로 10 이하의 작은 고유어 수사가 나타나고 의미적으로 한정성과 유정성 제약이 모두 약하다.

## 3.3 표준 중국어의 분류사 수량 표현

표준 중국어 분류사 수량 표현 부분은 3.2절처럼 크게 '기본적 구조, 기본적 구조의 확대, 기본적 구조의 축소'와 '분류사의 중첩' 등 내 개의 부분으로 나눠서 수량 표현의 의미, 형태, 통사적 특징을 보고자 한다.

기본적 구조 부분에서 '수량사+분류사+명사' 구조의 의미, 통사적 특징을 살펴보겠고 고대 중국어에서 많이 쓰였고 지금 그 용법이 잔존하는 '명사+수량사+분류사' 구조에 대해서도 간략하게 고찰하겠다.

기본적 구조의 확대 부분에서 기본적 구조와 지시사, 형용사, 소유구조의 공기 양상을 연구하고 이 문법 형식들이 함께 나타날 때 기본적 구조와의 어순이 어떻게 될지도 연구하겠다.

기본적 구조의 축소 부분에서 주로 '수량사+분류사'와 '분류사+명사' 등 두 가지 축소된 분류사 구조의 의미, 통사적 기능을 살펴보겠다. 이와 동시에 '지시사+분류사+명사, 형용사+분류사+명사'와 분류사가 문장에서 단독적으로 사용되는 몇 가지 특별한 구조도 같이 고찰하겠나.

분류사 중첩 부분에서 '분류사+분류사, 一+분류사+분류사'와 '一+분류사+一+분류사' 등 세 가지의 기본적 중첩 구조를 먼저 연구하고 이를 바탕으로 형성된 '一+형용사+분류사'와 '一个接一个'식 중첩 구조의 의미, 통사적 특성도 살펴보겠다.

중국어 분류사에서 '个, 点'과 '些'는 특수한 분류사이고 의미, 통사면에서 다른 분류사와 일정한 차이를 보인다. 이 절의 마지막 부분에서 이들 특수 분류사의 의미, 통사적 기능을 연구하겠다.[61]

### 3.3.1 기본적 구조

한국어와 달리 중국어 기본적 분류사 수량 표현은 '수량사+분류사+명사' 한 가지만 있다. 이 구조에 들어간 수량사는 기수사일 수 있고 서

---

[61] 일부분 선행연구에서 중국어에 '수량사+분류사+的+명사' 구조로 이루어진 수량 표현이 있다고 주장한다. 이에 '五十件的衣服'와 같은 예를 들어서 설명을 했는데 중국 인터넷에서 분류사 실제 용례를 검색할 때 이 구조로 나타나는 분류사 수량 표현을 발견하지 못하고 모어 화자의 직관으로도 이 구조에서 조사 '的'가 잉여적인 것으로 판단된다. 따라서 '기본적 구조의 확대' 부분에서 '수량사+분류사+的+명사'를 논외로 한다.
이 외에 명사 없이 '형용사+분류사'만으로 구성되고 분류사로 명사를 대체지시하는 구조도 있다. 이러한 구조는 월방언(粤方言)을 비롯한 중국 남부방언에서 빈번하게 나타나지만 표준 중국어에서 '全套共十本, 大份二十元'과 같은 표현에 나타난 '全套, 大份'처럼 생산적이지 않고 고정된 표현에 가까운 성격을 가진다. 이 책은 표준 중국어에 '형용사+분류사' 구조의 존재를 인정하고 상세하게 전개하지 않기로 한다.

수사일 수도 있다.


(50) 가. <u>三个学生</u>在操场上玩。
　　　나. <u>第三位考生</u>的成绩是所有考生中最高的。


예문(50가)에서 확인할 수 있듯이 중국어의 '수량사+분류사+명사' 구조는 비한정적인 의미 특성을 가지고 있다. [+한정성] 의미를 나타내려면 지시사 '这, 那' 등 표지를 통해 한정성을 높여야 한다. (50나)는 분류사와 서수사가 결합하는 경우인데 의미 면에서 (50가)와 차이가 있다. (50가)는 수량을 나타내고 이러한 문장에서 수량사에 따라 명사는 단수와 복수의 차이가 있지만 (50나)는 순서를 나타내고 문장에 나타나는 명사는 항상 단수이다.

'人, 国' 등 극히 일부분 명사를 제외하면 중국어에서 수량을 표현할 때 분류사가 반드시 나타나야 한다. '俩, 仨'와 같은 표현은 명사와 직접적으로 결합할 수 있지만 呂叔湘(1980:327)에 따르면 이것들은 수량사와 분류사의 통합된 표현이다.


(51) 가. 三间教室　　五个学生　　나. *三教室　　*五学生


통시적으로 보면 중국어는 분류사가 없는 언어에서 분류사가 있는 언어로 발달해 왔고 분류사가 본격적으로 탄생하기 전에 반복소를 쓰는 단계도 거쳤다. 그리고 분류사 수량 표현의 어순도 '명사+수량사+분류사'에서 '수량사+분류사+명사'에서 변화했다. 박정구(2012:399-

400)에 따르면 고대 중국어 '명사+수량사+분류사' 구조에서 수량구조는 술이의 성격을 가진다. 이르면 전국 말기(战国末期), 늦으면 동한 초기(东汉初期)에 동사 '是'가 본격적으로 쓰이기 시작하였는데 '是'의 탄생 때문에 명사성 어구가 단독적으로 술어 역할을 하기 힘들게 되었고 이 현상의 영향을 받아서 중국어 분류사 수량 표현의 어순도 '명사+수량사+분류사'에서 '수량사+분류사+명사'로 변화했다. 그러나 현대중국어에서 '명사+수량사+분류사' 구조는 완전히 사라지지 않는다.

(52) 가. 某班有学生50名, 其中男生24名, 女生26名...
     나. 益阳等市州出现了不同程度的洪涝灾害, 倒塌房屋1200余间...
     (모두 인터넷에서 수집)

위 예문은 각각 초등학교 수학 문제와 신문기사에서 추출된 문장이다. 이 두 예문을 보면 현대중국어에서 '명사+수량사+분류사' 표현은 주로 문어체에 나타나고 수량을 강조할 때 쓰인다. 이 구조는 [−한정성] 의미를 가지고 선행대상의 수량을 나타내는 동시에 일종의 목록화 기능을 띠고 있다. 그리고 이 구조는 서수사와 결합하지 않는다.
'명사+수량사+분류사' 구조의 제한적인 사용 때문에 이 책은 이 구조를 표준 중국어의 기본적 분류사 수량 표현 구조로 보지 않기로 한다.

### 3.3.2 기본적 구조의 확대

표준 중국어 분류사 수량 표현의 기본적 구조는 지시사, 형용사 또는 소유구조와의 결합을 통해 구조를 확대시킬 수 있다. 먼저 기본적 구조와 지시사의 결합 양상을 보자.


(53) 가. 通过简单地设置IP地址, 这两台电脑就可以互相通信。
　　 나. 我忘却了许许多多爱过的人, 不过那一个女孩, 却始终在我心
　　　　头萦绕。
　　 다. 让每一个人的智慧在立法中闪光。
　　　　(모두 인터넷에서 수집)


위 예문을 보면 기본적 구조와 지시사가 결합할 때 지시사가 수량사의 앞에 나타난다. 중국어에서 '마다'의 뜻을 나타내는 지시대명사 '每'는 분류사 수량 표현의 기본적 구조와 결합할 수 있는데 이 점에서 한국어와 다르다. 지시사와 서수사는 한정성이 모두 높아서 결합하면 의미 과잉 현상이 일어난다. 따라서 지시사와 서수사가 결합할 때 문장이 어색해진다. 예문(53가, 다)의 기수사를 서수사로 바꾸면 문장은 다음과 같다.


(53) 가′. ?通过简单地设置IP地址, 这第二台电脑就可以和第一台电
　　　　脑通信。
　　 다′. ?我忘却了许许多多爱过的人, 不过那第一个女孩, 却始终在
　　　　我心头萦绕。


예문(53가′)와 (53다′)에서 지시사와 서수사가 결합한 후 의미 자질 중복 현상이 일어난다. 이 경우에 지시사와 서수사 중의 하나를 없애야 문장이 자연스러워진다.

이 외에 형용사와 소유구조도 중국어 분류사 수량 표현의 기본적 구조와 결합할 수 있다. 형용사는 일반적인 경우에 분류사와 명사의 사이에 나타나고 소유구조는 기본적 구조의 앞에 나타난다.


(54) 가.　小王是一个认真的学生。

　　　가'.　?小王是认真的一个学生。

　　　나.　小王是一个认真学习, 热爱集体, 尊敬师长的学生。

　　　나'.　小王是认真学习, 热爱集体, 尊敬师长的一个学生。

　　　다.　小王是第一个交卷离场的学生。

　　　다'.　小王是交卷离场的第一个学生。

　　　라.　这是我的一个心愿。

　　　마.　这是我的第一本学术著作。


예문(54가–다)는 중국어 기본적 수량 표현과 형용사가 결합하는 예이다. (54가, 나)를 보면 형용사가 짧고 간단할 때 명사 앞에 나타나는 것이 자연스러운데 형용사가 길고 복잡해질수록 문장의 바깥으로 이동하는 경향이 강해진다. 기수사뿐만 아니라 (54다, 다')처럼 서수사의 경우도 마찬가지이다. 이러한 경향은 한국어와 비슷하다. (54라, 마)는 소유구조와 기본적 수량 표현이 결합하는 예인데 소유구조는 '수량사+분류사+명사' 구조의 앞에 나타난다.[62]

--------

62　형용사와 중국어 기본적 분류사 수량 표현 구조가 결합할 때 '一小块蛋糕, 一大片田野, 一整座大楼'처럼 '一+형용사+분류사+명사' 구조로 나타나는 경

지시사, 형용사, 소유구조와 기본적 수량 표현이 함께 나타날 때 중국어에서 어순은 '소유구조+지시사+수량사+분류사+형용사+명사' 또는 '소유구조+서수사+분류사+형용사+명사'로 된다.

(55) 가. 我的那一个小小的心愿终于实现了。
　　 나. 他的第一部原创的小说顺利出版了。

그러나 형용사적 성분이 길고 복잡할 때 원래 위치에서 밖으로 이동하기도 한다. 예문은 아래와 같다.

(56) 가. 他(的)那认真学习,热爱集体,尊敬师长的两个妹妹最终都
　　　　 考上了大学。
　　 나. 他(的)认真学习,热爱集体,尊敬师长的那两个妹妹最终都
　　　　 考上了大学。
　　 다. ?认真学习,热爱集体,尊敬师长的他的那两个妹妹最终都
　　　　 考上了大学。

예문(56가-다)에 나타난 '认真学习...尊敬师长'은 복잡한 관형사형 성분인데 문장에서 이 성분의 위치는 명사 앞에서 점점 맨 앞으로 이동

---

우도 있다. 그러나 이러한 표현에서 형용사는 '小, 大, 整' 등 크기를 나타내는 몇 개의 단음절 형용사에 제한되어 있고 뒤에 있는 분류사도 일정한 제약이 있다. 이 구조는 비전형적이고 생산성도 '수량사+분류사+형용사+명사' 구조보다 약하다. 그러므로 확대된 분류사 수량 표현의 어순 파악에 큰 영향을 주지 않는다.

하였다. 지시사 뒤 혹은 소유구조 뒤로 옮기면 모두 자연스러운 문장이 되지만 문장 맨 앞으로 이동하면 어색해지고 중의성이 생긴다. 이 성분의 수식을 받는 사람이 소유구조에서의 소유자인지 문장에서의 주어인지 불분명해지기 때문이다. 따라서 지시사, 형용사, 소유구조와 기본적 분류사 수량 표현이 함께 나타날 때 복잡한 관형사형 성분은 외부로 이동하는 경향이 있지만 그 이동은 소유구조의 위치를 넘지 않는다.

(57) 가. 他的第一部<u>完全由自己原创，并获知名作家推荐</u>的小说顺利出版了。

　　 나. 他的<u>完全由自己原创，并获知名作家推荐</u>的第一部小说顺利出版了。

　　 다. ?<u>完全由自己原创，并获知名作家推荐</u>的他的第一部小说顺利出版了。

서수사로 구성된 수량 표현도 이와 비슷하다. 예문(57가-다)를 보면 복잡한 관형사형 성분을 소유구조의 앞으로 이동하면 그 성분의 의미 때문에 중의성을 발생하지 않지만 문장이 어색하다.

전체적으로 보면 표준 중국어의 분류사 수량 표현은 지시사, 형용사, 소유구조와의 결합으로 기본적 구조를 확대할 수 있다. 한정성의 영향 때문에 기수사와 서수사에서 기수사 수량 표현만 지시사와 비교적 자연스럽게 결합할 수 있다. 일반적인 경우에 지시사, 형용사, 소유구조와 기본적 수량 표현이 함께 나타날 때 어순은 '소유구조＋지시사＋수량사＋분류사＋형용사＋명사' 또는 '소유구조＋서수사＋분류사＋형용사＋명사'

인데 형용사가 길고 복잡할 경우 외부로 이동할 상황도 있다. 다만 앞으로 이동해도 형용사는 소유구조의 위치를 넘지 않는다.

### 3.3.3 기본적 구조의 축소

중국어 분류사 수량 표현의 기본적 구조는 두 가지의 유형으로 축소될 수 있다. 첫째는 '수량사+분류사'이고 둘째는 '분류사+명사'이다.[63] 이 외에 분류사가 단독적으로 쓰이는 경우가 있고 '지시사+분류사+명사, 형용사+분류사+명사' 등 특별한 구조도 형성할 수 있다. 기본적 구조가 요소A의 추가로 확대된 후 요소B의 삭제로 축소되는 현상이 있어서 전체적으로 보면 중국어 분류사 수량 표현의 축소 양상은 한국어보다 복잡하다. 이 부분에서 축소된 중국어 분류사 수량 표현을 유형별로 살펴보고자 한다.

---

63  유정정(2014:65)와 최형용(2017:288)은 '这里以前是荒山, 棵木不生'이라는 문장을 예를 들어서 표준 중국어에 '분류사+명사' 구조가 있다고 주장하였다. 이 두 성과는 같은 예문을 인용하고 모두 출처를 표시하지 않았는데 중국 인터넷에서 검색해 보니까 '棵木不生'이나 이처럼 '분류사+명사'로 구성된 표현을 발견하지 못했다. 그러므로 이 표현은 작가가 문학적 효과를 달성하기 위해 임시적으로 만든 표현일 가능성이 크고 보편성과 생산성을 가지지 않는다.
중국어에 '寸草不生'이라는 사자성어가 있지만 '寸草'도 사자성어와 당시(唐诗)에서만 쓰이는 고풍스러운 말이고 '寸'는 도량형 분류사이다. 그러므로 여기서 표준 중국어의 이러한 '분류사+명사' 구조에 대해 상세하게 전개하지 않기로 한다. 다만 '看了场电影, 玩了个游戏'와 같은 구조에 나타난 '场电影, 个游戏' 등을 '분류사+명사' 구조로 인정하고 뒷부분에서 구체적으로 살펴보고자 한다.

### 3.3.3.1 수량사+분류사 구조

먼저 '수량사+분류사' 구조를 보겠다. 이 구조에 기수사와 서수사가 모두 들어갈 수 있다. 기수사와 결합할 때 수량 표현의 의미는 [−한정성]이다. 예문은 아래와 같다.

(58) 가. 要说反串扮演女角的男演员，他是中国电影史上的<u>第一位</u>。

　　 나. 虽然叫了很多学生，但当天只来了<u>十几个</u>。

　　　 (모두 인터넷에서 수집)

기수사로 구성된 중국어 '수량사+분류사' 구조는 지시사, 형용사, 소유 구조와 결합할 수 있는데 이 점에서 한국어 대응 구조와 다르다.

(59) 가.　桌上有四本书，<u>我的两本</u>是韩语书，<u>小王的两本</u>是英语书。

　　 가'.　*책상에 책 네 권이 있다. 내 <u>두 권</u>은 한국어 책이고 샤오왕의 <u>두 권</u>은 영어책이다.

　　 나.　桌上有四本书，<u>红色的两本</u>是我的，<u>蓝色的两本</u>是小王的。

　　 나'.　*책상에 책 네 권이 있다. <u>빨간 두 권</u>은 내 것이고 <u>파란 두 권</u>은 샤오왕의 것이다.

　　 다.　桌上有四本书，<u>这两本</u>是我的，<u>那两本</u>是小王的。

　　 다'.　*책상에 책 네 권이 있다. <u>이 두 권</u>은 내 것이고 <u>그 두 권</u>은 샤오왕의 것이다.

　　 라.　桌上有四本书，<u>我的那两本红色的</u>送给你。

　　 라'.　?桌上有四本书，<u>我的那红色的两本</u>送给你。

예문(59가-다)와 (59가´-다´)를 비교하면 한중 '수량사+분류사' 구조의 통사와 의미적 차이를 직관적으로 확인할 수 있다. 앞에서 언급하였듯이 한국어의 '수량사+분류사' 구조는 [-한정성] 의미를 가져서 한정성 정도를 높이는 소유구조, 형용사, 지시사와 결합하기가 어렵다. 이와 반대로 중국어의 '수량사+분류사' 구조는 한정성에 민감하지 않아서 [+한정성] 요소와 결합할 수 있고 단독적으로 나타나서 [-한정성] 의미도 표현할 수 있다. 그리고 (59라, 라´)를 보면 지시사, 형용사, 소유구조가 '수량사+분류사' 표현과 함께 결합할 때 자연스러운 어순에서 형용사는 수량구조의 뒤에 있다. 중국어 수량 표현에서 형용사가 명사를 대체하는 현상이 많다. '수량사+분류사' 구조에서 명사가 결여되어 있어서 형용사를 붙이려면 분류사 뒤는 수량사 앞보다 더 자연스러운 통사적 위치이다. 따라서 이 경우에 어순은 '소유구조+지시사+수량사+분류사+형용사'로 된다.

### 3.3.3.2 분류사+명사 구조

그 다음에 중국어의 '분류사+명사' 구조를 보겠다. 이때 기본적 수량 표현 구조의 축소 양상은 '수량사+분류사'보다 복잡하다.

우선, 'ㅡ+분류사+명사'에서 'ㅡ'가 생략되면 '분류사+명사' 구조를 얻을 수 있다.[64]

---

[64] 黄伯荣, 廖序东(2011:20)에 따르면 '我想有个家, 带份礼物给你'에 나타난 '个, 份'은 'ㅡ个, ㅡ份'에서 'ㅡ'가 생략되어서 생긴 것이다. 분류사 구성에서 수사의 생략은 'ㅡ'만 가능하다.

(60) 가. 宛转悦耳的编曲、耐人寻味的歌词让人如同看了<u>部爱情电影</u>。

나. 我跟狗狗玩了<u>个游戏</u>。我叫他名字，但是假装没看见他。

다. 好好爱自己等于和自己谈了<u>场恋爱</u>。

(모두 인터네에서 수집)

예문(60)을 보면 '분류사+명사' 구조에서 분류사는 개체화, 수량화 및 단위를 나타내는 원래의 기능 외에 '비한정 지시'라는 새로운 기능도 갖게 되었다. 음운적 특성 때문에 '지시사/一+분류사+명사' 구조에서 지시사와 '一'는 동사 앞에보다 동사 뒤에 나타날 때 탈락하기가 더 쉽다.[65] 따라서 동사 뒤는 '분류사+명사' 구조의 무표적인 출현 위치이다. 대부분 경우에 문장 주어 위치에서 특정한 구정보가 나오고 목적어 위치에서 불특정한 신정보가 나온다. 그러므로 목적어 위치에서 명사와 같이 나타나는 분류사는 그 자리의 통사—의미적 특성 때문에 비한정적 의미를 갖게 된다.

표준 중국어에서 비한정적 지시 기능을 하는 분류사는 목적어 위치에서만 나타나고 병렬구조를 이루지 못한다. 예문(61가-다')를 보면 이 양상을 확인할 수 있다.

(61) 가. 昨天我收到<u>封信</u>。

가'. 昨天我收到<u>一封信</u>。

나. *<u>个朋友</u>给了我这本书。

---

[65] 지시사와 수량사 '一'의 탈락과 관련된 내용은 王健(2013:388)을 참고했다.

나'. 一个朋友给了我这本书。

다. *他在家里养了只猫和条狗。

다'. 他在家里养了一只猫和一条狗。

중국어 북방 방언은 역사적으로 알타이 언어의 영향을 받아서 '주제화'라는 특징이 있다. 따라서 북방 방언을 기초로 만들어진 표준 중국어도 주제화 경향이 있다. 주어 위치에서 단독적으로 나타나는 명사는 [+한정성] 의미 자질을 가져서 '분류사+명사' 구조의 출현 위치는 목적어에 한정되고 [−한정성] 의미만 나타낼 수 있게 되었다.[66]

예문(60가−다)와 (61가)를 보면 비한정적 기능을 하는 분류사는 동사 바로 뒤에 있는 특징이 있다. (61다)에서 '분류사+명사' 구조가 병렬구조를 이뤄서 동사와의 연결이 느슨해졌다. 연사 '和' 뒤에 있는 '분류사+명사' 구조는 목적어로서의 전형성이 떨어져서 '비한정성 지시'라는 확장 의미를 얻기 어렵고 문법성이 약한 표현이 되었다. 따라서 '분류사+명사' 구조의 병렬구조가 문장 목적어 위치에 나타나면 다소 어색하고 이때 기본적인 '수량사+분류사+명사' 구조를 써야 한다.

그러므로 표준 중국어 '분류사+명사' 구조는 확장된 기능을 할 때 의미와 통사적 측면에서 모두 일정한 제약을 받는다.

---

[66] '분류사+명사' 구조가 문장 주어 위치에 나타나지 못하는 이유에 대해 安丰存, 赵磊(2016:60)을 참고했다.

### 3.3.3.3 다른 축소 구조

'수량사+분류사'와 '분류사+명사' 구조 외에 중국어에 '지시사+분류
사+명사', 형용사+분류사+명사'와 '명사+분류사' 등 축소 구조도 있고
분류사가 문장에서 단독적으로 나타나서 통사적 기능을 하기도 한다.
이 부분에서 수량 표현으로서의 전형성에 따라 '지시사+분류사+명사',
형용사+분류사+명사', 명사+분류사' 순서로 이 구조들의 통사, 의미적
특성을 고찰하고 분류사가 문장에서 단독적으로 나타나는 경우도 간
략하게 살펴보겠다.

먼저 '지시사+분류사+명사' 구조를 보겠다. 이 책에서 이 구조는 '분
류사+명사' 구조에 지시사가 추가되어서 생긴 것이 아니라 '지시사+一
+분류사+명사' 구조에서 수량사가 생략되어서 생긴 것으로 간주된다.
수량사구에서 '一'의 탈락이 가장 쉽고 이 구조가 문장 목적어 위치에
서 비한정적 지시 기능을 하지 못하기 때문이다.

(62) 가. 你知道这间屋子是不完美的，但它一定是舒适美好的。
　　　나. 一开始只觉得那个人长得好普通，后来意识到她才是女主角。
　　　다. 我会因为每本书不同的设计而有不同的感受。
　　　라. 有人说我穿这件很老气。
　　　마. 重庆香溪廊桥上建房设集市，每间都是江景房。
　　　　　(모두 인터넷에서 수집)

위 예문에서 (62가-다)는 전형적인 '지시사+분류사+명사' 구조인데
'这, 那'뿐만 아니라 지시대명사 '每'도 이 구조에 들어갈 수 있다. 그리

고 (62나)를 보면 '지시사+분류사+명사' 구조는 유정성 제약이 엄격하지 않다는 사실을 확인할 수 있다.

(62라, 마)에서 '지시사+분류사+명사' 구조는 구성 요소가 진일보 탈락되었고 '지시사+분류사' 구조가 되었다. 이 구조도 실제 생활에서 많이 쓰인다.

그 다음에 '형용사+분류사+명사' 구조를 보겠다. 위 구조와 마찬가지로 이 책에서 이 구조는 '一+형용사+분류사+명사' 구조에서 '一'가 탈락되어서 형성된 표현으로 간주된다. 지시사 구조에 비해 '형용사+분류사+명사' 구조는 생산성이 약하고 모든 중국어 분류사가 이 구조에 들어갈 수 있는 것이 아니다.

(63) 가. 酥脆焦香的外壳，裹住里面细嫩紧实的<u>大块鸡肉</u>。
　　나. <u>大朵玫瑰</u>刺绣重现皇室贵族的浪漫气息。
　　다. 画家蒙中夫妇的私人住宅，毗邻<u>大片田野</u>。
　　　（모두 인터넷에서 수집）
　　다'. *画家蒙中夫妇的私人住宅，毗邻<u>小片田野</u>。
　　라. *<u>大间豪华客房</u>展现皇室贵族的浪漫气息。

예문(63가–다)와 (63다', 라)를 비교하면 '형용사+분류사+명사' 구조에 대한 두 가지 사실을 알 수 있다. 첫째, 이 구조에 들어갈 수 있는 형용사는 거의 '大' 하나만에 제한되어 있고 분류사도 '块, 片, 朵' 등 특정한 몇 개에 제한되어 있다. 둘째, 이 구조는 수량을 나타내는 성격이 약하고 수량 표현의 범주에서 전형적 구성원과 거리가 먼 주변적 구

성원이다. 예문(63가)와 (63나)에 수량사 '一'를 추가하면 의미적 차이가
생긴다.

(63) 가. 酥脆焦香的外壳，裹住里面细嫩紧实的<u>一大块鸡肉</u>。
　　　나. ?<u>一大朵玫瑰</u>刺绣重现皇室贵族的浪漫气息。

(63가)에 '一'를 추가하면 의미 변화가 거의 생기지 않지만 (63나)의
의미가 달라진다. (63나)는 복장 소개에서 추출된 문장인데 옷에 수놓
은 장미는 하나가 아니라 여럿이다. 이 경우에 '大朵玫瑰' 같은 표현이
쓰일 수 있다는 것을 통해 이 표현은 수량에 초점을 두지 않고 수식하
는 대상의 모습이나 속성에 초점을 둔다는 사실을 알 수 있다. '형용사
+분류사' 구조는 형용서로서의 성격이 더 강한데 중첩이 가능하고 중
첩 형식과 명사의 사이에 '的'를 첨가해야 한다.

(64) <u>大片大片的云彩</u>裹挟着一个少女，少女被困其中，但却安详。
　　　(인터넷에서 수집)

중국어에서 '명사+분류사' 구조는 위에서 고찰된 구조와 달리 단어
형성에 참여한다. 이 구조로 만들어진 단어는 일상생활에서 높은 빈도
로 쓰이지만 구조 자체는 그렇게 생산적이지 않고 모든 분류사가 이 구
조를 통해 명사와 결합할 수 있는 것이 아니다. 이때 분류사는 명사의
뜻을 더 명확하게 하는 의미적 기능을 한다.

(65). 가. 书本      나. 花束      다. 车辆      라. 纸张      마. 船只

예문(65)를 보면 '명사+분류사' 구조에 들어간 형태소는 모두 단음절이다. 따라서 앞에서 언급하였듯이 일부분 중국 학자는 분류사의 본질적 기능이 '쌍음절화'라고 주장하기도 했다. 그러나 범언어적으로 보면 쌍음절 단어를 선호하는 것은 모든 분류사 언어에서 보편적으로 나타나는 현상이 아니다. 그러므로 '쌍음절화'라는 관점에 대해 언어 보편성의 시각에서 재고할 필요가 있다.

### 3.3.4 분류사의 중첩

표준 중국어의 분류사는 주로 '분류사+분류사, 一+분류사+분류사'와 '一+분류사+一+분류사' 등 세 가지의 구조로 중첩될 수 있다. 이 외에 '一+분류사+(又, 接, 连)+一+분류사'처럼 수량사구 사이에 연사, 동사 등이 삽입되는 중첩 구조도 있다. 중국어 분류사 중첩 구조는 분류사 의미에 대한 제약이 크지 않다. 전형적인 분류사이면 중첩 구조에 들어가지 못하는 현상이 비교적 적고 이 점에서 한국어 분류사와 다르다.

먼저 '분류사+분류사' 구조를 살펴보겠다. 이 구조는 실제 생활에서 빈번하게 쓰이는 중국어 분류사 중첩 표현이고 문장에서 여러 가지 통사적 기능을 할 수 있다.

(66) 가. 个个都唱得那么好还给我捧场，搞得我都不好意思了。

나. 紫云山生态庄园里朵朵樱花绽放，吸引许多民众前往赏玩。

다. 犯罪嫌疑人用生理盐水加工制作假新冠疫苗，并层层加价销售。

라. 苏州桃花坞木刻年画上新，金牛昂首，桃花朵朵。

(모두 인터넷에서 수집)

예문(66가-라)에서 '분류사+분류사' 중첩 표현은 통사적 층위에서 각각 주어, 관형어, 부사어와 서술어의 기능을 한다. 그중 주어, 관형어와 부사어로서의 기능은 비교적 생산적이다. 서술어로서의 기능은 '朵, 片' 등 사물 형태를 나타내는 일부분 분류사에 제한되고 생산성이 상대적으로 떨어진다. 의미적 층위에서 보면 '분류사+분류사' 구조는 '전체, 모두' 또는 '여럿'이라는 뜻을 나타내서 주관적 대량의 표현수단으로 볼 수 있다.

'一+분류사+분류사'와 '一+분류사+一+분류사' 구조는 화자가 주관적으로 인식하는 '마다, 낱낱'이라는 뜻으로 대량을 표현하는 수단이다.

(67) 가. 以前发生在别人身上的事，一件件在不久的将来会要发生在自己身上。

가'. 以前发生在别人身上的事，一件一件在不久的将来会要发生在自己身上。

나. 年末回顾时看着一个个心愿被划上了小勾，真的太有成就感了。

나'. 年末回顾时看着一个一个心愿被划上了小勾，真的太有成就感了。

다. 等到发完祝福后再一条条地看着粉丝们留下的评论。

다′. 等到发完祝福后再一条一条地看着粉丝们留下的评论。

라. 往事一桩桩一件件, 阿允一定要带阿翡看遍天下风景。

라′. 往事一桩一桩一件一件, 阿允一定要带阿翡看遍天下风景。

（예문67가-라는 모두 인터넷에서 수집）

위 예문에서 (67가-라)는 '一+분류사+분류사' 구조의 예이고 문장에서 이 구조로 나타난 표현은 각각 주어, 관형어, 부사어와 서술어의 역할을 한다. 그중 중첩 표현이 서술어 기능을 하는 (67라)는 좀 특별한데 선행대상이 그 분류사로 표시되는 단위에 따라 하나하나 차례대로 나타나는 뜻으로 이해된다. (67가′-라′)는 '一+분류사+一+분류사'로 전환된 예문이다. (67가-라)와 (67가′-라′)를 비교하면 '一+분류사+분류사'와 '一+분류사+一+분류사' 구조는 호환 가능성이 높고 전자는 후자 뒷부분의 수량사 '一'가 생략되어서 형성된 것일 가능성이 크다. 그러나 '분류사+분류사' 구조와 '一+분류사+분류사' 구조는 비교적 큰 통사적 차이가 있다.

(67) 가″. ??以前发生在别人身上的事, 件件在不久的将来会要发生在自己身上。

나″. ?年末回顾时看着个个心愿被划上了小勾, 真的太有成就感了。

다″. *等到发完祝福后再条条地看着粉丝们留下的评论。

예문(67가-다)에서 구조 '一+분류사+분류사'의 '一'를 없애면 (67가″

–다')가 형성된다. 이 세 문장은 원래 문장보다 어색해지거나 비문이 된다. 그중 예문(67가″)는 '전체, 모두, 여럿'이라는 뜻을 표현하는 '件件' 와 호응하는 '都, 全' 등 부사어가 없어서 문장이 어색해진다. 이와 비슷한 원인으로 (67나″)도 어색한데 관형어 위치에 있어서 어색함의 정도는 (67가″)보다 덜하다. (67다″)는 비문이다. '一+분류사+분류사'는 조사 '地'와 결합할 수 있지만 '분류사+분류사' 구조가 부사어 기능을 할 때 조사의 개입이 없어야 하기 때문이다.

'一+분류사+一+분류사' 구조의 수량사와 분류사 사이에 형용사를 추가하면 확장된 분류사 중첩 구조를 얻을 수 있다. 이 구조는 생산성이 상대적으로 떨어지고 구조에 들어간 형용사와 분류사도 몇 개의 특정한 것으로 제한된다.

(68) 가. 她紫外线过敏，胸前起了一大块一大块的红斑。
　　　나. 文物工作者是伟大的，他们将一小片一小片的残骸拼接，成就了千年兵马俑。
　　　다. 你把人家的心弄碎了，你还要她一小片一小片耐心地拾拼起来。
　　　(모두 인터넷에서 수집)

위 예문을 보면 '一+형용사+분류사+一+형용사+분류사' 구조에 들어갈 수 있는 형용사는 '大, 小, 整' 등에 제한되고 분류사도 '块, 片' 등 사물의 형태를 나타내는 것에 제한되어 있다. 이 구조는 위에서 논의된 '一+형용사+분류사'의 중첩 형식으로 볼 수 있다. 문장에서 이 구

조로 나타나는 수량 표현은 주로 관형어와 부사어 기능을 하고 의미적
층위에서 인식의 초점은 '마다, 낱낱'이라는 뜻에 있다. 주관적 대량을
나타내는 수단으로 볼 수 있다.

이 외에 '一+분류사+一+분류사' 구조의 중간 위치에 '又, 连, 接' 등
연사, 동사의 삽입으로 이루어진 확대된 분류사 중첩 구조도 있다.

(69) 가. 12分钟的演出，包袱一个接一个，现在看依然那么可乐。
　　나. 看着家里人一个接一个地出去了，狗紧紧地抱住了主人。
　　다. 陀思妥耶夫斯基的荣耀转瞬即逝，厄运一桩连一桩。
　　라. 一件又一件年轻人猝死的新闻，一次又一次职员过劳死去
　　　　世的事件...
　　마. 临别不舍的话语，你说了一句又一句。
　　　　(모두 인터넷에서 수집)
(70) 가. 相声演出中，包袱一个接/又/连一个。
　　나. *相声演出中，包袱一个一个。
　　다. *相声演出中，包袱一个个。
　　라. *相声演出中，包袱个个。

예문69(가-마)를 보면 '一+형용사+분류사'의 중첩 형식은 문장에서
목적어, 관형어와 부사어 등 기능을 할 수 있고 명사성 서술어가 되는
현상이 비교적 많이 보인다. 이점에서 표준 중국어의 다른 분류사 중첩
표현과 차이가 있다. 예문(70가-라)에서 연사, 동사로 연결된 '一个接一
个'식 중첩 표현은 문법성이 강하지만 '분류사+분류사, 一+분류사+분
류사'와 '一+분류사+一+분류사' 구조에 '个'가 들어가면 명사성 서술어

가 되지 못한다. 따라서 '一个接一个'식 중첩 표현은 통사적 기능에 있어서 중국어의 다른 분류사 구조보다 더 확장된 모습을 보인다. 이 경우에 '一个接一个'식 중첩 표현은 의미 초점이 '마다, 낱낱'에 있고 화자 주관적 인식에서의 대량을 표현한다.

### 3.3.5 특수 분류사 '个, 点'과 '些'의 구조적 특징

표준 중국어 분류사에서 '个, 点'과 '些'는 특별한 분류사이다. 그중 '个'는 일상생활에서 가장 광범위하게 쓰이는 분류사이고 범주화의 기능도 가장 약하다. 따라서 일부분 선행연구에서 '个'는 중립적 분류사라고 불리기도 한다. 높은 사용 빈도 때문에 '个'는 문법화 현상도 일으켰고 전형적인 분류사가 결합하지 못하는 대상과 결합할 수 있다. 宋玉柱(1993:44)에 따르면 표준 중국어에서 '个'는 두 개가 있다. 하나는 분류사이고 또 하나는 조사이다. 우선 분류사 '个'의 기능에서 다른 분류사가 없는 기능을 보겠다.

'个'는 다른 분류사가 결합하지 못하는 추상명사와 결합할 수 있다. 나아가 형용사도 '个'의 결합 대상이 될 수 있다. 그리고 일부분 경우에 '个'와 결합하는지 전형적인 분류사와 결합하는지에 따라 문장에서 한 명사의 의미적 구체성이 달라진다. 이러한 경우에 '个'는 보통 '동사+个+명사' 형식으로 나타나고 수량사는 '一'만 쓰일 수 있다. 심지어 '一'마저 쓰이지 못하는 경우도 있다.

(71) 가. 不祈求明年会有新气象。只求活出个人样。

나. 关于生活 , 只想图个清静。

다. 求首页的姐妹兄弟们赏个光帮转发。

라. 当一束光突然照进黑暗, 这束光就有罪。

    (모두 인터넷에서 수집)


예문(71가)에서 '人样'은 추상한 명사이어서 '个'를 제외한 다른 분류 사와 잘 결합하지 못한다. (71나)에서 '清静'은 분류사와 결합하지 않는 형용사인데 '个'와 공기해서 명사화가 되었고 문장에서 목적어 기능을 한다. (71다, 라)를 비교하면 '个'와 결합하는 (71다)에서 '光'은 '체면'이라 는 추상적인 뜻으로 해석되고 (71라)에서 구체적인 분류사 '束'와 결합 하는 '光'은 원형적인 '빛'이라는 의미로 해석된다.

이 외에 분류사 '个'는 다른 분류사 대신 나타나고 뒤에 있는 명사성 대상에 대한 화자의 멸시를 표현할 수 있다.


(72) 가. 你个小孩儿 , 我说你两句怎么了?

    나. 他个大学生 , 眼界怎么就这么低呢?

    (모두 인터넷에서 수집)


선행대상에 대한 화자의 멸시를 나타낼 때 분류사 '个'는 보통 위 예 문처럼 '你/他+个+명사' 구조로 나타나고 그 명사는 지시대상의 신분 이나 직업 등을 표현하는 것이다.

분류사 '个' 외에 宋玉柱(1993) 등 연구에서 조사 '个'도 설정하였다. 예문은 아래와 같다.

(73) 가. 今天我们在公园里要玩个痛快。

나. 把他们打了个落花流水。

다. 闹得个满城风雨。

[모두 宋玉柱(1993:44)에서 재인용]


위 예문에서 '个'는 각각 양태조사 '要, 了' 및 구조 조사 '得'와 결합해서 해당 동작의 진행되었음 또는 진행 예정임을 나타냈다. 이 외에 조사로서의 '个'는 여러 가지 통사적 구조를 이룰 수 있고 그 구조들에서 다른 성분과 어울려서 새로운 구조적 기능이 나타내기도 한다.

표준 중국어 명사 분류사에서 '点'와 '些'는 흔히 불특정 양사(不定量词)로 분류되고 의미와 통사적 특징은 다른 분류사와 비교하면 차이가 많다. 우선, 의미적 측면에서 이 두 개의 분류사는 범주화의 기능을 상대적으로 약하다. 구체적인 명사뿐만 아니라 추상명사, 심지어 형용사, 동사적 성분까지 이 두 분류사와 결합할 수 있다.

'点'은 수량사 '一, 半' 및 지시사 '这, 那'와 결합해서 주관적 소량을 나타낼 수 있다. '수량사+点' 구조는 [-가산성] 명사와도 자연스럽게 결합한다. '些'는 '一/这/那+些+명사' 구조에서 명사적 대상의 복수를 나타낸다. 이때 반드시 소량을 나타내지 않는다. '点'와 '些'는 '有+(一)+点/些+동사/형용사'의 구조로 상태나 성상을 나타낼 수 있고 문장 목적어 위치에서 단독적으로 나타나면 그들에 의해 부류화된 명사적 대상을 지시할 수 있다. '些'는 '这/那' 뒤에 붙으면 지시사의 복수 의미가 나타난다. 이것은 '点'가 없는 기능이다.

(74) 가. 他收集了(一)点资料。

나. 这点小情绪我自己能调节。

다. 这台机器有(一)些问题。

라. 那些礼物全是给你的。

마. 那里有点/些危险。

바. 他有点/些生气。

사. 这桔子很好, 你也买些/买点吧。

아. 这些/*这点全是他的绘画作品。


예문(74가, 나)는 '지시사/수량사+点'에 관한 문장인데 '一点'는 후행 명사의 지시대상이 양이 적다는 뜻을 나타낸다. 특히 (74나)에서 피수식 명사인 '小情绪'는 일반적으로 [−가산성]인데 '点'과 [−가산성] 성분 간의 자연스러운 결합을 보여준다. (74다, 라)에서 '一+些+명사'로 나타나는 양은 다르다. 전자는 대량과 소량 두 가지 해석이 모두 가능하지만 후자는 부사 '全' 때문에 대량을 나타낸다. (74마, 바)는 '点/些'가 형용사, 동사적 성분의 양을 나타내는 예인데 이때 '点/些'로 표현된 양은 화자 인식에서의 소량이고 이 기능은 다른 중국어 분류사가 없는 기능이다. (74사, 아)를 통해 '点/些'의 명사 지시 기능과 '些'의 지시대상 복수 의미 표현 기능을 알 수 있다.

'点/些'는 '一+분류사+분류사' 구조를 통해 중첩될 수 있는데 이 경우에 다른 중국어 분류사와 달리 주관적 대량이 아니라 소량을 나타낸다.


(75) 가. 我们为传统文化的复兴贡献了一点点力量。

나. 我希望投资方能再给一些些的机会。

다. 我的普通话水平好像又进步了<u>一些些</u>。

라. 去酒厂参观, 喝了<u>一些些</u>。

   (모두 인터넷에서 수집)


위 예문을 보면 '一点点'과 '一些些'는 문장에서 관형어, 부사어 기능을 할 수 있고 (75라)에서 보이는 것처럼 부사어와 목적어 두 가지 해석이 모두 가능한 경우도 있다. 이 두 가지 중첩 표현이 주어 기능을 하는 문장을 발견하지 못했다.

중국어 분류사 수량 표현에 관한 논의를 정리하면 다음과 같다.

중국어 분류사 수량 표현의 기본적 구조는 '수량사+분류사+명사' 한 가지만 있다. 그중의 수량사는 기수사일 수 있고 서수사일 수도 있다. '명사+수량사+분류사' 구조는 고대 중국어에서 한 동안 쓰였던 수량 표현 구조였는데 지금은 완전히 사라지지 않고 문어체 성격이 강한 일부분 문맥에서 계속 쓰이고 있다. 이 구조에서 지시대상의 수량이 강조되고 일종의 목록화 기능을 가진다. 기본적 구조로 나타나는 수량은 의미 면에서 한정성 자질에 민감하지 않다. 단독적으로 쓰일 때 [−한정성] 의미이지만 한정성을 높이는 지시사와도 자연스럽게 결합할 수 있다.

분류사 수량 표현은 지시사, 형용사 혹은 소유구조와의 결합으로 기본적 구조를 확대할 수 있다. 이때 확대된 수량 표현 구조의 어순은 '소유구조+지시사+수량사+분류사+형용사+명사' 또는 '소유구조+서수사+분류사+형용사+명사'인데 형용사가 길고 복잡할 경우 외부로 이동할 경향이 있다. 다만 앞으로 이동해도 형용사는 소유구조의 위치를 넘지 않는다.

중국어의 기본적 분류사 수량 표현 구조는 크게 두 가지의 형식으로 축소될 수 있다. 하나는 '수량사+분류사' 구조이고 또 하나는 '분류사+명사'이다.

'수량사+분류사' 구조에 기수사와 서수사가 모두 들어갈 수 있고 기수사의 경우 축소된 구조는 다시 지시사, 형용사 혹은 소유구조와 결합할 수 있다. 지시사, 형용사와 소유구조가 함께 나타날 때 어순은 '소유구조+지시사+수량사+분류사+형용사'로 된다.

전형적인 '분류사+명사' 구조는 수량사 '一'의 생략으로 나타난 것이다. 표준 중국어에서 '분류사+명사' 구조는 목적어 위치에서만 나타날 수 있다. 통사적 위치 때문에 '비한정적 지시'라는 확장 기능을 얻었다. 그러나 목적어 위치에 나타나도 '분류사+명사' 구조가 병렬문을 구성하면 비문이 된다. 이 외에 '지시사+분류사+명사'와 '형용사+분류사+명사' 구조도 있는데 이 두 가지 구조는 '분류사+명사' 구조에 지시사나 형용사의 추가로 형성된 것이 아니라 '지시사+一+분류사+명사'와 '一+형용사+분류사+명사' 구조에서 수량사 '一'가 탈락되어서 형성된 것으로 판단된다. '지시사+분류사+명사' 구조에서 명사가 탈락되면 '지시사+분류사' 구조가 형성되기도 한다. '형용사+분류사+명사' 구조는 생산성이 상대적으로 약하다. 이 구조에서 '형용사+분류사'는 수량 표현으로서의 전형성을 잃었고 형용사로서의 성격이 더 강하다. 그리고 '형용사+분류사' 구조와 명사 사이에 조사 '的'가 추가되는 현상도 발견되었다. 일부분 중국어 분류사는 단음절 명사와 결합해서 조어(造詞)적 기능을 할 수 있고 문장에서 단독적으로 나타나서 가격 계산 단위 기능을 할 수 있다.

중국어 분류사의 중첩은 주로 '분류사+분류사, 一+분류사+분류사'와 '一+분류사+一+분류사' 등 세 가지 유형이 있다. 이 세 가지 중첩 유형은 모두 화자 인식에서의 주관적 대량을 나타내지만 의미 초점의 차이가 있다. '분류사+분류사' 구조의 의미 초점은 '전체, 모두'에 있지만 나머지 두 구조의 의미 초점은 '마다, 낱낱'에 있다. 이 세 가지 중첩 구조를 기초로 '一+형용사+분류사+一+형용사+분류사'와 '一+분류사+又/连/接+一+분류사' 등 중첩 구조도 형성할 수 있는데 이 중첩 구조들은 의미 초점과 통사적 제약 등에 있어서 일정한 차이를 보인다.

중국어 분류사에서 '个, 点'과 '些'는 비교적 특별한 분류사이고 의미, 통사적 측면에서 특수성을 보인다.

'个'는 가장 광범위하게 쓰이는 중국어 분류사이고 문법화 현상을 일으켰다. '个'는 분류사 '个'와 조사 '个'로 나눌 수 있는데 분류사인 '个'는 중국어 분류사의 공통적인 기능 외에 추상명사 수량화, 형용사적 성분 명사화와 관용표현 형성, 선행대상 멸시 등 의미, 화용적 기능을 할 수 있다. 조사인 '个'는 양태조사 '要, 了' 및 구조 조사 '得' 와의 결합을 통해 동작성 행위를 나타낼 수 있다. 이 외에 조사로서의 '个'는 여러 가지 구조를 이룰 수 있고 그 구조들에서 다른 성분과 어울려서 새로운 구조적 기능을 형성하기도 한다.

'点'과 '些'는 흔히 불특정 양사라고 불리고 수량 표현에서 명사뿐만 아니라 형용사, 동사적 성분과도 어울릴 수 있다. '点'은 수량사 '一, 半' 및 지시사 '这, 那'와 결합해서 주관적 소량을 나타낼 수 있다. '些'는

'一/这/那+些+명사' 구조에서 명사 지시 대상의 복수를 나타낸다. 이때 반드시 소량을 나타내지 않는다. '点'와 '些'는 '有+(一)+点/些+동사/형용사'의 구조로 상태나 성상을 표현할 수 있고 문장 목적어 위치에서 단독적으로 나타나서 그들에 의해 부류화된 명사적 대상을 지시할 수 있다. '些'는 '这/那' 뒤에 붙으면 지시대상의 복수 의미가 나타난다. '点/些'는 '一+분류사+분류사' 구조를 통해 중첩될 수 있고 이 경우에 다른 중국어 분류사와 달리 주관적 대량이 아니라 소량을 나타낸다.

## 3.4 상하이방언의 분류사 수량 표현

이 절에서 상하이방언 분류사 수량 표현의 통사, 의미적 특징을 살펴보겠다. 표준 중국어와 비슷하게 상하이방언 분류사 수량 표현의 기본적 구조는 지시사, 형용사, 소유구조와의 결합으로 확대될 수 있다. 그리고 기본적 구조는 '수량사+분류사'와 '분류사+명사' 두 가지 구조로 축소될 수 있다. '분류사+명사' 구조로 축소될 때 상하이방언의 분류사는 여러 가지 확장된 의미적 기능이 있다. 이 외에 상하이방언 분류사는 '분류사+분류사, 一+분류사+분류사'와 '一+분류사+一+분류사' 등 구조로 중첩될 수 있고 주관적인 대량 의미를 나타낼 수 있다.

이 절은 기본적 구조, 기본적 구조의 확대, 기본적 구조의 축소와 분류사의 중첩 등 네 개의 부분으로 상하이방언 분류사 수량 표현의 통사, 의미적 기능을 살펴보겠다. 마지막 부분에서 상하이방언 특수 분류사인 '个'와 '眼'의 기능적 특성을 고찰하겠다.

### 3.4.1 기본적 구조

상하이방언에서 분류사 수량 표현의 기본적 구조는 표준 중국어처럼
'수량사+분류사+명사'로 되어 있다. 이때 기수사와 서수사는 기본적 구
조에 모두 들어갈 수 있다.


(76) 가. 就像是一个女小囡嫁到了一户人家，大家叫伊"新娘子"。

　　　　(한 여자애가 다른 집으로 시집가면 다들 '신부'라고 부르지.)

　　나. "上海男人"是一个文化符号。

　　　　('상해남자'는 하나의 문화적 부호이다.)

　　다. 清朝乾隆年间，小梅园里向头种植了几十棵梅树。

　　　　(청나라 건륭제 때 소매원에 매화나무 몇십 그루가 심어져
　　　　있었다.)

　　라. 一位邻里公公，是二十年代圣约翰大学毕业生。

　　　　(이웃 할아버지 한 분은 1920년대 성요한대학교의 졸업생이
　　　　었다.)

　　　　(모두 <上海话朗读>에서 인용)

　　다. 箇是伊出版个第一本书。[67]

　　　　(이것은 그 사람이 출판한 첫 번째 책이다.)


위 예문에서 '个, 棵, 位, 本' 등 분류사의 통사적 위치를 통해 상하이

---

**67**　상하이방언 단어의 한자 표기는 钱乃荣(2008) 및 다른 오방언 연구 성과를
　　　참고했다. 여기서 '箇'는 표준 중국어의 근칭 지시사 '这'에 해당되고 '个'는 관
　　　계절 표지에 해당된다. 상하이방언 분류사가 문장에서 관계절 표지 기능을
　　　하는 현상에 대해 다음 부분에서 상세하게 논의하겠다.

방언 분류사 수량 표현의 기본적 어순을 확인할 수 있다. 대부분 경우에 방언은 구어에서만 쓰여서 문어체 성격이 강하고 사물 수량을 강조하는 '명사+수량사+분류사' 구조는 상하이방언에서 거의 쓰이지 않는다.

수량을 나타낼 때 상하이방언 수량 표현에서 분류사의 사용은 강제적이다. 예문(76가−라)에서 분류사를 없애면 모두 비문이 된다.

(76) 가′  *就像是<u>一女</u>小囡嫁到了一户人家...
　　 나′.  *"上海男人"是<u>一文</u>化符号。
　　 다′.  *小梅园里向头种植了<u>几十梅</u>树。
　　 라′.  *<u>一邻里</u>公公，是一二十年代圣约翰大学毕业生。

북경방언을 비롯한 일부분 중국 북방방언에서 분류사 수량 표현의 수량사가 '一'일 때 분류사가 생략되어 '一小女孩'와 같은 표현이 자연스럽게 형성될 수 있고 수량사가 '二, 三'일 때 분류사와 통합되어 '俩馒头, 仨孩子'와 같은 표현이 형성될 수 있다. 그러나 상하이방언을 비롯한 북부 오방언(北部吳方言)에서 이러한 분류사 생략과 수량사−분류사 통합 현상은 보이지 않는다.

### 3.4.2 기본적 구조의 확대

상하이방언에서 '수량사+분류사+명사' 구조는 지시사, 형용사, 소유 구조와 결합할 수 있다. 이때의 전체적인 양상은 표준 중국어의 기본적 수량 표현 구조와 비슷하다.

(77) 가. <u>箇三条鱼</u>是昨天孃孃来额时候带过来额。

(이 세 마리의 생선은 어제 고모가 오셨을 때 가져온 것이다.)

나. 伊让阿拉每<u>十本书</u>装一只箱子。

(그는 우리에게 한 상자에 책 열 권씩 넣으라고 했다. )

다. 衣架高头有<u>一件黑衣裳</u>。

(옷걸이 위에 검은 옷 한 벌이 있다.)

라. 吾伐欢喜黑颜色，箇是我额<u>第一件黑衣裳</u>。

(나는 검은색을 안 좋아한다. 이것은 나의 첫 번째 검은색 옷
이다.)

마. 十年前去韩国当交换生额辰光买额<u>一件衣裳</u>吾到现在还勒
穿。

(10년 전에 교환학생으로 한국에 갔을 때 샀던 한 벌의 옷은
나는 지금도 입고 있다.)

바. 箇是吾额<u>一只/第一只心愿</u>。

(이것은 나의 한 가지/첫 번째 소망이다.)


예문(77가–마)를 보면 지시사, 형용사, 소유구조와 상하이방언 기본
적 수량 표현의 결합 양상을 확인할 수 있다. 한정성의 영향으로 상하
이방언에서 지시사를 제외한 나머지 두 가지 문법 형식만 서수사로 구
성된 수량 표현과 결합할 수 있다.

확대된 구조에서 지시사와 소유구조는 수량사 앞에 나타난다. 짧고
간단한 형용사는 분류사와 명사의 사이에 있고 길고 복잡한 형용사는
수량사 앞에 있다. 지시사, 형용사, 소유구조가 문장에서 동시에 나타
날 때 어순은 아래 예문(78가, 나)처럼 되어 있다.

(78) 가. 吾额诶一件黑颜色T恤衫到啥地方去了?

(나의 그 검은색 티셔츠 어디 갔어?)

나. 吾额黑颜色长袖子有格子条纹额诶一件T恤衫到啥地方去了?

(나의 그 검은색 긴팔 체크무늬 티셔츠 어디 갔어?)

위 예문에서 보이는 것처럼 형용사 구조가 간단할 때 분류사 확대구조의 어순은 '소유구조+지시사+수량사+분류사+형용사+명사'로 된다. 형용사 구조가 길고 복잡할 때 위치는 앞으로 이동되지만 소유구조의 위치를 넘지 않는다. 구조에서 형용사의 이동 여부는 (78나)를 통해 더 명확하게 확인할 수 있다.

지금까지 한국어, 표준 중국어와 상하이방언의 확대된 기본적 수량 표현을 살펴봤는데 이 세 가지 언어(방언)에서 분류사 수량 표현이 확대될 때 어순이 같다. 그러나 좀 더 많은 언어(방언)에서 확대된 기본적 수량 표현의 어순도 이렇게 배열되는가? 어순의 보편성을 통해 어떤 유형론적 특성을 발견할 수 있는가? 이 두 가지 질문에 대해 3.5절에서 계속 살펴보고자 한다.

### 3.4.3 기본적 구조의 축소

상하이방언에서 분류사 수량 표현의 기본적 구조는 주로 '수량사+분류사'와 '분류사+명사' 등 두 가지 유형으로 축소될 수 있고 분류사의 단독적인 사용도 가능하다. 상하이방언 분류사 수량 표현의 축소 구조는 여러 가지 확장 기능이 있는데 이 확장 기능들은 '분류사+명사' 구조 및 분류사가 단독적으로 쓰이는 경우에 더 많이 나타난다. 표준 중국어 분류사에 비해 상하이방언 분류사는 뚜렷한 남방방언의 성격을 가지고 분류사의 기능이 발달하다.

### 3.4.3.1 수량사+분류사 구조

먼저 상하이방언의 '수량사+분류사' 구조를 간략하게 보겠다. 분류사 수량 표현이 이 구조로 축소될 때 상하이방언과 표준 중국어는 양상이 비슷하다. 상하이방언에서 기수사와 서수사로 이루어진 분류사 수량 표현은 모두 이 구조로 축소될 수 있다. 이때 지시사, 형용사와 소유구조는 축소된 수량 표현과 공기할 수 있다.

(79) 가. <u>吾㑚两件红额</u>还没<u>侬诶一件蓝额</u>贵。
　　　　(나의 이 두 벌의 빨간 옷은 너의 그 한 벌의 파란 옷보다 싸다.)

분류사를 통해 지시대상이 무엇인지를 알 수 있는 상황에 상하이방언 수량 표현에서도 명사의 생략이 가능하다. 아래와 같은 표현은 표준 중국어와 상하이방언에서 모두 자연스럽다.

(80) 가. 两件红的/两件红额　　　　나. 三本厚的/三本厚额
　　　다. 一个长头发的/一个长头发额

'수량사+분류사' 구조에서 수식된 대상이 결여되어 있어서 분류사 뒤는 형용사의 무표적인 출현 위치가 된다. 따라서 지시사, 형용사, 소유구조와 '수량사+분류사' 구조가 함께 결합할 때 형용사는 분류사 뒤로 이동한다. 물론 형용사가 길고 복잡해질 때 전형성을 잃고 문장 외부로 이동하고 소유구조의 뒤에 간다.

(81) 가. 吾去年勒图书馆借额辣三本到现在也没还脱。
　　 나. ?吾辣三本去年勒图书馆借额到现在也没还脱。
　　　　(작년 내가 도사관에서 필린 세 권의 책은 아직도 반납하지 않았다.)

위 예문에서 밑줄 친 부분은 하나의 관계절인데 길고 복잡한 관형사형 성분으로서 분류사 뒤에 나타나면 문장은 어색해진다. 전체적으로 보면 분류사 수량 표현이 '수량사+분류사' 구조로 축소될 때 상하이방언과 표준 중국어는 양상과 제약이 비슷하다.

### 3.4.3.2 분류사+명사 구조

표준 중국어와 달리 상하이방언은 거의 구어에서만 쓰인다. '大片田野, 大朵玫瑰'와 같은 '형용사+분류사+명사' 구조 및 '船只, 纸张'과 같은 어휘화 구조는 문어체 성격이 강해서 상하이방언에서 용례가 매우 적다. '论个卖'와 같은 표현도 북방방언에서 많이 쓰이고 오방언에서 찾기 힘들다. 상하이방언에서 축소된 분류사 수량 표현은 주로 '분류사+명사' 구조로 나타난다.

먼저, 상하이방언에서 '분류사+명사' 구조는 수량사 없이 문장의 주어, 목적어 등 위치에 나타날 수 있다. 이 경우에 분류사는 통사적 위

치 때문에 관사와 비슷한 성격을 가지게 된다.[68]

(82) 가. <u>本</u>书是朋友送给我额。

   (이/그/저 책은 친구가 나에게 준 것이다.)

   나. 我特别欢喜<u>只</u>猫。

   (나는 이/그/저 고양이를 아주 좋아한다.)

   다. 听到脚步声，我回头一看，<u>个</u>男的跟牢我。

   (발자국 소리가 들려서 돌아봤는데 한 남자가 나를 따라오고
   있었다.)

   라. 昨天伊送了我<u>件</u>礼物。

   (어제 그는 나한테 선물 하나 주었다.)

---

[68] '분류사+명사' 구조에서 분류사의 성격에 대해 세 가지 견해가 있다. 石毓智
(2002:122)는 이때 분류사가 통사적 위치 때문에 지시사 기능을 한다고 주장
하고 陈玉洁(2007:525)는 이때 분류사의 성격이 관사와 근접하다고 주장한
다. 盛益民(2017:185)에 따르면 '분류사+명사' 구조에서 분류사는 방언에 따
라 '준관사형(准冠词型)'과 '준지시사형(准指示词型)' 두 가지 하위 부류로 나
눌 수 있다.
상하이방언에서 '분류사+명사' 구조는 '지시사+분류사+명사' 구조와의 거리
적 대응 관계를 이루지 못한다. 즉 아래 예문(i)과 같은 문장은 비문이고 반드
시 예문(ii)처럼 지시사를 사용해야 한다.

(i) *只苹果大，诶只苹果小。
(ii) 箇只苹果大，诶只苹果小。
   (이 사과는 크고 저 사과는 작다.)

쑤저우(苏州)방언을 비롯한 일부분 방언에서 예문(i)과 같은 문장은 문법적이
지만 상하이방언에서 거리적 대조 의미를 나타내려면 '분류사+명사'를 사용할
수 없고 지시사가 꼭 나타나야 한다. 그러므로 상하이방언 '분류사+명사' 구
조에서 분류사의 성격은 관사와 비슷하다.

예문(82가)와 (82나)에서 '분류사+명사' 구조는 각각 문장의 주어, 목적어 위치에서 [+한정성] 지시 의미를 나타낸다. 상하이방언의 지시 체계는 근칭과 원칭으로 나뉜 이분적 체계이다. 그러나 분류사가 한정적 의미를 나타낼 때 거리 중립적 성격을 띤다. 예문(82다)와 (82라)에서 '분류사+명사' 구조는 통사적 위치와 상관없이 [−한정성] 지시 의미를 나타낸다. 두 분류사가 모두 [+한정성] 혹은 [−한정성] 지시 기능을 할 때 상하이방언에서 병렬 구조를 이룰 수 있다.

(83) 가. 侬拿台电脑帮只写字台搬到隔壁房间去。
   (이/그/저 컴퓨터와 이/그/저 책상을 옆 방으로 옮겨라.)
   나. 伊勒屋里养了只猫帮只狗。[69]
   (그는 집에서 고양이 한 마리와 개 한 마리를 키우고 있다.)

'분류사+명사' 구조의 독립적인 사용은 중국 남부방언에서 흔히 발견할 수 있는 현상이다. 그러나 방언에 따라 통사−의미적 제약 양상이 다르다.

安丰存, 赵磊(2016:57)은 십여 가지의 중국 방언을 조사한 후 아래와 같은 함축적 보편성을 제시했다.

---

**69** 예문(83가)에서 '侬'은 상하이방언의 단수 2인칭이고 '帮'은 표준 중국어의 연사 '和'에 해당된다. 상하이방언에 '把'가 따로 없고 파구문(把字句)을 만들 때 동사 '拿'를 표지로 한다. 예문(83나)에서 '伊'는 상하이방언의 단수 3인칭이고 '勒'는 표준 중국어 존재동사 '在'에 해당된다.

① '분류사+명사' 구조가 주어 위치에 나타날 수 있으면 반드시 목적어 위치에 나타날 수 있다.

② '분류사+명사' 구조가 한정적 의미를 나타낼 수 있으면 반드시 비한정적 의미를 나타낼 수 있다.

앞에서 논의한 것처럼 '분류사+명사' 구조가 비한정적인 지시 기능을 갖게 된 과정은 두 개의 단계로 나눠서 볼 수 있다. 첫 번째 단계에서 목적어 위치에 있는 '지시사/一+분류사+명사' 구조는 음운적 특성 때문에 맨 앞에 있는 지시사나 수량사가 탈락된다. 그 다음에 '분류사+명사' 구조는 [+신정보] 의미가 강한 목적어 위치에서 문법화의 유추 기제 때문에 [−한정성] 의미 자질을 갖게 되었고 이 구조에서 분류사는 비한정적 지시 기능을 갖게 되었다.

그 후 일부분 방언에서 '분류사+명사' 구조는 추론, 일반화 등 기제에 의해 문법화가 계속 진행되었되고 의미도 더 희미해졌다. 그러나 다른 방언에서 이 구조의 문법화는 초기 단계에 그쳤다. 그러므로 방언에 따라 통사−의미적 제약이 다르게 나타난다. 예문(82가−라)를 보면 상하이방언에서 '분류사+명사' 구조는 상대적으로 깊은 문법화 단계에 처해 있고 분류사는 한정/비한정 대상 지시 측면에서 다른 방언의 분류사보다 더 다양한 의미적 기능을 가진다.

문장 목적어 위치에서 '분류사+명사' 구조의 명사가 탈락되는 경우가 있다. 이때 단독적으로 나타나는 분류사는 그에 의해 범주화된 명사적 대상을 지시한다. 지시된 대상은 보통 [−특정성], [+단수]의 의미 자질을 가지고 문장 목적어 위치에서만 나타난다.


(84) 猾鱼看上去老新鲜额，我也想买条。
(이 생선은 아주 싱싱해 보인다. 나도 한 마리 사고 싶다.)


상하이방언 분류사는 소유주와 명사 사이에 나타나서 소유 관계를 표현하는 기능이 있다. 이 경우에 양상은 상대적으로 복잡하고 다시 몇 가지 유형으로 세분해서 살펴볼 수 있다.

우선 전형적인 '소유주+분류사+명사' 구조를 보겠다.


(85) 가. 吾台电脑比侬台便宜。
(내 컴퓨터는 네 컴퓨터보다 싸다.)
나. 办公室扇门侬关了伐？
(너 사무실 문 닫았냐?)


위 예문을 보면 명사 분류사 '台'와 '扇'은 실제로 조사 '의'와 비슷한 기능을 하고 소유 의미 또는 전체−부분 의미를 나타낸다. 선행명사의 유정성은 이 구조의 문법성에 영향을 주지 않는다. 그리고 문맥으로 소유물을 확인할 수 있는 경우에 예문(85가)의 '侬台'처럼 '소유주+분류사' 구조만으로도 소유 명사구의 뜻을 나타낼 수 있다.

나아가 상하이방언 명사 분류사는 관계절 표지로서의 기능도 할 수 있다. 이때 두 가지 구조가 가능하고 분류사의 실질적인 의미가 진일보 약화되었다.

(86) 가. <u>开门串钥匙</u>寻不着了。

(문 여는 열쇠가 없어졌다.)

나. <u>伊住间</u>比<u>吾住间</u>大。

(그가 사는 방은 내가 사는 방보다 크다.)

예문(86가)에서 '开门串钥匙'은 온전한 구조를 가진 관계절이다. 여기서 '串'는 분류사로서의 원형적 기능이 거의 사라졌고 관계절 '开门'과 핵심 명사인 '钥匙' 간의 의미 관계를 건립하는 기능만 남아 있다. 예문(86나)에서 밑줄친 '伊住间'과 '我住间'에서 수식된 명사가 결여되어 있다. 이처럼 분류사나 문맥을 통해 수식되는 명사가 무엇인지를 알 수 있는 경우에 명사가 나타나지 않아도 문법적인 관계절을 형성할 수 있다. 이에 따라 상하이방언 명사 분류사의 문법화 경로는 대체로 아래와 같이 정리할 수 있다.

분류사 → 관사형 표지 → 구조 조사

전형적인 분류사에서 관사형 표지로 문법화 되는 과정에서 추론과 일반화 두 가지 기제가 작용하였고 그중 추론 현상이 먼저 나타났다.

이성하(2006:247)에 따르면 추론이 수반된 문법화는 세 개의 단계로 나누어진다. 첫 단계에서 한 어휘소가 본래의 의미만을 가지고 있다. 다음 단계에서 본래의 의미 외에 다른 의미가 암시되어 있다. 청자는 암시된 의미를 그 언어 형태의 의미와 관련이 있는 것으로 파악하게 되고 그러한 일이 반복된다. 마지막 단계에서 암시된 의미는 마침내 실제 의미의 일부분이 되어 버린다. 비한정 지시는 상하이방언 분류사의 원형적 기능이 아니라 지시사가 탈락된 후 통사적 위치 때문에 얻게 된 암시적 의미이다. 이러한 암시는 청자에 의해 반복되어서 분류사는 일단 비한정 지시 기능을 갖게 되었다.

일반화란 어휘소의 의미가 점점 특수성을 잃어 일반적인 의미를 갖게 되는 의미 변화 과정을 가리킨다.[70] 비한정 대상 지시 기능을 갖게 된 후 상하이방언 분류사는 일반화 기제에 의해 한정 지시 기능도 갖게 되고 중립적인 준관사(准冠词)가 되었다.

관사형 표지에서 구조 조사로 문법화 되는 과정에서 유추 기제가 작용하였다. Dik(1978)에 따르면 유추는 기능상의 특징이 같은 문장 성분이 문장 구조상의 같은 위치에 배치되는 데 사용하는 심리적인 언어 전략이다.[71] 명사 또는 명사구 앞은 관사가 나타나는 무표적인 위치이지만 陈玉洁(2007:528)에 의하면 관사가 수식어와 핵심 명사 사이에 나타나는 경우도 있다. 문법화 제2단계에서 상하이방언 분류사는 이미 관사로서의 성격을 갖게 되었는데 제3단계에서 유추 기제에 의해 관사처럼 수식어와 핵심 명사 사이에서 구조 조사로서의 기능을 하게 되었다. 그러므로 전형적인 명사 분류사에서 구조 조사까지 상하이방언의 분류사는 세 개의 문법화 단계를 거치고 그 과정에서 추론, 일반화와 유추 등 기제가 공통적으로 작용하였다.

---

70 일반화의 정의는 이성하(2006:258)를 참고했다.
71 Dik(1978)의 유추 정의는 이성하(2006:230)에서 재인용된 것이다.

### 3.4.4 분류사의 중첩

상하이방언에서 분류사의 중첩 양상은 표준 중국어와 비슷하다. 기본적으로 '분류사+분류사, 一+분류사+분류사'와 '一+분류사+一+분류사' 등 세 가지의 중첩 구조가 있다.

(87) 가. 阿拉班级额学生子,个个成绩优秀。
　　　　(우리 반 모든 학생은 성적이 우수하다.)
　　　나. 考试结束,学生子一个个/一个一个走出了考场。
　　　　(시험이 끝나자 학생들이 하나둘씩 시험장에서 나갔다.)
　　　다. 对面小区额树高头结了一只只/一只一只额柚子。
　　　　(건너편 주택단지의 나무 위에 하나하나의 유자가 맺혀 있다.)

표준 중국어에 비해 상하이방언은 문어적, 문학적 표현이 적어서 앞에서 언급된 '桃花朵朵, 层层加价'와 같은 문구를 찾기 어렵다. 따라서 중첩 형식에 들어갈 수 있는 분류사는 상대적으로 적고 통사적 기능도 비교적 단일하다. 위 예문을 보면 중첩 표현은 주로 문장에서 주어, 관형어와 부사어 등 기능을 하고 화자 인식에서의 주관적인 대량을 나타낸다. 다만 예문에 대한 번역에서도 알 수 있듯이 '분류사+분류사' 구조의 의미 초점은 '전체, 모두'에 있고 나머지 두 구조의 의미 초점은 '마다, 낱낱'에 있다.

이 외에 상하이방언 분류사는 '一+형용사+분류사+一+형용사+분류사'와 '一+분류사+又/接/连+一+분류사' 등 구조로 중첩 구성을 형성할 수 있다. 이 두 가지 구조는 위에서 언급된 세 가지 구조에 비해 생산성이 상대적으로 떨어진다.

(88) 가. 倷看伊的卷子, 侪是<u>一大片一大片</u>额空白。

　　　(걔 시험지를 봐. 다 공백이다.)

　　나. 好事体<u>一件连一件</u>, 吾都不大敢相信。

　　　(좋은 일이 믿기 어려울 정도로 계속 일어난다.)


위 두 예문에서 분류사 중첩 표현은 표준 중국어의 대응 형식처럼 주관적인 대량을 나타내고 의미 초점은 '마다, 낱낱'에 있다. 그리고 상하이방언 문장에서 이 두 가지 구조가 할 수 있는 통사적 기능도 표준 중국어와 비슷하다.

### 3.4.5 특수 분류사 '个'와 '眼'의 구조적 특징

상하이방언에서 '个'는 특별한 명사 분류사이다. 표준 중국어의 중립적 분류사 '个'보다 상하이방언 분류사 '个'는 문법화가 더 깊이 진행되었고 문장에서 더 다양한 통사-의미적 기능을 할 수 있다.

'个'는 상하이방언에서 지시사와 어기조사(语气助词)로서의 기능이 있는데 이때 음운적 변화가 수반된다.

우선 '个'는 '个+분류사+명사' 구조에서 한정 지시 기능을 할 수 있다. 이 경우에 음운적으로 유성화 현상이 일어나서 보통 '舿'로 표기된다.

(89) (공간적 거리 차이가 있는 경우에 손가락으로 가리키며)

　　　<u>舿只台子</u>、<u>舿只矮凳</u>、还有<u>舿只箱子</u>，统统搬到隔壁房间去。

　　　(이 식탁, 이 의자 그리고 이 상자 다 옆방으로 옮겨라.)


이를 기초로 '舿'는 근칭 지시사로 문법화 되고 있다. 상하이방언의 근칭 지시사는 원래 '迭'였지만 최근 몇십 년 동안 '辩'와 '迭'의 경쟁이 계속되고 있다. 지금 일부분 노인들이 '迭'를 계속 쓰지만 청년, 중년층은 대부분 '辩'를 근칭 지시사로 쓴다. 대부분 경우에 상하이방언 '수량사+분류사+명사'와 '지시사+분류사+명사' 구조에서 분류사가 반드시 나타나야 한다. 그러나 근칭 지시사가 명사 분류사에서 유래되었기 때문에 상하이방언은 근칭 지시사와 명사 사이에서 분류사가 생략될 수 있다.

(90) 가. 辩人/辩个人侬认得伐？

(이 사람은 네가 아는 사람이니?)

나. *诶人/诶个人侬认得伐？

(그/저 사람은 네가 아는 사람이니?)

다. 辩(本)书比诶本书有意思。

(이 책은 저 책보다 재미있다.)

'个'는 문장 끝에 나타나서 긍정, 확인, 경고 등 의미도 표현할 수 있다. 어기조사로서의 '个'는 음운적으로 약화되어서 보통 '额'라고 표기된다. 표준 중국어에서 조사 '的'가 이 기능을 한다. 중립/근칭 지시사와 어기조사로 향하는 문법화는 각각 관사형 표지와 구조 조사를 기초로 유추된 결과라고 판단된다.

(91) 乱掼垃圾是勿对额。

(쓰레기를 함부로 버리는 것은 맞지 않다.)

이 외에 상하이방언에서 '眼'도 특별한 분류사이다. 전체적으로 보면

'眼'은 표준 중국어 불특정 양사 '些'와 통사, 의미적 특징이 가장 유사하다.

'眼'은 지시사 '箇/诶' 및 수량사 '一'와 결합할 수 있다. '一+眼+명사' 구조는 주관적 소량과 성상, 상태를 나타내고 이때 수량사 '一'의 생략이 가능하다. '지시사+眼+명사' 구조는 문맥에 따라 해당 대상의 주관적 소량과 대량을 모두 표현할 수 있다. '箇/诶+眼' 구조는 복수 의미를 표현할 수 있고 '眼'이 문장 목적어 위치에서 단독적으로 나타나면 그에 의해 범주화된 복수, 비한정성 대상을 지시할 수 있다. '眼'은 '一+분류사+분류사' 중첩 구조에 들어가서 화자 주관적 인식에서의 소량을 나타낼 수 있는데 이 점은 다른 상하이방언 분류사와 차이가 있다.

(92) 가. 回来额路上我买了(一)眼水果。

　　　　(돌아오는 길에 나는 과일 좀 샀다.)

　　나. 我最近有(一)眼不舒服/生气.

　　　　(나는 요즘 좀 아프다.)

　　다. 箇眼辰光完全勿够。[72]

　　　　(이 시간은 완전히 부족하다.)

　　라. 诶眼旧家具统统卖脱了。

　　　　(그 헌가구들 모두 팔렸다.)

　　마. 箇眼/诶眼侪是我画额图画。

　　　　(이것/그것/저것들은 다 내가 그린 그림이다.)

　　바. 矮凳不够, 侬去其他教室拿眼过来。

---

[72]　'辰光'은 '时间, 시간'에 해당되는 상하이방언 단어이다.

(의자가 모자라니까 다른 교실에 가서 좀 가져 와라.)

사. 箇课太难了, 只听得懂一眼眼。

(이 수업이 너무 어려워서 이해할 수 있는 부분은 조금만이다.)


예문(92가, 나)는 각각 '一眼'과 명사, 형용사, 동사가 결합하는 예이다. (92다, 라)에서 '眼'은 각각 상하이방언 근칭 지시사 '箇', 원칭 지시사 '诶'와 결합하고 명사를 수식하는데 (92마)는 '箇眼/诶眼'이 문장에서 단독적으로 나타나서 문장 성분을 하는 경우에 해당된다. (92바)에서 '眼'은 목적어 위치에서 단독적으로 나타나고 그에 의해 지시된 불특정한 명사적 대상을 가리킨다. 예문(92가)에서 (92바)까지 '眼'은 분류사로서의 전형성이 점점 약해진다. (92사)는 '眼'이 '一+분류사+분류사' 중첩 구조에서 주관적 소량을 나타내는 예이다.

상하이방언 분류사 수량 표현에 관한 논의를 정리하면 다음과 같다.

상하이방언 분류사 수량 표현의 기본적 구조는 '수량사+분류사+명사'이다. 방언은 거의 구어에서만 쓰여서 표준 중국어처럼 '명사+수량사+분류사'라는 문어적인 수량구조가 없다.

상하이방언에서 분류사 수량 표현의 기본적 구조는 지시사, 형용사 혹은 소유구조와의 결합으로 확대될 수 있다. 두 가지 이상의 문법 형식이 추가될 때 상하이방언에서 각 요소의 배열 순서는 표준 중국어와 큰 차이를 보이지 않는다. 구조에서 길고 복잡한 관형사형 성분이 있으면 외부로 이동되고 소유구조의 뒤에 있다는 것도 표준 중국어와 비슷하다. 문법 형식을 배열할 때 나타난 이러한 공통점은 인간 언어 보편성의 구현일 가능성이 있다.

기본적 구조의 축소는 주로 '수량사+분류사'와 '분류사+명사' 등 두 가지 유형이 있다. '수량사+분류사' 구조로 축소될 때 상하이방언의 양상은 표준 중국어와 비슷하다. '분류사+명사' 구조로 축소될 때 양상이 다른데 이 경우에 상하이방언 분류사는 여러 가지 확장된 기능이 있다. '분류사+명사' 구조에서 분류사는 먼저 통사적 위치로 인한 추론 때문에 '비한정적 지시' 기능을 얻었다. 이를 기초로 분류사는 일반화 기제를 통해 '한정적 지시' 기능을 갖게 되었고 이때 분류사는 관사와 비슷한 통사적 특성을 가진다. 나아가 유추 때문에 구조 조사로서의 통사적 기능을 갖게 되고 관계절 표지 등 기능도 할 수 있게 되었다.

상하이방언 분류사는 '분류사+분류사, 一+분류사+분류사'와 '一+분류사+一+분류사' 등 세 가지의 구조로 중첩 표현을 구성할 수 있다. 이 세 가지 중첩 구조를 바탕으로 '一+형용사+분류사+一+형용사+분류사'와 '一+분류사+又/接/连'+一+분류사 등 구조도 형성할 수 있다. 대부분 경우에 이 구조들은 주관적 대량을 나타내고 의미 초점이 '전체'에 있을 수 있고 '낱낱'에 있을 수도 있다.

상하이방언에서 '个'와 '眼'은 비교적 특수한 분류사이다. '个'는 높은 사용 빈도로 인해 문법화가 일어났고 지시사와 어기조사가 되었다. '眼'은 지시사 '箇/诶' 및 수량사 '一'와 결합할 수 있다. '一+眼+명사' 구조는 주관적 소량과 성상, 상태를 나타내고 이때 수량사 '一'의 생략이 가능하다. '지시사+眼+명사' 구조는 문맥에 따라 지시 대상의 주관적 소량과 대량을 모두 표현할 수 있다. '箇/诶+眼' 구조는 복수 의미를 표현할 수 있고 '眼'은 문장 목적어 위치에 단독적으로 나타나면 그에 의해 범주화된 복수, 비한정 명사를 지시할 수 있다. '眼'은 'ㅡ+분류사+분류사' 중첩 구조에 들어가서 화사 주관적 인식에서의 소량을 나타낼 수 있다.

## 3.5 언어유형론 시각에서의 분류사 수량 표현 대조

이 절에서 언어유형론의 시각으로 위 부분에서 논의한 두 가지 문제를 더 깊이 살펴보고자 한다.

첫 번째 문제는 확대된 분류사 수량 표현의 어순 보편성이다. 앞부분에서 논의했듯이 한국어, 표준 중국어와 상하이방언에서 확대된 분류사 수량 표현은 모두 '소유구조+지시사+수량사+분류사+형용사+명사' 어순이 있는데 범언어적 시각으로 보면 이 어순은 확대된 분류사 수량 표현의 공통적인 어순인가? 아니라면 확대된 분류사 수량 표현의 어순 공통점을 어떻게 유형론적 방법으로 찾아야 하는가?

두 번째 문제는 한국어, 표준 중국어와 상하이방언에서 분류사의 기능 현저성이다. 위 논의에서 이 세 가지 분류사의 통사, 의미적 기능을 각각 살펴봤다. 그러나 분류사의 통사—의미적 기능에 대한 대조는 많이 진행되지 못했다. 이 부분은 앞에서 논의된 내용을 바탕으로 언어목록유형론에 따라 한국어, 표준 중국어와 상하이방언에서 분류사의 통사—의미적 기능을 정리하고 이들의 현저성을 파악하겠다. 이를 기초로 한국어, 표준 중국어와 상하이방언 분류사의 의미지도를 작성하겠다.

### 3.5.1 확대된 분류사 수량 표현의 어순 보편성

한국어, 표준 중국어와 상하이방언의 기본적 분류사 수량 표현은 모두 '수량사, 분류사와 명사' 등 세 가지의 문법 형식으로 구성된다. 앞에서 논의했듯이 기본적 구조는 지시사, 형용사, 소유구조와 결합할 수 있다. 이 경우에 한국어, 표준 중국어와 상하이방언은 모두 '소유구조+지시사+수량사+분류사+형용사+명사' 어순이다. 각 절에서 쓰인 예문을 다시 가져오면 다음과 같다.

(93) 가. 나의① 그② 한 가지의 아름다운③ 소망
　　 나. 我的①那②一个美丽的③心愿
　　 다. 吾额①诶②只美丽额③心愿

위 예문에서 한국어, 표준 중국어와 상하이방언의 확대된 분류사 수량 표현은 모두 같은 어순으로 나타난다. 그러나 다른 언어의 비슷한 표현을 보면 어순 차이가 있다.

태국어, 미얀마어, 베트남어와 일본어에서 분류사 수량 표현의 기본적 구조는 각각 다음과 같다.[73]

(94) 가. 태국어:　　 ma　　 saam　　 tua
　　　　　　　　 개　　 세　　　 마리
　　　　　　　　 명사　 수량사　 분류사
　　 나. 미얀마어:　 khawei　 saoun　 kaaun
　　　　　　　　 개　　 세　　　 마리

---

[73]　태국어, 미얀마어, 베트남어와 일본어에서 기본적 분류사 수량 표현의 어순은 최형용(2017:284-340)를 참고했다.

|  |  | 명사 | 수량사 | 분류사 |  |
|---|---|---|---|---|---|
| 다. 베트남어: | | hai | con | cho | |
| | | 두 | 마리 | 개 | |
| | | 수량사 | 분류사 | 명사 | |
| 라. 일본어-1: | | inu | ni | hiki | |
| | | 개 | 두 | 마리 | |
| | | 명사 | 수량사 | 분류사 | |
| 마. 일본어-2 | | ni | hiki | no | inu |
| | | 두 | 마리 | 의 | 개 |
| | | 수량사 | 분류사 | 의 | 명사 |

이 네 가지 언어에서 베트남어와 태국어는 SVO 어순이고 일본어와 미얀마어는 SOV 어순이다. 그러나 분류사 수량 표현의 어순을 보면 베트남어는 '수량사+분류사+명사'이고 태국어와 미얀마어는 '명사+수량사+분류사'이다. 일본어 분류사 수량 표현은 한국어처럼 두 가지 기본적 구조가 있다. 따라서 한 언어에서 기본적 어순과 기본적 분류사 수량 표현의 어순은 반드시 일치 관계를 이루지 않는다.

우형식(2003)은 동북아시아와 동남아시아 분류사 언어에서 확대된 분류사 구조의 어순을 고찰하였는데 태국어, 미얀마어, 베트남어와 일본어에서 확대된 분류사 수량 표현의 어순은 각각 다음과 같다.[74]

---

**74** 태국어, 미얀마어, 베트남어와 일본어 확대된 분류사 수량 표현의 어순에 대해 우형식(2003:439-442)를 참고했다.

(95) 가. 태국어:

| | rongthaw | dam | sam | ku | non |
|---|---|---|---|---|---|
| | 신발 | 검은색 | 세 | 켤레 | 그 |
| | 명사 | 형용사 | 수량사 | 분류사 | 지시사 |

나. 미얀마어:

| | di | kwhe | neq | nha | gaun |
|---|---|---|---|---|---|
| | 이 | 개 | 검은색 | 다섯 | 마리 |
| | 지시사 | 명사 | 형용사 | 수량사 | 분류사 |

다. 베트남어:

| | nam | con | meo | den | kia |
|---|---|---|---|---|---|
| | 다섯 | 마리 | 고양이 | 검은색 | 그 |
| | 수량사 | 분류사 | 명사 | 형용사 | 지시사 |

라. 일본어-1:

| | kono | kuroi | huku | it | tsaku |
|---|---|---|---|---|---|
| | 이 | 검은색 | 옷 | 한 | 벌 |
| | 지시사 | 형용사 | 명사 | 수량사 | 분류사 |

마. 일분어-2:

| | kono | it | tsaku-no | kuroi | huku |
|---|---|---|---|---|---|
| | 이 | 한 | 벌의 | 검은색 | 옷 |
| | 지시사 | 수량사 | 분류사 | 형용사 | 명사 |

이 네 가지 언어와 한국어, 표준 중국어, 상하이방언에서 확대된 분류사 수량 표현의 어순을 표로 정리하면 다음과 같다.

〈표 13〉 일곱 가지의 언어(방언)에서 확대된 분류사 수량 표현의 어순

| 언어(방언) | 확대된 분류사 수량 표현의 어순 |
|---|---|
| 태국어 | 명사+형용사+수량사+분류사+지시사 |
| 미얀마어 | 지시사+명사+형용사+수량사+분류사 |
| 베트남어 | 수량사+분류사+명사+형용사+지시사 |
| 한국어/일본어-1 | 지시사+형용사+명사+수량사+분류사 |
| 한국어/일본어-2 | 지시사+수량사+분류사+형용사+명사 |
| 표준 중국어/상하이방언 | 지시사+수량사+분류사+형용사+명사 |

〈표 13〉을 보면 각 언어에서 확대된 분류사 수량 표현의 어순이 다르지만 수량사가 분류사 앞에 있다는 공통점이 있다. 그리고 지시사보다 형용사와 수량구조는 항상 명사에서 더 가까운 위치에 있고 형용사와 수량구조가 같은 쪽에 있으면 형용사는 수량구조보다 명사에서 더 가까운 위치에 있다. 이를 통해 확대된 분류사 수량 표현에 관한 하나의 궤층구조를 아래와 같이 정리할 수 있다.

지시사-수량사-분류사-형용사-명사-형용사-수량사-분류사-지시사

실제 상황에서 각 문법 형식이 이 궤층구조의 같은 쪽에 나타나지 않는 경우도 있지만 구체적인 분포 양상은 이 대칭적 구조에 부합된다. 이러한 배열 구조는 핵심인 명사와의 의미적 거리에 따라 결정된 것이다.[75] 형용사는 명사의 본질적 속성과 직접 연관되어 있어서 명사와 가장 가까운 위치에 있다. 수량구조와 지시사에서 지시사는 발화 현장에서 화자와 지시대상의 거리를 나타내서 수량구조보다 지시대상과의 연관성이 약하다. 따라서 이 궤층구조의 가장 외부적인 위치에 있다. 소유구조는 지시사보다 지시대상 본질적 속성과의 연관성이 더 약해서 가장 바깥 자리에 있다. 이 궤층구조를 정리하면 아래와 같다.

---

[75] 언어유형론에서 이 현상을 설명하는 원칙이 하나 있는데 '의미 접근성 원칙(语义靠近原则)'이라고 한다.

소유구조-지시사-수량사-분류사-형용사-
명사
-형용사-수량사-분류사-지시사-소유구조

위 궤층구조를 통해 한국어, 표준 중국어와 상하이방언에서 확대된 분류사 수량 표현의 어순을 설명할 수 있을 뿐만 아니라 분류사 수량 표현 어순에 관한 범언어적인 공통점도 제시할 수 있다. 물론, 실제 생활에서 어순은 하나의 원칙으로 정해지지 않고 여러 원칙의 경쟁 끝에 결정된다. 길고 복잡한 관형사형 성분이 분류사 수량 표현에서 소유구조의 뒤로 이동하려는 현상은 바로 '의미 접근성 원칙'(语义靠近原则)과 '무거운 성분 외부 이동 원칙'(大块居外原则)가 서로 경쟁하고 타협을 이루는 결과이다.

### 3.5.2 분류사의 의미적 기능 현저성

언어목록유형론은 2011년에 중국 언어학자 刘丹青에 의해 제시된 이론이다. 이 이론은 언어유형론의 하위 이론이고 가장 중요한 개념은 '언어수단목록'과 '현저성'이다.

언어수단목록이라는 개념은 광의적 시각과 협의적 시각으로 나눠서 볼 수 있다.

광의적 시각에서 언어수단목록은 한 언어 체계에서 보유된 모든 언어 수단의 총화를 가리킨다. 음운, 형태, 통사와 텍스트적 수단은 모두 언어수단목록에 저장되어 있다. 각 언어의 수단목록은 크게 다를 수 있고 같은 의미 범주의 형식적 표현도 큰 차이가 있을 수 있다.

협의적 시각에서 언어수단목록은 '특정한 의미를 나타내는 모든 언어수단의 총화'를 발한다. 범위를 더 좁히면 '한 언어에서 특정한 의미를 나타내는 수단'도 하나의 목록을 구성한다.

여기서 '언어수단목록'의 광의적 정의를 채택하겠다.

언어 사용자가 모든 언어 수단에 기능을 골고루 부여하지 않기 때문에 일부분 수단은 다른 수단보다 더 많은 기능을 가지고 실제 생활에서 더 많이 쓰인다. 언어목록유형론의 시각으로 보면 이러한 수단은 현저성이 강하다.

언어 수단과 범주의 현저성은 두 가지 변수로 고찰할 수 있다. 하나는 부각 정도이고 또 하나는 강세 정도이다. 부각 정도가 높은 수단은 목록에서 더 중요한 위치를 차지하고 다른 수단에 의해 쉽게 대체되지 않는다. 강세 정도가 높은 수단은 다른 개념 영역으로 확장하는 경향이 강하게 나타나고 언어 수단 간의 경쟁도 자주 일으킨다. 刘丹青(2012-1:292)은 현저성이 강한 범주의 다섯 가지 판정 기준을 제시했다.

가. 문법화 정도가 높거나 다기능 형식으로 표현되어서 언어수단목록에서 부각된다. 우회적으로 나타나는 경우가 적다.

나. 확장 추세가 강해서 원래 의미와 관련된 인접 의미를 표현할 수 있다. 이에 따라 형식-의미 관계가 복잡하고 범주를 넘는 대응 관계(跨范畴的对应关系)가 이루어진다.

다. 해당 의미 범주는 그 형식이 나타내는 여러 의미에서 원형적 위치를 차지한다.

라. 유추하기가 쉽고 통사적 분포가 넓다. 강제적으로 사용되는 경우
　　도 있다.

마. 접근성(可及性)이 강하고 심리적으로 쉽게 활성화된다.

다음 부분에서 이 다섯 가지의 기준으로 한국어, 표준 중국어와 상
하이방언 언어수단목록에서 분류사의 현저성을 파악하겠다.

우선 한국어 분류사의 현저성을 평가하고자 한다. 앞에서 논의한 것
처럼 한국어에서 수량을 나타낼 때 분류사 구조가 반드시 쓰이지 않고
'수사+명사, 명사+수사' 등 구조도 있다. 그리고 한국어는 분류사와 결
합하지 못하는 명사가 있다. 따라서 언어목록유형론의 시각으로 보면
한국어 분류사는 부각 정도가 낮다. 이 외에 한국어 분류사는 문법화
등 기제를 통해 확장된 기능을 얻는 현상이 없어서 강세 정도도 상대적
으로 낮다.

표준 중국어에서 수량을 나타내려면 분류사가 필수적으로 사용된다.
그리고 분류사는 목적어 위치에서 비한정 지시라는 확장 기능을 할 수
있다. 그러므로 표준 중국어 분류사의 부각 정도와 강세 정도는 한국
어 분류사보다 모두 높다. 그러나 예문(96)처럼 '지시사+분류사+명사'
구조에서 중국어 분류사의 출현 여부가 수의적이다.

(96) 가. 这个人/这人　　　　　　　나. 那间屋子/那屋子

따라서 표준 중국어 분류사는 한국어 분류사보다 부각 정도가 높지
만 매우 높다고 할 수 없다.

상하이방언 '수량사+분류사+명사'와 '지시사+분류사+명사' 구조에서 근칭 지시사 '舥'의 경우를 제외하면 분류사는 거의 강제적으로 사용되어야 한다. 이러한 구조에서 분류사 기본적 기능을 대체할 수 있는 다른 수단도 없다. 따라서 언어목록유형론의 시각에서 상하이방언 분류사는 부각 정도가 상대적으로 높다. 분류사는 문법화 때문에 원래 의미 범주를 넘어 한정/비한정 지시, 불특정한 단수 명사 지시, 관계절 표지 등 새로운 의미적 기능을 갖게 되었다. 이를 통해 상하이방언 명사 분류사는 언어 수단으로서의 강세도 보인다. 그러므로 상하이방언의 언어수단목록에서 명사 분류사는 현저성이 강하다.

이에 따라 언어목록유형론의 시각으로 한국어, 표준 중국어와 상하이방언 분류사의 현저성은 아래와 같이 배열될 수 있다.

상하이방언>표준 중국어>한국어

범언어적으로 보면 분류사의 현저성은 하나의 연속체를 이룬다. 중국 남부지방의 일부분 방언과 소수민족 언어에서 분류사는 상하이방언보다 더 강한 현저성을 보인다.

刘丹青(2017:289−291)에 따르면 따이까다이어족(壯侗语族)의 일부분 언어는 수량사와 명사 사이에 분류사가 강제적으로 나타난다. 지시사와 명사가 결합할 때도 분류사가 필수적으로 사용된다. 쫭어(壮语) 등 언어에서 분류사는 단독적으로 문장 주어나 서술어가 될 수 있고 대명사 기능도 할 수 있다. 그리고 분류사는 형용사의 수식을 직접 받을 수 있다.

(97) 가. ki        pit        nei,           pou  tu.

복수표지     오리       근칭 지시사,   명   마리

(이 오리들을, 한 사람이 한 마리씩 가져가라.)

나. tu         pi

마리      뚱뚱하다

(뚱뚱한 동물)

다. ko        hen

그루/포기   노랗다

(노란 식물)

위 예문은 刘丹青(2017:289)에서 인용한 좡어 문장이다. 예문(97가)에서 명사 분류사 'pou(명)'는 주어 기능을 하고 '한 사람'이라는 뜻을 나타낸다. 그리고 '마리'와 대응되는 'tu'는 서술어 기능을 하고 '한 마리씩 가져간다'는 뜻이다. 예문(97나, 다)에서 좡어 분류사는 형용사의 수식을 직접적으로 받을 수 있고 그 분류사로 지시된 명사적 대상을 가리킨다.

월방언(粤方言)에서 분류사는 형용사와 결합하고 문장에서 관형어, 보어, 주어 등 성분이 될 수 있다. 그리고 분류사 '啲'는 명사 앞에서 [+한정성] 지시 표지가 되는 동시에 총칭적 의미도 나타낼 수 있다. 施其生(1996:113)과 施其生(2009:489)에서 다음과 같은 예문을 제시했다.

(98) 가. 林老师捉到一只好大只嘅水鱼。

(임 선생님은 아주 큰 거북이 한 마리를 잡았다.)

나. 大粒唔好咩?

[(과일 같은 것) 큰 것 안 좋아?]

다. 做晒啲作業先界玩。

(이 숙제들을 다 해야 놀 수 있다.)

라. 啲女人都中意買衫。

(여자는 옷 사는 것을 좋아한다.)

예문(98가, 나)에서 '형용사+명사 분류사' 구조인 '大只, 大粒'는 각각 목적어의 수식어와 문장의 주어 기능을 했다. (98다, 라)에서 명사 분류사 '啲'는 각각 한정성 지시와 총칭적 지시의 표지이다.

위 예문을 통해 좡어와 월방언에서 분류사는 현저성이 강하고 기능 확장 추세도 상하이방언보다 훨씬 강하다는 사실을 알 수 있다. 그러나 세계언어구조지도(WALS)에 따르면 명사 분류사가 전혀 없는 언어는 세계 언어의 약 65%를 차지한다.[76] 그러므로 범언어적으로 보면 한국어, 표준 중국어와 상하이방언 분류사의 의미적 기능 현저성은 중간 단계에 있다.

### 3.5.3 한국어, 표준 중국어와 상하이방언 분류사의 의미지도

의미지도 모형은 개념공간을 기초로 한 언어 연구 수단이다. 다기능 문법 형식 각 의미 간의 연관성을 연구하고 범언어적인 형식-의미 관계를 분석하는 데 유용한 도구이다.

---

[76] WALS는 400가지의 세계 언어를 조사했는데 그중 260가지는 분류사가 없다. 명사 분류사가 강제적으로 사용되는 언어는 78가지가 있고 수의적으로 사용되는 언어는 62가지가 있다.

의미지도는 개념공간을 바탕으로 한다. 개념공간은 인간 언어의 개념적 보편성을 전제로 구축된 것이고 의미지도는 개념공간을 바탕으로 만들어진 것이다. 문법 형식의 각 기능은 개념공간에서 절점으로 나타나고 각 절점은 선으로 연결된다. 개념공간에서 직접적으로 연결된 기능 사이에 직접적인 연관성이 있고 그렇지 않은 기능은 연관성이 약하다.

다기능 문법 형식의 기능 확장은 문법화 등 기제에 따라 점진적으로 진행된다. 따라서 의미지도 모형에서 인접한 기능 사이에 명확한 연관성이 있어야 한다. Croft(2003)은 의미지도 연속성 가설을 제시했다. 이 가설에 따르면 한 문법 형식의 의미지도는 개념공간에서 연속적인 공간을 차지해야 한다. 정확한 의미지도를 만들기 위해 절점을 잘 선택해야 하는데 일반적으로 더 이상 세분될 수 없고 변별적인 기능을 절점으로 한다. 그리고 절점의 배열은 문법화의 선후 순서를 따라야 하고 각 기능의 출현 빈도도 유의해야 한다. 일반적으로 출현 빈도가 높은 기능은 개념공간의 중심적 위치에 놓고 출현 빈도가 낮은 기능은 주변적 위치에 놓는다.

위에서 논의된 한국어, 표준 중국어와 상하이방언 분류사의 의미적 기능을 정리하면 〈표 14〉와 같다.

〈표 14〉 한국어, 표준 중국어와 상하이방언 분류사의 의미적 기능

| | 의미적 기능 |
| --- | --- |
| 한국어 | 개체화/수량화/범주화, 주관적 대량 |
| 표준 중국어 | 개체화/수량화/범주화, 주관적 대량, 보통 관사형 비한정 지시 |

| | |
|---|---|
| 상하이방언 | 개체화/수량화/범주화, 주관적 대량,<br>보통 관사형 비한정 지시, 병렬 관사형 비한정 지시,<br>보통 관사형 한정 지시, 병렬 관사형 한정 지시,<br>단일 비한정 명사 지시, 소유/소속 구조 조사,<br>완전/불완전 관계절 표지 |
| 个(표준 중국어) | 개체화/수량화/범주화, 주관적 대량, 보통 관사형 비한정 지시,<br>추상명사/형용사 수량화, 멸시, 동작조사 |
| 个(상하이방언) | 상하이방언 분류사의 모든 기능+个(표준 중국어)의 모든 기능,<br>중립 지시사, 근칭 지시사 |
| 眼(상하이방언) | 개체화/수량화/범주화, 주관적 대량, 주관적 소량, 성상,<br>지시사 복수,<br>보통 관사형 비한정 지시, 병렬 관사형 비한정 지시,<br>보통 관사형 한정 지시, 병렬 관사형 한정 지시,<br>단일 비한정 명사 지시 , 소유/소속 구조 조사,<br>완전/불완전 관계절 표지 |
| 点(표준 중국어) | 개체화/수량화/범주화, 주관적 소량, 성상,<br>보통 관사형 비한정 지시, 복수 비한정 명사 지시 |
| 些(표준 중국어) | '点'의 모든 기능, 주관적 대량, 지시사 복수 |

'개체화/수량화/범주화'는 분류사의 기본적 기능이고 한국어, 표준 중국어와 상하이방언 분류사는 모두 중복으로 주관적 대량을 나타낼 수 있다. 그러므로 이 두 가지 기능을 개념공간 구축의 기점으로 하고자 한다. 의미지도를 더 간략하게 만들기 위해 '개체화/수량화/범주화'를 '기본 기능'으로 약칭한다.

주관적 대량 —— 기본 기능

표준 중국어와 상하이방언 분류사는 기본 기능의 기초 위에 '보통 관사형 비한정 지시' 기능이 있다.

주관적 대량 —— 기본 기능 —— 보통 관사형
비한정 지시

'보통 관사형 비한정 지시' 기능의 기초 위에 상하이방언 분류사, 표준 중국어 '个'와 상하이방언 '个'의 여러 가지 의미적 기능이 생겼는데 이 기능들을 추가하면 개념공간은 다음과 같다.[77]

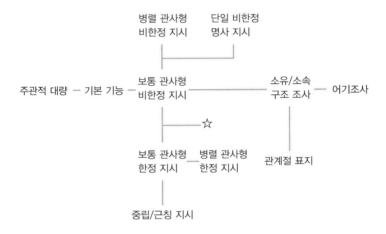

위 그림에 불특정 분류사의 의미적 기능을 더 추가하면 한국어, 표준 중국어와 상하이방언 분류사의 개념공간은 [그림 9]와 같다. [그림 9]의 기초 위에 한국어, 표준 중국어, 상하이방언 분류사의 의미지도를

---

77　표준 중국어 '个'의 의미적 기능이 비교적 많아서 개념공간을 간결하게 구축하기 위해 ☆로 대체한다.

작성하면 각각 [그림 10]~[그림 13]이다.

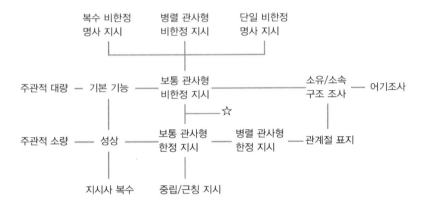

[그림 9] 한국어, 표준 중국어와 상하이방언 분류사의 개념공간

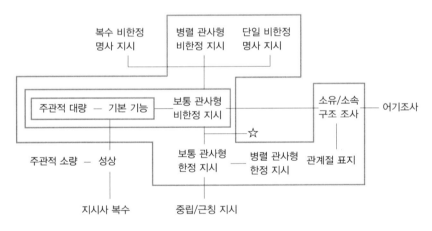

[그림 10] 상하이방언 분류사, 표준 중국어 분류사와 한국어 분류사의 의미지도[78]

---

**78**  [그림 10]에서 안쪽부터 바깥까지 각각 한국어, 표준 중국어와 상하이방언의

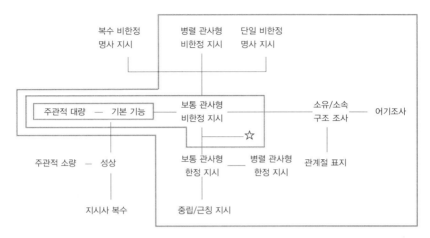

[그림 11] 한국어, 표준 중국어와 상하이방언의 분류사 '个'의 의미지도[79]

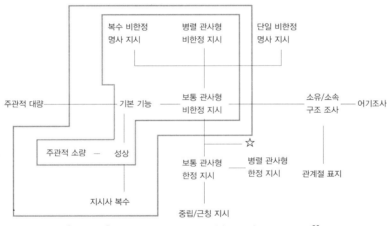

[그림 12] 표준 중국어 분류사 '点'과 '些'의 의미지도[80]

의미지도이다.

**79** [그림 11]에서 안쪽부터 바깥까지 각각 한국어, 표준 중국어와 상하이방언의
분류사 '个'의 의미지도이다.

**80** [그림 12]의 안쪽과 바깥은 각각 표준 중국어 분류사 '点'과 '些'의 의미지

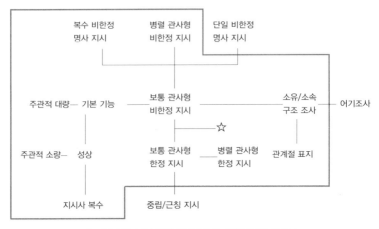

[그림 13] 상하이방언 분류사 '眼'의 의미지도

## 3.6 소결

이 장의 논의를 정리하면 다음과 같다.

한국어와 중국어에 수범주와 양범주가 존재하는지에 대해 논쟁이 있어 왔다. 이 책은 한국어와 중국어에 의미론 층위의 수범주와 양범주가 있다고 본다. 이 두 범주는 서로 독립되지만 연관성이 있는 의미적 범주인데 중첩된 부분은 바로 수량범주이다. 분류사는 수량범주의 실현 수단이고 복수표지는 수범주의 실현 수단이다. 선행연구에서 '분류사'는 여러 명칭으로 불리는데 이것은 학자에 따라 중요시되는 분류사의 기능이 다르기 때문이다. 범언어적으로 보면 분류사는 범주화, 단위

도이다.

화, 개체화 등 여러 기능을 동시에 갖추고 있다. 이 책은 '개체화'가 분류사의 가장 기본적 기능으로 본다. 분류사의 여러 명칭에서 이 기능을 제대로 반영하는 것이 당분간 없어서 유형론적 연구의 관례에 따라 중립적인 '분류사'라는 용어를 사용하기로 했다. 현행 한국어 학교문법에서 분류사는 의존명사의 하위 부류로 분류되어 있지만 여러모로 다른 의존명사와 달라서 한국 학계에서 분류사를 품사로 따로 설정하자는 의견이 있다. 이 책은 이러한 의견이 일정한 타당성이 있다고 본다. 연구범위에 들어가는 전형적 분류사를 선정할 때 범주화, 수량화와 비자립성 등 세 가지의 기준을 마련하였다. 그 다음에 한국어, 표준 중국어와 상하이방언에서 분류사의 통사, 의미적 특징을 각각 연구했다.

한국어 수량 표현 구조에서 가장 기초적인 구조는 '명사+수량사+분류사'와 '수량사+분류사+(의)+명사' 두 가지이다.

진릿값 층위에서 '명사+수량사+분류사'와 '수량사+분류사+(의)+명사' 구조가 나타내는 의미가 같지만 이 두 구조는 한정성 등 차이가 있다. '명사+수량사+분류사' 구조에서 명사와 수량구조는 주술관계이고 '수량사+분류사+(의)+명사' 구조에서 명사와 수량구조는 수식과 피수식 관계이다. 그러므로 전자의 의미적 초점은 수량에 있고 한정성은 상대적으로 약하고 후자의 의미적 초점은 명사에 있고 한정성은 상대적으로 강하다.

한국어 기본적 분류사 수량 표현의 확대는 격조사, 지시사, 형용사혹은 소유구조의 추가로 이룰 수 있다. '명사+수량사+분류사' 구조만 격조사의 추가로 확대될 수 있다. 이때 구조의 중간 위치에 추가된 격조사는 주격조사와 목적격조사로 제한된다. 주격조사가 추가되면 수량 표현이 들어간 문장은 겹문장이 된다. 목적격조사도 '명사+수량사+분류사'의 중간 위치에 삽입될 수 있는데 두 목적격조사 중의 하나가 강조의 뜻을 나타내는 보조사로 본다.

이 외에 지시사, 형용사와 소유구조도 한국어 분류사 수량 표현의 기본적 구조와 결합할 수 있다. 기본적 구조와 결합할 때, 어순은 대체로 '소유구조+지시사+수량사+분류사+(의)+형용사+명사' 또는 '소유구조+명사+수량사+분류사'로 된다.

한국어에서 기본적 분류사 수량 표현의 축소는 '수량사+분류사, 명사+분류사'와 '분류사+접사' 등 세 가지 유형으로 나눠서 살펴볼 수 있다. '수량사+분류사' 구조는 [−한정성] 의미이고 지시사와 공기할 수 없다. '명사+분류사'는 특수한 구조이고 '화자가 주관적으로 인식한 많거나 적은 양'이라는 뜻을 나타낸다. '분류사+접사' 구조는 두 가지의 유형으로 세분될 수 있다. 첫 번째는 분류사 뒤에 접미사 '−당'을 붙이는 것이다. 두 번째는 '−인분, −개국, −인승'처럼 실제 의미가 있는 접미사와 결합해서 복합적 표현을 이루는 것이다. 그중 '−인분, −개국, −개소' 등은 형태적 결합이고 '−인승'은 통사적 결합이다.

한국어 분류사의 중첩은 '분류사+분류사, 분류사+분류사+이'와 '한+분류사+한+분류사' 등 세 가지 구조가 있다. 위에서 언급된 세 가지 구조에서 '분류사+분류사'는 '전체, 모두'라는 뜻을 나타내서 주관적 대량의 표현 수단으로 간주될 수 있다. '분류사+분류사+이'와 '한+분류사+한+분류사' 구조도 주관적 대량을 나타내지만 의미 초점은 '마다,

낱낱'에 있다.

중국어 분류사 수량 표현의 기본적 구조는 '수량사+분류사+명사' 한 가지만 있다. 이 구조는 단독적으로 쓰일 때 [−한정성] 의미이지만 한정성을 높이는 지시사와도 자연스럽게 결합할 수 있다.

중국어 분류사 수량 표현은 지시사, 형용사 혹은 소유구조와의 결합으로 기본적 구조를 확대시킬 수 있다. 이때 확대된 수량 표현 구조의 어순은 '소유구조+지시사+수량사+분류사+형용사+명사' 또는 '소유구조+서수사+분류사+형용사+명사'이다.

중국어 분류사 수량 표현의 기본적 구조는 크게 두 가지 형식으로 축소될 수 있다. 하나는 '수량사+분류사'이고 또 하나는 '분류사+명사'이다.

'수량사+분류사' 구조에 기수사와 서수사가 모두 들어갈 수 있고 기수사의 경우 축소된 구조는 다시 지시사, 형용사, 소유구조와 결합할 수 있다.

전형적인 '분류사+명사' 구조는 수량사 '一'의 생략으로 나타난 것이다. 표준 중국어에서 '분류사+명사' 구조는 목적어에서만 나타날 수 있는데 통사적 위치 때문에 '비한정적 지시'라는 확장 기능을 얻었다. 그러나 목적어 위치에 나타나도 '분류사+명사' 구조는 병렬문을 구성하지 못한다. 이 외에 '지시사+분류사+명사'와 '형용사+분류사+명사' 구조도 있다. 이 두 가지 구조는 '분류사+명사' 구조에 지시사나 형용사의 추가로 형성된 것이 아니라 '지시사+一+분류사+명사'와 '一+형용사+분류사+명사' 구조에서 수량사 '一'가 탈락되어서 형성된 것으로 판단된다. '지시사+분류사+명사' 구조에서 명사가 탈락되면 '지시사+분류사' 구조가 형성되기도 한다.

중국어 분류사의 중첩은 주로 '분류사+분류사, 一+분류사+분류사'와 '一+분류사+一+분류사' 등 세 가지의 유형이 있다. 이 세 가지 중첩 유형은 모두 화자 인식에서의 주관적 대량을 나타내지만 의미 초점 차이가 있다. '분류사+분류사' 구조의 의미 초점은 '전체, 모두'에 있지만 나머지 두 구조의 의미 초점은 '마다, 낱낱'에 있다. 이 세 가지 중첩 구조를 바탕으로 '一+형용사+분류사+一+형용사+분류사'와 '一+분류사+又/连/接+一+분류사' 등 중첩 구조도 형성된다.

중국어에서 '个'는 가장 광범위하게 쓰이는 분류사이고 문법화 현상도 일으켰다. '个'는 분류사 '个'와 조사 '个'로 나눌 수 있는데 분류사 '个'는 중국어 분류사의 공통적인 기능 외에 추상명사 수량화, 형용사적 성분 명사화와 관용표현 형성, 선행대상 멸시 등 다양한 의미, 화용적 기능도 있다. 조사 '个'는 양태조사 '要, 了'와 구조 조사 '得' 등과의 결합으로 해당 동작의 상(相)을 나타낼 수 있다.

'点'과 '些'는 형용사, 동사적 성분과도 결합할 수 있다. '点'은 수량사 '一, 半' 및 지시사 '这, 那'와 같이 주관적 소량을 나타내고 '些'는 '一/这/那+些+명사' 구조에서 명사적 대상의 복수 의미를 나타낸다. '点'와 '些'는 '有+(一)+点/些+동사/형용사' 구조로 상태나 성상을 표현할 수 있고 문장 목적어 위치에서 단독적으로 나타나서 그들에 의해 부류화된 명사적 대상을 지시할 수 있다. '些'는 '这/那' 뒤에 붙으면 지시대상의 복수 의미가 나타난다. '点/些'는 '一+분류사+분류사' 구조를 통해 중첩될 수 있고 주관적 소량을 나타낸다.

상하이방언 분류사 수량 표현의 기본적 구조는 '수량사+분류사+명사'이다. 분류사 수량 표현의 기본적 구조가 확대될 때 각 요소의 배열 순서는 표준 중국어의 경우와 큰 차이가 없다.

기본적 구조의 축소는 주로 '수량사+분류사'와 '분류사+명사' 두 가지 유형이 있다. '분류사+명사' 구조에서 상하이방언 분류사는 여러 가지 확장된 기능이 있다. '분류사+명사' 구조에서 분류사는 먼저 통사적 위치로 인한 추론 때문에 '비한정적 지시' 기능을 얻었다. 그 다음에 분류사는 일반화 기제를 통해 '한정적 지시' 기능도 갖게 되었다. 이때 분류사는 관사와 비슷한 통사적 특성을 가지는데 마지막으로 유추 때문에 구조 조사와 관계절 표지로서의 기능을 갖게 되었다.

상하이방언 분류사는 '분류사+분류사, 一+분류사+분류사'와 '一+분류사+一+분류사' 등 세 가지의 구조로 중첩 구조를 구성할 수 있다. 이 세 가지 중첩 구조를 바탕으로 '一+형용사+분류사+一+형용사+분류사'와 '一+분류사+又/接/連'+一+분류사 등 구조도 형성할 수 있다.

상하이방언에서 '个'와 '眼'은 비교적 특수한 분류사이다. '个'는 높은 사용 빈도로 인해 문법화를 일으켰고 지시사와 어기조사가 되었다. '眼'은 지시사 '箇/㤤' 및 수량사 '一'와 결합할 수 있다. '一+眼+명사' 구조는 주관적 소량과 성상, 상태를 나타내고 이때 수량사 '一'의 생략이 가능하다. '지시사+眼+명사' 구조는 문맥에 따라 해당 명사의 주관적 소량과 대량을 모두 표현할 수 있다. '箇/㤤+眼' 구조는 복수 의미를 표현할 수 있고 '眼'이 문장 목적어 위치에서 단독적으로 나타나면 그에 의해 범주화된 복수, 비한정 명사적 대상을 지시할 수 있다. '眼'은 '一+분류사+분류사' 중첩 구조에 들어가서 화자 주관적 인식에서의 소량을 나타낼 수 있다.

한국어, 표준 중국어와 상하이방언에서 확대된 분류사 수량 표현은 같은 어순을 가진다. 그러나 범언어적으로 보면 '소유구조+지시사+수량구조+형용사+명사'라는 어순은 모든 분류사 언어의 확대된 수량 표현 어순이 아니다. 범언어적인 자료로 확대된 분류사 수량 표현에 관한 하나의 궤층구조를 다음과 같이 정리했다.

소유구조-지시사-수량사-분류사-형용사-
명사
-형용사-수량사-분류사-지시사-소유구조

위 궤층구조는 일정한 유형론적 보편성을 띠고 '의미 접근성 원칙'도 반영하지만 실제 생활에서 어순은 유형론적 원칙 간의 경쟁으로 결정되어서 확대된 분류사 수량 표현의 어순은 이와 다르게 나타날 수도 있다.

언어목록유형론적 시각으로 보면 한국어, 표준 중국어와 상하이방언 분류사의 현저성은 '상하이방언>표준 중국어>한국어' 순서로 나타난다. 상하이방언 분류사는 부각 정도와 강세 정도가 모두 높고 한국어의 상황은 이와 정반대이다. 그러나 분류사의 현저성은 하나의 연속체이다. 쫭어와 월방언을 비롯한 중국 남부지방 언어(방언)에서 분류사의 현저성은 상하이방언보다 더 강하고 분류사가 없는 언어에 비해 한국어 분류사는 어느 정도 언어수단목록에서 부각된다.

# 4

# 한국어, 표준 중국어와
# 상하이방언의 복수표지 표현

# 4. 한국어, 표준 중국어와 상하이방언의 복수표지 표현

이 장에서 한국어, 표준 중국어와 상하이방언 복수표지의 의미, 통사적 특성을 고찰하고자 한다. 앞에서 논의했듯이 한국어와 중국어에 수범주가 있고 복수표지는 수범주 실현 수단 중의 하나이다.

분류사와 달리 한국어, 표준 중국어와 상하이방언에서 복수표지의 범위 확정에 대해 이견이 많지 않다. 한국어 복수표지는 주로 '−들, −희, −네'이고 표준 중국어 복수표지는 '们' 하나만이다. 상하이방언을 비롯한 북부 오방언은 '拉, 勒, 里' 등 비슷한 복수표지가 쓰이고 있다.

선행연구를 보면 한중 복수표지 연구는 주로 '−들'과 '们'을 중심으로 전개되어 왔고 의미보다 통사, 형태적 영역에서 더 많이 이루어졌다. 이 책은 복수표지의 의미에 초점을 두고자 한다. 복수 의미는 크게 집합적 복수, 연합적 복수와 배분적 복수 등 세 개의 하위 부류로 세분될 수 있다. 이 부분에서 이 세 가지 유형에 따라 복수표지의 의미적 기능을 대조하겠다. 그리고 상하이방언 분류사 '拉'와의 비교를 통해 기존 성과에서 간과된 한국어 복수표지 '-네'의 특성을 알아보겠다. 이 외에 표준 중국어와 상하이방언의 차용 복수표지도 간단하게 살펴보겠다.

이를 통해 한국어, 표준 중국어와 상하이방언에서 복수표지의 현저성을 파악하고 언어목록유형론의 시각으로 분류사와 복수표지의 상호 제약 양상을 밝히겠다.

## 4.1 한국어의 복수표지 표현

李知恩(2011:90)에 따르면 복수 범주는 의미에 따라 집합적 복수, 연합적 복수와 배분적 복수 등 세 개의 하위 부류로 세분될 수 있다. 'A+복수표지=A1+A2+A3+A4'이면 집합적 복수이다. '학생들'이라는 표현은 수많은 '학생'으로 구성된 집합을 표시하고 집합적 복수로 볼 수 있다. 여러 구성원이 있는 집합에서 대표적인 구성원 하나를 뽑아 복수표지를 붙이면 연합적 복수이다. '我们'은 '나'를 비롯한 두 명 이상의 사람을 가리킨다. 배분적 복수는 한 집합에 속하는 하나 하나의 개체를 가리킨다.

한국어 복수표지는 주로 '-희, -네'와 '-들'이다. 그중 '-희'는 비생산적이고 분포 범위가 가장 좁다. '-희'는 1, 2인칭대명사 뒤에 붙어 '저희, 너희' 두 가지 연합적 복수만 나타낼 수 있다. 1인칭 복수는 청자가 포함되는지에 따라 다시 배타성(排他性) 복수와 포괄성(包括性) 복수로 세분될 수 있는데 '저희'는 겸칭이기 때문에 '우리, 我们, 阿拉'와 달리 배타성 복수만 나타낸다. '-네'는 인간 명사와 단수 1인칭을 제외한 인칭

대명사 뒤에 붙어 연합적 복수를 표현한다.[81] 남기심, 고영근(2011:89)에 따르면 '-네'는 무리나 집을 의미하는 접미사로 보는 것이 온당하다. 이에 비해 '-들'의 사용 범위가 넓고 의미적 기능도 다양하다.

'-들'은 선행대상 유정성에 대해 제약이 없다. 일부분 무정명사, 의존명사와 '추억, 생각'을 비롯한 추상명사도 '-들'과 결합할 수 있다. 그리고 '-들'은 지시사 '이, 저' 뒤에서 집합적 복수를 표현할 수 있다.[82]

> (99) 가. 자동차 회사들은 왜 48V 시스템을 주장할까?
> 나. 부동산 계약할 때 이것들만 주의하면 된다.
> 다. 행복한 추억들이 남아 힘들 때마다 저를 위로해 줘요.
> 라. 진짜 중요한 것은 저들이 징계받는 것이 아니라...
> (모두 인터넷에서 수집)

'-들'은 1인칭 단수 대명사와 직접 결합하지 못하지만 1인칭 복수 대명사 뒤에 나타나서 '우리들, 저희들' 등 표현을 구성할 수 있다. 李知恩(2011:96-97)에 따르면 '우리들'은 '우리'보다 개체의 의미가 더 부각되어서 배분적 복수로 간주된다. 이 외에 '니들, 그들'은 '너, 그'를 비롯한 한 무리의 사람을 가리켜서 연합적 복수이다.[83] '-들'은 부사, 동사 또는 문

---

81  '너네'는 〈표준국어대사전〉에 수록되지 않지만 실제 생활에서 쓰인다.

82  '저들'은 〈표준국어대사전〉에 수록되지 않지만 2009년 고려대학교 민족문화연구원에서 편찬한 〈한국어대사전〉에서 찾을 수 있다. 그리고 실제 생활에서도 용례가 확인된다.

83  '니들'은 〈표준국어대사전〉에 수록되지 않지만 실제 생활에서 쓰이는 단어이다.

장 뒤에서도 나타날 수 있는데 남기심, 고영근(2011:93)은 이러한 '-들'을 보조사로 분류될 수 있다고 지적했다. 이 경우에 '-들'은 사건 복수, 청자 복수 등 화용적 기능을 한다.

(100) 가. 공부<u>들</u> 열심히 해야 한다.
　　　나. 어서<u>들</u> 오너라.
　　　다. 어제 맛있는 것을 많이 먹었다<u>들</u>.

## 4.2 표준 중국어의 복수표지 표현

'们'은 표준 중국어의 전형적인 복수표지이다. 유정성 등급에 따라 '们'의 선행대상은 1, 2인칭대명사부터 보통 인간명사까지의 범위 안에서 분포되어 있다. 그리고 문학 작품에서 개, 나비 등 유정성이 높은 동물명사와 인간 고유명사도 '们'과 결합할 수 있다. 이 경우에 '们'에 의해 표현된 복수는 집합적 복수와 연합적 복수이다.

(101) 가. 学生<u>们</u>都回家了，我们也快回家吧。
　　　나. 在花的芳香里，蝴蝶<u>们</u>自由而轻盈地飞舞。
　　　　　(인터넷에서 수집)
　　　다. 楚王庄的狗<u>们</u>都已睡熟，村子里一片静谧。
　　　라. 雷铁柱<u>们</u>打了一天的夯。
　　　　　[李知恩(2011)에서 재인용]

무정명사는 '们'과 직접 결합하지 못한다. 그러나 '它们'은 무정명사의 집합적, 연합적 복수를 표현할 수 있다. 예문(55가, 나)는 북경대학교 CCL 말뭉치에서 추출된 문장인데 '它们'은 각각 집합적 복수와 연합적 복수 의미를 나타낸다.

(102) 가. 制约课程开展的因素有哪些？它们之间的关系怎么样？

나. 知识、技能、思想、品德，它们不是先天存在于人身上的。

(북경대학교 CCL말뭉치에서 수집)

'们'은 단수 1인칭 대명사 '我' 뒤에 붙어 발화 객관성을 높이는 화용적인 기능도 있다. 이러한 화용적인 기능은 문어체 성격이 강한 논설문, 연설문 등 문체에서 더 많이 확인된다. 발화자가 자기의 관점을 밝힐 때 복수표지로 독자, 청자를 포함시켜서 발화 내용 주관성을 낮추는 효과를 얻을 수 있다.[84]

(103) 根据上面的事实，我们不但能说明论元移位现象……

(한 논문에서 수집)

분류사 '些'는 지시사 '这/那'와 결합해서 집합적 복수 의미를 표현한다. 이 경우에 선행대상은 유정성 제약이 없다. '这些, 那些' 뒤에 [+유정성] 명사가 나타나면 '们'을 추가할 수 있다.

---

[84] '们'의 화용적 기능에 대해 김충실(2014:283)을 참고했다.

(104) 가. <u>这些</u>都是我们班的学生。

나. <u>这些</u>都是我买的书。

다. <u>这些</u>孩子们, 在战火中他们别无选择。

('104다'는 인터넷에서 수집된 문장이다.)

표준 중국어 복수표지 '们'은 '명사/대명사+们'의 형식으로 [+유정성] 대상의 집합적, 연합적 복수를 나타내고 '它们'으로 [-유정성] 대상의 집합적, 연합적 복수를 나타낸다. 그리고 분류사 '些'도 유정성 제약 없이 선행대상의 집합적 복수를 표현할 수 있다. 배분적 복수를 나타내지 못하지만 한국어와 비교하면 표준 중국어 복수표지는 의미적 기능이 상대적으로 적고 유정성 제약도 더 엄격하다. 언어목록유형론의 시각으로 보면 '们'은 일정한 현저성이 있지만 한국어 복수표지 '들'보다 현저성이 약하다.

## 4.3 상하이방언의 복수표지 표현

상하이방언 복수표지 '拉'는 연합적 복수 의미만 나타낼 수 있다. '拉'와 선행명사가 결합할 때 유정성 제약이 있다. 克罗夫特(2009:152)에서 제시된 확장 유정성 등급(扩展生命度等级)은 아래와 같다.

1, 2인칭 대명사>3인칭 대명사>고유명사>보통 인간명사>

비인간 유정 보통명사>무정명사

연합적 복수표지 '拉'는 1, 2인칭대명사부터 고유명사까지의 선행대상과 결합할 수 있다. 상하이방언 1, 2, 3인칭 대명사는 각각 我, 儂과 伊인데 이들의 복수는 阿拉, 倻, 伊拉이다. 陈实(2012:18)에 따르면 '我'의 최초 발음이 [ŋa]였고 그 후 [ʔŋo], [ɦu], [ʔa] 등으로 변화하였다. 상하이방언 1인칭 복수 대명사 '阿拉'는 [ŋa]로 발음된 '我' 뒤에 복수표지 '拉'가 붙어 형성된 것으로 판단된다. 2인칭 복수 대명사도 음성적 변화의 결과인데 盛益民(2013:209)는 2인칭 단수 대명사 '儂'과 복수표지 '拉' 사이에서 음성적 축약(合音)이 일어나서 2인칭 복수 대명사가 '倻'로 나타났다고 주장한다. 이러한 음성적 축약 현상은 북부 오방언에서 많이 확인되었다. 그러므로 상하이방언 1, 2, 3인칭 복수는 모두 '拉'를 통해 표현된다고 할 수 있다. '拉'는 고유명사와 결합해서 서로 연관성이 있는 한 무리의 사람을 지시할 수 있다.[85]

(105) 가. 小王拉剛剛回去。

　　　　(샤오왕네는 방금 돌아갔다.)

　　나. 姨妈拉今天有事勿来了。

　　　　(이모네는 오늘 일이 있어서 안 온다.)

이 외에 상하이방언에서 '拉'는 몇 가지의 의미 확장 현상도 있다. 우

---

[85] 钱乃荣(1997) 등 논저에 따르면 복수표지 '拉'는 보통 인간명사와 결합해서 집합적 복수 의미를 나타낼 수 있다. 그러나 제시된 예문이 약간 어색하고 陈实(2012:11-12)도 이러한 용법이 실제 생활에서 많이 확인되지 못했다고 했다. 이 부분에서 陈实(2012)와 의견을 같이하고 복수표지 '拉'와 보통 인간명사의 결합 현상을 살펴보지 않기로 한다.

선 '拉'는 인간을 가리키는 호칭, 고유명사 뒤에 붙어 '그 사람의 집'이라
는 뜻을 나타낼 수 있다. 그리고 인간명사, 고유명사 혹은 인칭대명사
등의 사이에서 두 대상 간의 친족, 소속 관계를 표현할 수 있다.


(106) 가. 吾每年春节额辰光到外公拉去。

　　　　(나는 매년 설날 때 외할아버지 댁에 간다.)

　　　나. 刚刚小李拉娘打电话给吾。

　　　　(아까 샤오리의 어머니는 나한테 전화를 했다.)

　　　다. 伊拉老师批评伊了。

　　　　(그의 선생님이 그를 혼냈다.)


　张惠英(2001), 潘悟云(2010) 등에 의하면 상하이, 닝보(宁波) 방언 복
수표지 '赖, 辣'와 우시(无锡), 쿤산(昆山) 방언 복수표지 '里'는 어원이
같다고 추정된다. 그 어원은 처소, 거주지 의미를 나타내는 '里'이다. 그
리고 盛益民(2013:210)은 창싱(长兴) 방언에서 '拉'는 일반 처소 후치사
로 쓰일 수 있다고 한다.[86] 이들의 관점에 따르면 연합적 복수표지 '拉'
의 문법화 경로는 아래와 같이 추정할 수 있다.


　(처소 의미를 나타내는 명사 → 처소 의미를 나타내는 후치사 → )
'집'의 의미를 나타내는 후치사 → 연합적 복수표지 → 친족/소속 관

---

**86**　张惠英(2001)과 潘悟云(2010)의 내용은 陈实(2012:17-18)에서 재인용된 것이
　　다. 여기서 언급된 상하이, 닝보, 우시, 쿤산, 창싱 방언은 모두 북부 오방언
　　에 속한다.

처소 의미를 나타내는 명사에서 처소 의미를 나타내는 후치사로 문법화 되는 과정에서 언어 형태의 구조적 경계가 다시 설정되어서 재분석 기제가 작용하였다고 볼 수 있다. 그 후 선행명사의 의미 자질 때문에 처소 의미 후치사로서의 '拉'에 '집'이라는 의미가 추론되었다. '집'이라는 의미를 나타내는 후치사에서 연합적 복수표지로 문법화 되는 과정에서 환유와 일반화가 중요한 기제이다. 이성하(2006:231–232)에 따르면 환유는 한 대상과 연속성을 가진 대상을 지칭하는 데 쓰이는 언어 전략이고 그 연속성은 경험상의 연속성, 부분–전체 연속성과 발화상의 연속성 등 세 가지로 나눌 수 있다. 집에 있는 사람과 집은 부분–전체 관계를 이루어서 후치사로서의 '拉'는 환유 기제를 통해 가족 의미를 나타내는 연합적 복수표지가 된다. 그 후에 일반화 기제가 작용해서 가족 관계가 아닌 한 무리의 사람들도 '拉'로 복수 의미를 나타낼 수 있게 되었다. 연합적 복수표지에서 친족/소속 관계 구조 조사로 문법화 되는 것은 통사적 위치에 따른 화용적 추론의 결과라고 본다.

상하이방언에서 집합적과 배분적 복수 의미를 나타내는 전용적 표지가 없다. 집합적 복수는 명사의 무표기 형식으로 나타내고 지시사 '搿'와 '诶' 뒤에 명사 분류사 '眼'을 붙이는 방식으로도 표현할 수 있다. 이때 '搿眼, 诶眼'은 [+유정성] 대상과 [−유정성] 대상을 모두 지시할 수 있다. 배분적 복수를 나타내는 수단은 없다.

(107) 가. 放学之后学生侪回去了。

(방과 후 학생들이 다 돌아갔다.)

나. 㑚眼侪是阿拉班级额学生。

(이들은 모두 우리 반 학생이다.)

다. 㑚眼侪是我买额书。[87]

(이것들은 다 내가 산 책이다.)


집합적 복수와 배분적 복수를 나타내는 전문적인 수단이 없고 연합적 복수를 나타낼 때 유정성 제약이 있어서 언어목록유형론의 시각으로 보면 상하이방언에서 복수표지는 부각 정도가 낮은 언어 수단이다. '拉'는 친족/소속 관계를 나타내는 구조 조사로서의 확장 기능만 있어서 강세 정도도 높지 않다. 그러므로 상하이방언에서 복수표지는 현저성이 낮은 편이다. 전체적으로 보면 한국어 복수표지는 수량이 많고 집합적, 연합적과 배분적 복수 의미를 모두 나타낼 수 있다. 그러므로 부각 정도가 높다. '-들'은 선행대상 유정성에 대한 제약이 없고 화용적인 기능 확장이 있어서 강세 정도도 높은 편이다. 한국어와 표준 중국어에 비해 상하이방언의 언어수단목록에서 복수표지는 현저성이 낮은 수단이다.

## 4.4 언어유형론 시각에서의 복수표지 표현 대조

이 절에서 언어유형론의 시각으로 두 가지의 문제를 살펴보고자 한다. 먼저 한국어, 표준 중국어와 상하이방언 복수표지의 개념공간과 의

---

[87] 예문에서 나온 '侪'는 '都, 全/모두, 다'에 해당되는 상하이방언 부사이다.

미지도를 작성하고 이를 통해 이 세 가지 언어(방언)에서 복수표지의 의미적 기능 현저성을 확인하겠다. 이를 바탕으로 한국어, 표준 중국어와 상하이방언에서 분류사와 복수표지의 현저성을 대조하고 이와 관련된 언어목록유형론적 함축적 보편성을 도출하고자 한다. 그리고 이 보편성을 연역해서 실제 생활에서의 사례로 검증하고자 한다.

### 4.4.1 한국어, 표준 중국어와 상하이방언 복수표지의 의미지도

위에서 한국어 복수표지 '-들, -희, -네', 표준 중국어 전용 복수표지 '们', 차용 복수표지 '些', 상하이방언 전용 복수표지 '拉'와 차용 복수표지 '眼'의 의미적 기능을 논의했는데 이 일곱 가지 복수표지의 기능을 표로 정리하면 다음과 같다.

〈표 15〉 한국어, 표준 중국어와 상하이방언 복수표지의 의미적 기능

| | 의미적 기능 |
|---|---|
| -들 | 지시사 집합적 복수, 유정명사 집합적 복수, 무정명사 집합적 복수, 단수 2인칭 연합적 복수, 단수 3인칭 연합적 복수, 배분적 복수, 사건/청자 복수 암시 |
| -희 | 단수 1인칭 연합적 복수(배타적), 단수 2인칭 연합적 복수 |
| -네 | 보통 인간명사 연합적 복수, 고유 인간명사 연합적 복수, 단수 2인칭 연합적 복수, 단수 3인칭 연합적 복수, 복수 2인칭 연합적 복수, 복수 3인칭 연합적 복수, 복수 1인칭 연합적 복수 |
| 们<br>(표준 중국어) | 고유 인간명사 연합적 복수, 단수 1인칭 연합적 복수(배타적/포괄적), 단수 2인칭 연합적 복수, 단수 3인칭 연합적 복수, 객관성 높임, 유정명사 집합적 복수, 무정명사 집합적 복수, 지시사 집합적 복수 |
| 些<br>(표준 중국어) | 지시사 집합적 복수 |

| 拉<br>(상하이방언) | '집'이라는 의미를 나타내는 후치사, 고유 인간명사 연합적 복수,<br>친족/소속 관계 구조 조사, 단수 1인칭 연합적 복수(배타적/포괄적),<br>단수 2인칭 연합적 복수, 단수 3인칭 연합적 복수 |
|---|---|
| 眼<br>(상하이방언) | 지시사 집합적 복수 |

위 표를 보면 '단수 2인칭 연합적 복수'를 표현하는 것은 이들 복수 표지의 가장 핵심적인 기능이다. 이 일곱 가지의 복수표지에서 차용된 '些, 眼'을 제외한 모든 복수표지는 이 기능을 가진다. 실제 발화할 때 제2인칭 복수를 나타내는 수요가 많다는 것은 이 현상의 원인이 되고 한국어에서 '나들, 나네' 대신 보충법으로 '우리'를 쓰는 것도 영향을 준다. 그러므로 한국어, 표준 중국어, 상하이방언 복수표지의 개념공간을 구축할 때 '단수 2인칭 연합적 복수'를 기점으로 한다.

'단수 1, 3인칭 연합적 복수'를 나타내는 기능은 '단수 2인칭 연합적 복수'를 나타내는 기능과 연관성이 강하다. 그리고 '-희'가 배타적인 단수 1인칭 연합적 복수 '저희'만 표현할 수 있다는 점을 생각하면 이 네 개의 기능은 개념공간에서 아래와 같이 배열할 수 있다.

'단수 1인칭 연합적 복수' 기능에서 표준 중국어 복수표지 '们'의 '객관성 높임' 기능이 파생되었고 '단수 3인칭 연합적 복수' 기능에서 '고유 인간명사 연합적 복수'와 '보통 인간명사 연합적 복수 기능'이 선후로 파생되었다. 이때 개념공간은 다음과 같다.

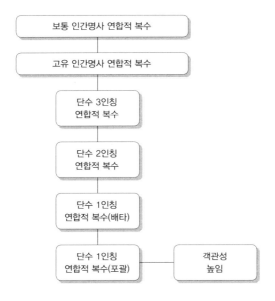

위에서 논의된 문법화 경로에 따라 '고유 인간명사 연합적 복수' 양측에 상하이방언 복수표지 '拉'의 두 가지 기능을 각각 추가하겠다. 그리고 '단수 2인칭 연합적 복수' 기능 옆에 한국어 복수표지 '-네'의 '복수 2/3인칭 연합적 복수, 복수 1인칭 연합적 복수' 기능을 선후로 추가하겠다.

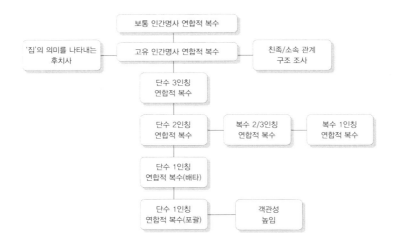

위와 같은 개념공간에서 한국어 복수표지 '-들'과 표준 중국어 차용 복수표지 '些', 상하이방언 차용 복수표지 '眼'의 기능을 더 추가하면 이 세 가지 언어(방언)의 완정한 복수표지 개념공간이 나타난다. 구체적인 양상은 아래 [그림 14]와 같다.

[그림 14] 한국어, 표준 중국어와 상하이방언 복수표지의 개념공간

한국어, 표준 중국어와 상하이방언 복수표지의 의미적 기능을 의미지도로 정리하면 [그림 15]~[그림 17]과 같다. 이 복수표지들의 의미지도는 모두 의미지도 연속성가설에 복합된다. 이를 통해 각 복수표지의 의미적 기능 현저성 강약도 직관적으로 볼 수 있다.

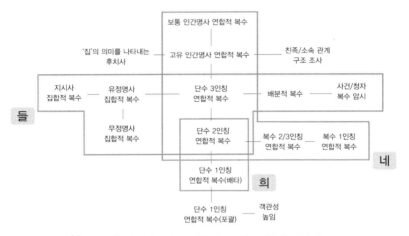

[그림 15] 한국어 복수표지 '−들, −희, −네'의 의미지도

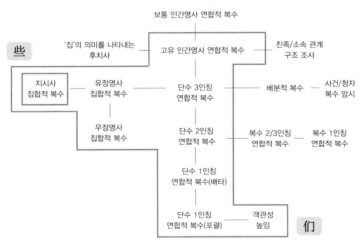

[그림 16] 표준 중국어 전용 복수표지 '们'과 차용 복수표지 '些'의 의미지도

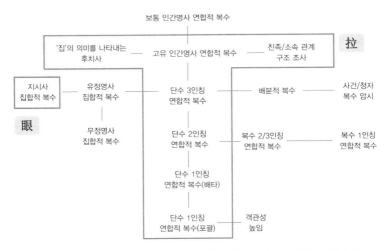

보통 인간명사 연합적 복수

'집'의 의미를 나타내는 후치사 / 고유 인간명사 연합적 복수 / 친족/소속 관계 구조 조사

拉

지시사 집합적 복수 — 유정명사 집합적 복수 — 단수 3인칭 연합적 복수 — 배분적 복수 — 사건/청자 복수 암시

眼

무정명사 집합적 복수 — 단수 2인칭 연합적 복수 — 복수 2/3인칭 연합적 복수 — 복수 1인칭 연합적 복수

단수 1인칭 연합적 복수(배타)

단수 1인칭 연합적 복수(포괄) — 객관성 높임

[그림 17] 상하이방언 전용 복수표지 '拉'와 차용 복수표지 '眼'의 의미지도

의미지도를 보면 복수표지의 의미적 기능 다양성은 '한국어>표준 중국어>상하이방언' 순서로 나타난다. 그리고 전문적인 복수표지에 비해 분류사에서 차용된 복수표지 '眼'과 '些'는 의미적 기능이 매우 제한적이고 기능 확장 경향도 안 보인다. 이 세 가지 언어(방언)의 언어수단목록에서 복수표지의 현저성은 아래와 같다.

한국어>표준 중국어>상하이방언

### 4.4.2 복수표지와 분류사의 현저성 제약

제3장에서 분석한 분류사 현저성은 '상하이방언>표준 중국어>한국어'로 나타났는데 복수표지의 현저성은 이와 정반대이다. 분류사가 현저성이 강한 상하이방언에서 복수표지의 현저성이 낮다. 표준 중국어

에서 분류사와 복수표지는 각각의 의미적 기능을 가지고 있고 기능 확장 추세가 모두 약하다. 따라서 현저성이 비슷하다. 한국어 분류사는 부각, 강세 정도가 모두 낮지만 복수표지는 현저성이 강하다. 이 사실을 함축적 명제로 요약하면 아래와 같다.

한 언어(방언)의 수단목록에서 명사 분류사의 현저성이 강하다는 것은 복수표지의 제한적인 분포와 약한 의미적 기능 확장을 함축한다.

함축적 명제 'p이면 q이다'를 연역하면 세 가지의 참인 명제를 얻을 수 있다. 각각 'p, q', '-p, -q'와 '-p, q'이다. 나머지 하나인 'p, -q'는 거짓이다. 다음 부분에서 실례를 찾아 위 명제의 논리성을 검증하겠다.

명사 분류사의 현저성이 강하고 복수표지의 분포와 기능 확장이 제약되는 언어(방언)은 중국어 상하이방언을 예로 들 수 있다. (p, q√)
명사 분류사의 현저성이 약하지만 복수표지의 분포가 넓고 의미적 기능도 다양한 언어(방언)은 한국어를 예로 들 수 있다. (-p, -q√)
명사 분류사의 현저성이 약하고 복수표지의 사용도 제약되는 언어(방언)은 위에서 살펴본 세 가지 언어(방언)에서 찾을 수 없지만 인도네시아어를 예로 들 수 있다. (-p, q√)

인도네시아어는 orang(명), buah(개), ekor(마리) 등 분류사가 있지만 명사에서 차용된 것이다. 그리고 명사와 분류사 외에 다른 확장된 기능이 없다. 복수를 나타낼 때 para, kaum, -an 등 표지가 있지만 분포 범위가 넓지 않다. 인도네시아어는 명사나 관형사의 중복으로 복수를 표

현할 수 있다.[88]

(108) 가. pelajar 학생 　　　　　나. pelajar-pelajar 학생들
　　　다. meja 책상 　　　　　　라. meja-meja 책상들
　　　마. anak kecil 어린 아이 　바. anak kecil-kecil 어린 아이들[89]

　　명사 분류사와 복수표지가 모두 필수로 사용되고 의미 확장 추세
도 강하게 나타나는 언어(방언)은 논리적으로 존재하지 않고 언어 경
제성 원칙도 위반한다. (p, -qx)

　　정혜(2011:298-299)는 '백 개의 유행곡들'과 같은 용례를 제시했지만
이때 어감이 자연스럽지 않고 복수표지가 잉여적이라고 했다. 이 외에
임동훈(2012:30)에 따르면 남부 드라비아 제어와 알곤킨 제어에서 분류
사 언어에 속하지만 수 표지가 필수적으로 쓰이는 언어가 있다. 이에
대해 앞으로 좀 더 자세히 살펴봐야 하지만 이러한 언어는 전세계 언어
에서 매우 낮은 비례를 차지할 것이라고 예상된다.
　　陆丙甫, 金立鑫(2015:9)에 따르면 언어유형론 연구에서 도출된 함축
적 보편성은 대부분 경우에 절대적인 법칙이 아니라 일종의 경향성이
다. 용례를 통해 위에서 제시된 함축적 보편성은 논리적이고 대부분 언

---

**88** 인도네시아어 분류사와 복수표지에 관한 논의는 高华年(2001:75)를 참고했다.

**89** 예(108바)에서 anak은 아이라는 뜻이고 kecil은 작다, 어리다는 뜻이다. 따라
서 anak kecil-kecil의 구조는 '명사 관형사-관형사'이고 관형사의 중복으로 명
사 복수를 나타내는 예이다.

어의 실제 상황을 반영할 수 있다고 확인할 수 있다.

그러므로 분류사와 복수표지의 존재 자체는 서로 배척하지 않는다. 한 언어의 수단목록에서 분류사와 복수표지의 현저성 강약이야말로 함축적 관계를 이룬다. 그리고 한 언어수단의 현저성은 범언어적인 연속체를 이룬다.

## 4.5 소결

이 부분은 언어목록유형론의 시각으로 한국어, 표준 중국어와 상하이방언에서 복수표지의 의미적 기능을 고찰하고 현저성 차이를 밝혔다. 이를 바탕으로 한 언어(방언)에 분류사와 복수표지가 모두 있을 때 이 두 언어 수단의 상호 제약 양상을 분석하였다. 그 다음에 이와 관련된 유형론적 함축적 보편성을 도출하고 검증하였다.

한국어 복수표지는 '-들, -희, -네' 등 세 가지가 있다. 그중 '-희'는 비생산적이고 한국어에서 배타적 복수표현을 형성할 수 있는 유일한 복수표지이다. '-네'는 연합적 복수를 나타내는 표지인데 주로 '무리나 집'이라는 뜻이 포함되어 있다. '-들'은 사용 범위가 넓고 의미적 기능도 다양하다. 선행대상과 결합할 때 '-들'은 유정성 제약이 엄격하지 않고 무정명사나 추상명사와도 결합할 수 있다. '-들'은 집합적, 연합적과 배분적 복수 의미를 모두 나타낼 수 있고 부사 뒤, 문장 뒤 등 비전형적인 위치에서 청자 복수, 사건 복수 등 화용적인 의미도 표현할 수 있다.

표준 중국어 복수표지 '们'은 집합적 복수와 연합적 복수를 나타낼 수 있지만 배분적 복수를 표현할 수 없다. 일반적으로 '们'은 [+유정성]

대상과 결합하지만 '它们'으로 나타날 때 무정명사, 추상명사와 제한적으로 결합하기도 한다. 논문이나 연설 같은 문체에서 '们'은 단수 1인칭 대명사와 결합해서 화자 발화의 객관성을 높이는 화용적 기능을 할 수 있다. 표준 중국어 불특정 양사 '些'는 지시사 '这/那'와 결합해서 복수 의미를 나타내기도 한다. 이때 복수 의미는 집합적이다.

상하이방언에서 전문적인 복수표지인 '拉'는 연합적 복수만 나타낼 수 있고 기능 확장 추세도 약하다. '拉'의 어원은 북부 오방언에서 처소, 거주지라는 뜻을 나타내는 '里'로 추정된다. 복수표지로 문법화되는 과정에서 재분석, 추론, 환유와 일반화 등 기제가 작용하였다. 통사적 위치 때문에 지금 '拉'는 추론을 통해 '가족, 소속'이라는 뜻을 나타내는 조사로 변화하고 있다. 상하이방언의 불특정 양사 '眼'은 지시사 '这/那'와 결합해서 집합적 복수 의미를 나타낸다.

전체적으로 보면 이 세 가지 언어(방언)에서 복수표지의 현저성은 '한국어>표준 중국어>상하이방언' 순서로 나타나고 분류사의 현저성은 이와 반대로 된 순서로 나타난다. 그러므로 한 언어(방언)의 언어수단목록에서 분류사의 강한 현저성은 복수표지의 제한적인 분포와 약한 기능 확장 추세를 함축한다고 할 수 있다.

# 5

# 분류사와 복수표지의
# 습득 예측

# 5. 분류사와 복수표지의 습득 예측

　이 부분에서 Eckman이 제시한 유표성차이가설로 분류사와 복수표지 습득 과정에서 각 문법 형식의 난이도를 예측하고자 한다.

　1970년대에 제2언어습득 영역에서 널리 쓰였던 대조분석가설은 교육 현장에서 한계점이 점점 들어났다. 이를 보완하기 위해 Eckman(1977)은 아래와 같은 유표성차이가설을 제시하였다.

　　가. 모국어와 다른 목표언어의 특징이 모국어보다 더 유표적이면 습득하기가 어렵다.
　　나. 모국어보다 더 유표적인 목표언어의 특징을 배울 때 습득 난이도는 유표성의 정도와 정비례한다.
　　다. 모국어와 다른 목표언어의 특징이 모국어보다 덜 유표적이면 습득하기가 어렵지 않다.

　이 책의 앞부분에서 이 가설을 표로 정리했는데 여기로 가져오면 다음과 같다.

<표 6> 유표성이 모국어전이에 주는 영향

| | 모국어(L1) | 목표언어(L2) | 중간언어 |
|---|---|---|---|
| 1 | 무표기 | 무표기 | 무표기 |
| 2 | 무표기 | 유표기 | 무표기 |
| 3 | 유표기 | 무표기 | 무표기 |
| 4 | 유표기 | 유표기 | 무표기 |

아래 부분에서 이 가설에 따라 분류사와 복수표지를 공부할 때 중국인 한국어 학습자와 한국인 중국어 학습자가 어렵게 느낄 부분을 예측하겠다.

## 5.1 한국어 분류사와 복수표지에 대한 습득 예측

이 절에서 유표성차이가설과 제3, 4장에서 작성된 의미지도를 통해 중국인 학습자가 한국어 분류사와 복수표지를 습득할 때의 어려운 점을 예측하겠다. 분류사 부분은 분류사의 기본 의미 이해를 먼저 살펴보고 기본적 구조, 확대된 구조, 축소된 구조, 중첩된 구조의 습득 난이도를 일일이 예측하고자 한다. 복수표지 부분은 '-희'의 비생산성 때문에 '-들, -네' 두 표지의 습득 난이도만 예측하겠다.

### 5.1.1 한국어 분류사에 대한 습득 예측

분류사의 습득 예측은 의미와 형식 두 가지 측면으로 하겠다. 먼저 제3장에서 작성된 분류사 의미지도를 여기로 가져오겠다.

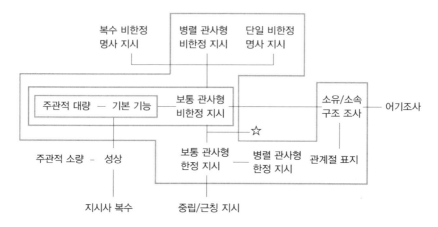

[그림 10] 상하이방언 분류사, 표준 중국어 분류사와 한국어 분류사의 의미지도

[그림 10]에서 안쪽부터 바깥까지는 각각 한국어, 표준 중국어와 상하이방언 분류사의 의미지도이다. 한국어 분류사의 의미적 기능은 중국어 분류사의 의미적 기능에 포함되어 있어서 중국인 학습자가 한국어 분류사의 의미적 기능을 배울 때 〈표 6〉의 3번 유형, 즉, L1-유표기, L2-무표기에 해당된다. 큰 어려움이 없을 것이라고 판단된다.

그러나 중국인 학습자가 한국어 분류사 구조를 공부할 때 일정한 어려움이 있을 것이다. 중국어에서 분류사 수량 표현의 기본적 구조는 '수량사+명사+분류사' 한 가지만 있고 [-한정성] 의미 자질을 가진다. 한국어에서 분류사는 두 가지의 기본적 구조가 있고 중국어와 비슷한 '수량사+분류사+의+명사'는 [+한정성]이다. 중국인 학습자가 한국어 분류사 수량 표현을 배울 때 〈표 6〉의 2번 유형, 즉, L1-무표기, L2-유표기에 해당되어서 중간언어는 무표적으로 나올 가능성이 크고 습득에 어려움이 있을 것이다. 분류사 중첩 표현의 습득도 이 유형에 해당된다. 한국어 분류사 중첩 표현은 생산성이 중국어보다 약하고 통사적 제약도 많아서 중국어에 비해 유표적이다. 한국어와 중국어는 여러 가지 축소된 분류사 수량 표현이 있다. 이 표현들은 서로 통사적 구조가 다르고 의미 특성도 다른데 이 경우는 〈표 6〉의 4번 유형, 즉, L1-유표기, L2-유표기에 해당된다. 학습자는 비교적 큰 어려움이 있을 것이다. 지시사, 형용사, 소유구조 등으로 이루어진 확대된 표현을 배울 때 한국어와 중국어는 어순이 비슷하지만 중국어는 근, 원칭 지시사 외에 '每'도 추가할 수 있어서 표기량이 한국어보다 많다. 따라서 어려움이 없을 것이다. 격조사 추가로 이루어진 확대된 표현을 배울 때는 L1-무표기, L2-유표기에 해당되어서 어려움이 있을 것이다.

전체적으로 보면 중국인 학습자에게 한국어 분류사의 의미적 기능을 이해하는 것은 쉽지만 한국어 분류사 구조의 표기량이 중국어보다 많아서 통사-의미적 관계와 구조적 의미를 파악할 때 어려움이 있을 것이라고 판단된다. 그러므로 공부할 때 유의해야 한다.

### 5.1.2 한국어 복수표지에 대한 습득 예측

한국어 복수표지에서 '-희'는 비생산적이고 '저희, 너희' 두 단어에만 나타난다. 단어를 외우는 방법으로 이 표지의 의미를 알 수 있어서 상세하게 전개하지 않기로 한다.

한국어 복수표지 '-들'은 기본적 기능을 할 때 중국어 복수표지 '们'처럼 집합적, 연합적 복수 의미를 나타낸다. 그리고 이때 '-들'의 유정성 제약이 '们'보다 약하다. 따라서 이는 〈표 6〉의 3번 유형, 즉, L1-유표기, L2-무표기에 해당되고 중국인 학습자는 '–들'의 기본적 기능을 비교적 쉽게 습득할 수 있다. 선행대상 유정성의 차이가 있지만 '–들'의 표가량이 '们'보다 적어서 어려움이 되지 않는다. '–들'이 '우리들'처럼 배분적 복수 기능을 할 경우 그리고 비전형적인 위치에서 청자 복수, 사건 복수 등 의미를 나타낼 경우는 L1-무표기, L2-유표기이어서 학습자가 어려움을 느낄 것이다. 특히 '다들, 먹었다들' 같은 경우 표기량이 많아서 중국인 학습자에게 난이도가 높은 표현이다. 그러므로 '–들'의 기능을 배울 때 습득 순서는 '집합/연합적 복수, 배분적 복수, 비전형적인 복수'로 될 것이라고 예측된다.

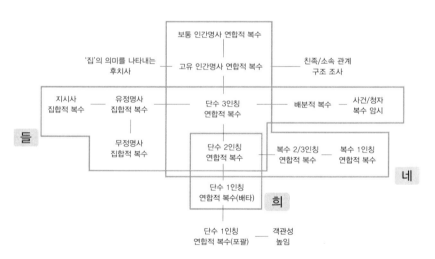

[그림 15] 한국어 복수표지 '–들, –희, –네'의 의미지도

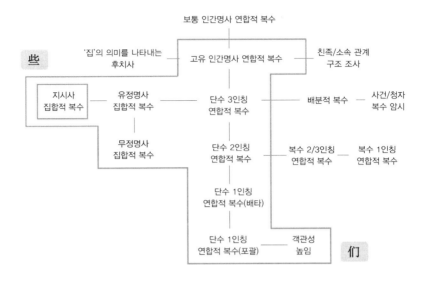

[그림 16] 표준 중국어 전용 복수표지 '们'과 차용 복수표지 '些'의 의미지도

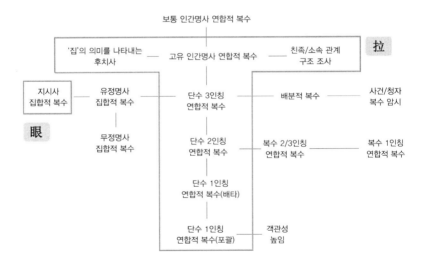

[그림 17] 상하이방언 전용 복수표지 '拉'와 차용 복수표지 '眼'의 의미지도

복수표지의 의미지도를 보면 복수표지 '-네'와 '们'의 기능은 연합적 복수를 표현하는 부분에서 중첩된다. 그러나 연합적 복수를 나타내는 '们'은 대부분 경우에 '무리나 집'이라는 뜻을 나타내지 못한다. 이 경우는 L1-무표기, L2-유표기에 해당되어서 학습자가 일정한 어려움을 느낄 것이다. 학습자가 상하이 등 북부 오방언 지역 출신이면 '拉'와의 비교를 통해 '-네'를 비교적 쉽게 이해시킬 수 있다. '-네'의 의미적 기능에서 '우리네, 너희네' 같은 복수 인칭 연합적 복수와 '사장님네' 같은 보통 인간명사 연합적 복수는 '拉'가 없는 기능이다. 그러므로 오방언 지역 출신인 학습자도 '-네'의 이 두 가지 기능을 비교적 늦게 습득할 것이다.

## 5.2 중국어 분류사와 복수표지에 대한 습득 예측

이 절에서 유표성차이가설과 의미지도로 중국어 분류사와 복수표지의 습득 난이도 및 습득 순서를 예측하겠다. 분류사 부분에서 한국인 학습자에게 중국어 분류사 수량 표현 기본적 구조, 확대된 구조, 축소된 구조와 중첩된 구조의 습득 난이도를 예측하고 공부할 때 분류사 각 통사-의미적 기능의 바람직한 제시 순서를 밝히겠다. 복수표지 부분에서 '们'의 습득 난이도를 예측하겠다.

### 5.2.1 중국어 분류사에 대한 습득 예측

중국어 분류사 수량구조는 한 가지의 기본적 구조만 있다. '수량사+분류사+명사' 구조는 [-한정성] 의미이지만 지시사와의 결합을 통해 한정성을 비교적 쉽게 높일 수 있다. 한국인 중국어 학습자에게 중국어 분류사 수량 표현의 기본적 구조는 단일하고 의미 제약도 엄격하지 않다. 따라서 L1-유표기, L2-무표기 유형으로 간주될 수 있고 기본적 구조를 습득하는 데 큰 어려움이 없을 것이다.

중국어 확대된 분류사 구조에 '这, 那' 밖에 '每'와 같은 성분이 추가될 수 있고 수량사 '一'가 생략되기도 해서 표기량은 한국어보다 많다. 이때 L1-무표기, L2-유표기이어서 중간언어는 무표기로 나타나고 어려움이 될 가능성이 크다. 축소된 분류사 구조는 한국어와 중국어에서 모두 복잡한 의미, 통사적 제약을 가지고 있어서 L1-유표기, L2-유표기로 볼 수 있고 난이도가 높은 부분이다.

중국어의 분류사 중첩 구조는 의미 면에서 한국어 대응 형식과 비슷하지만 분류사에 대한 통사적 제약이 적다. 따라서 L1-유표기, L2-무표기 유형이고 중간언어가 무표기로 나올 것이다. 다만 '一+형용사+분류사'와 '一个接一个'식 중첩은 기본적 중첩 구조보다 표기량이 많아서 늦게 습득될 것이다.

위에서 제시된 [그림 10]을 보면 중국어 분류사는 한국어 분류사보다 의미적 기능이 더 많다. 중국어 분류사는 문장 목적어 위치에서 '비한정 지시'를 하는 기능이 있고 분류사 '个'는 추상명사 범주화, 형용사적 대상 명사화, 멸시 등 통사, 화용적 기능이 더 있다. 이 외에 '点, 些' 등 비전형적인 분류사도 있다. 한국인 학습자에게 분류사의 사전적 의미와 통사적 의미는 모두 유표적이고 습득하기가 어렵다. 중국어 분류사의 통사-의미적 기능을 학습자에게 가르칠 때 전형성 정도와 문법화 경로에 따라 기본적, 공통적 기능부터 비전형적이고 특수한 기능으로 제시해야 한다.

### 5.2.2 중국어 복수표지에 대한 습득 예측

중국어 복수표지 '们'은 집합적, 연합적 복수 의미만 나타낼 수 있고 유정성 제약도 한국어 복수표지보다 많다. 따라서 한국인 중국어 학습자의 입장에서 '们'을 배우는 것은 L1-무표기, L2-유표기에 해당되고 일정한 습득 어려움이 있다. 초기 단계에 '们'의 과도 사용 현상이 나타날 가능성이 있다. [그림 15]를 보면 한국어 복수표지의 의미지도에 '们'의 포괄식 1인칭 복수 기능과 객관성 높임 기능이 없다. 후자의 기능은 한국어에서 복수표지 대신 '우리'로 실현되는데 전자의 '咱们'과 같은 표현은 한국인 학습자에게 비교적 늦게 습득될 것이다.

제2언어습득은 여러 가지 요소가 공통적으로 작용하는 과정이다. 문법 형식 자체의 유표성과 표기량 외에 노출 빈도, 교육 방법 등 요인과도 연관성이 있다. 앞으로 실증적 연구를 통해 위의 예측을 검증하겠다.

# 6

# 결론

**6.1 주요 결론** | **6.2 남은 과제**

# 6. 결론

## 6.1 주요 결론

이 책은 유형론적인 시각으로 한국어, 표준 중국어, 상하이방언에서 분류사와 복수표지의 통사, 의미적 기능을 고찰하고 이 세 가지 언어 (방언)에서 분류사와 복수표지의 현저성 및 상호제약 양상을 연구했다. 이를 기초로 한중 분류사와 복수표지의 습득 난이도 및 습득 순서를 예측하였다. 연구 과정에서 의미지도 모형, 현저성 이론, 유표성차이가 설 그리고 문법화의 추론, 유추, 일반화 등 이론, 기제를 사용하였다.

본론 부분에서 먼저 분류사와 복수표지의 범주 소속을 고찰하고 대조의 기초를 세웠다.

이 책은 한국어와 중국어에 의미론 층위의 수범주와 양범주가 있다고 본다. 이 두 범주는 서로 독립되지만 연관성이 있는 의미적 범주이고 중첩된 부분은 수량범주이다. 분류사는 수량범주의 실현 수단이고 복수표지는 수범주의 실현 수단이다. 이 책은 '개체화'가 분류사의 가장 기본적인 기능으로 본다. 연구범위에 들어가는 전형적 분류사를 선정할 때 범주화, 수량화와 비자립성 등 세 가지의 기준을 마련하였다. 그 다음에 한국어, 표준 중국어와 상하이방언에서 분류사의 통사, 의미적 특징을 각각 연구했다.

한국어 수량 표현 구조에서 가장 기초적인 구조는 '명사+수량사+분류사'와 '수량사+분류사+(의)+명사' 두 가지이다. '명사+수량사+분류사' 구조에서 명사와 수량구조는 주술관계이고 '수량사+분류사+(의)+명사' 구조에서 명사와 수량구조는 수식과 피수식 관계이다. 그러므로 전자의 의미적 초점은 수량에 있고 한정성은 상대적으로 약하고 후자의 의미적 초점은 명사에 있고 한정성은 상대적으로 강하다.

분류사 수량 표현의 기본적 구조 확대는 격조사, 지시사, 형용사 혹은 소유구조의 추가로 이루어질 수 있다. '명사+수량사+분류사' 구조만 격조사의 추가로 확대될 수 있다. 이때 구조의 중간 위치에 추가된 격조사는 주격조사와 목적격조사이다. 주격조사가 추가되면 문장은 겹문장이 된다. 목적격조사가 추가되면 두 목적어 중의 하나가 강조의 뜻을 나타내는 보조사가 된다.

지시사, 형용사와 소유구조도 분류사 표현의 기본적 구조와 결합할 수 있다. 기본적 구조와 결합할 때, 어순은 대체로 '소유구조+지시사+수량사+분류사+(의)+형용사+명사' 또는 '소유구조+명사+수량사+분류사'로 된다.

한국어에서 기본적 분류사 구조의 축소는 '수량사+분류사, 명사+분류사'와 '분류사+접사' 등 세 가지 유형으로 나눠서 살펴볼 수 있다. '수량사+분류사' 구조는 [−한정성] 의미이고 지시사와 공기할 수 없다. '명사+분류사'는 특수한 구조이고 '화자가 주관적으로 인식한 많거나 적은 양'이라는 뜻을 나타낸다. '분류사+접사' 구조는 두 가지의 유형으로 세분될 수 있다. 첫째는 분류사 뒤에 접미사 '−당'을 붙이는 것이다. 둘째는 '−인분, −개국, −인승'처럼 실제 의미가 있는 접미사와 결합해서 복합적 표현을 이루는 것이다. 그중 '−인분, −개국, −개소' 등은 형태적 결합이고 '−인승'은 통사적 결합이다.

한국어 분류사의 중첩은 '분류사+분류사, 분류사+분류사+이'와 '한+분류사+한+분류사' 등 세 가지 구조가 있다. 이 세 가지 구조는 모두 주관적 대량을 나타내지만 의미 초점이 다르다.

중국어 분류사 수량 표현의 기본적 구조는 '수량사+분류사+명사' 한 가지만 있다. 이 구조는 단독적으로 쓰일 때 [−한정성] 의미이지만 한정성을 높이는 지시사와도 자연스럽게 결합할 수 있다.

중국어는 지시사, 형용사 혹은 소유구조와의 결합으로 분류사 수량 표현의 기본적 구조를 확대할 수 있다. 이때 확대된 수량 표현 구조의 어순은 '소유구조+지시사+수량사+분류사+형용사+명사' 또는 '소유구조+서수사+분류사+형용사+명사'이다.

중국어 기본적 분류사 수량 표현 구조는 크게 두 가지의 형식으로 축소될 수 있다. 하나는 '수량사+분류사'이고 또 하나는 '분류사+명사'이다.

'수량사+분류사' 구조에 기수사와 서수사가 모두 들어갈 수 있고 기수사의 경우 축소된 구조는 다시 지시사, 형용사 혹은 소유구조와 결합할 수 있다.

전형적인 '분류사+명사' 구조는 수량사 '一'의 생략으로 나타난 것이다. 표준 중국어에서 '분류사+명사' 구조는 목적어 위치에서만 나타날 수 있는데 통사적 위치 때문에 '비한정적 지시'라는 확장 기능을 얻었다. 이 외에 '지시사+분류사+명사'와 '형용사+분류사+명사' 구조도 있고 이 두 가지 구조는 '분류사+명사' 구조에 지시사나 형용사의 추가로 형성된 것이 아니라 '지시사+一+분류사+명사'와 '一+형용사+분류사+명사' 구조에서 수량사 '一'가 탈락되어서 형성된 것으로 판단된다. '지시사+분류사+명사' 구조에서 명사가 탈락되면 '지시사+분류사' 구조가 형성되기도 한다. 이 외에 표준 중국어에서 '명사+분류사' 구조는 '船只, 纸张' 등 단어를 만들 수 있다.

중국어 분류사의 중첩은 주로 '분류사+분류사, 一+분류사+분류사'와 '一+분류사+一+분류사' 등 세 가지의 유형이 있다. 이 세 가지 중첩 유형은 모두 화자 인식에서의 주관적 대량을 나타내지만 의미 초점의 차이가 있다. 이 세 가지 구조를 기초로 '一+형용사+분류사+一+형용사+분류사' 등 중첩 구조도 형성할 수 있다.

분류사 '个'는 실제 생활에서 많이 쓰이는 중국어 분류사이고 문법화 현상을 일으켰다. '个'는 분류사 '个'와 조사 '个'로 나눌 수 있다. 분류사인 '个'는 중국어 분류사의 공통적인 기능 외에 추상명사 수량화, 형용사적 성분 명사화 등 의미, 화용적 기능을 할 수 있다. 조사 '个'는 양태 조사 '要, 了' 및 구조 조사 '得' 등과 결합한다.

'点'과 '些'는 형용사, 동사적 성분과 어울릴 수 있다. '点'은 수량사

'一, 半' 및 지시사 '这, 那'와 결합해서 주관적 소량을 나타낼 수 있다. '些'는 '一/这/那+些+명사' 구조에서 명사 지시대상의 복수를 나타낸 다. '点'과 '些'는 '有+(一)+点/些+동사/형용사' 구조로 상태나 성상을 나타낼 수 있고 문장 목적어 위치에서 단독적으로 나타나서 명사적 대 상을 지시할 수 있다. '些'는 '这/那' 뒤에 붙으면 지시대상의 복수 의미 가 나타난다. '点/些'는 '一+분류사+분류사' 구조를 통해 중첩될 수 있 고 주관적 소량을 나타낸다.

상하이방언 분류사 수량 표현의 기본적 구조는 '수량사+분류사+명 사'이다. 분류사 기본적 수량 표현이 확대될 때 각 요소의 배열 순서는 표준 중국어와 비슷하다.

기본적 구조의 축소는 주로 '수량사+분류사'와 '분류사+명사' 두 가지 의 유형이 있다. '분류사+명사' 구조에서 상하이방언 분류사는 여러 가 지 확장된 기능을 한다. 이 구조에서 분류사는 먼저 통사적 위치로 인 한 추론 때문에 '비한정적 지시' 기능을 얻었다. 이를 기초로 분류사는 일반화 기제를 통해 '한정적 지시'의 기능도 생겼다. 이때 분류사는 관 사와 비슷한 통사적 특성을 갖게 되었는데 마지막으로 유추 때문에 구 조 조사와 관계절 표지가 되었다.

상하이방언 분류사의 중첩 구조와 중첩 구조의 확대 양상은 표준 중 국어와 비슷하고 나타내는 의미도 주관적 대량이다.

상하이방언에서 '个'와 '眼'은 비교적 특수한 분류사이다. '个'는 높은 사용 빈도로 인해 문법화를 일으켰고 지시사와 어기조사가 되었다. '眼' 은 지시사 '辿/诶' 및 수량사 '一'와 결합할 수 있다. '一+眼+명사/동사/

형용사' 구조는 주관적 소량과 성상, 상태를 나타내고 이때 수량사 '一'의 생략이 가능하다. '지시사+眼+명사' 구조는 문맥에 따라 지시대상의 주관적 소량과 대량을 모두 표현할 수 있다. '辮/诶+眼' 구조는 복수 의미를 표현할 수 있고 '眼'은 문장 목적어 위치에서 단독적으로 나타나면 그에 의해 범주화된 복수, 비한정 명사적 대상을 지시할 수 있다. '眼'은 '一+분류사+분류사' 중첩 구조에 들어가서 화자 주관적 인식에서의 소량을 나타낼 수 있다.

한국어, 표준 중국어와 상하이방언에서 확대된 분류사 수량 표현은 어순이 같다. 그러나 범언어적으로 보면 '소유구조+지시사+수량구조+형용사+명사'라는 구조는 모든 분류사 언어에서 확대된 분류사 수량 표현의 공통적인 어순이 아니다. 범언어적인 자료를 통해서 분류사 수량 표현에 관한 하나의 궤층구조를 다음과 같이 정리했다.

소유구조-지시사-수량사-분류사-형용사-
명사
-형용사-수량사-분류사-지시사-소유구조

위 궤층구조는 유형론적 보편성을 가지지만 실제 생활에서 어순은 다양한 유형론적 원칙의 경쟁으로 결정되어서 확대된 분류사 수량 표현의 어순은 이와 다르게 나타날 수도 있다. 연구과정에서 길고 복잡한 관형사형 성분이 복합구조의 외부로 이동하려는 경향이 있다는 사실을 발견하였다.

언어목록유형론의 시각으로 보면 한국어, 표준 중국어와 상하이방언 분류사의 현저성 정도는 '상하이방언>표준 중국어>한국어' 순서로 나타난다.

한국어 복수표지는 '-들, -희, -네' 등 세 가지가 있다. 그중 '-희'는 비생산적이고 한국어에서 배타적 복수표현을 형성할 수 있는 유일한 복수표지이다. '-네'는 연합적 복수를 표현하는 표지인데 주로 '무리나 집'이라는 뜻을 나타낸다. '-들'은 사용 범위가 넓고 의미적 기능도 다양하다. 집합적, 연합적과 배분적 복수 의미를 모두 나타낼 수 있고 비전형적인 위치에서 화용적인 의미도 표현할 수 있다.

표준 중국어 복수표지 '们'은 집합적 복수와 연합적 복수만 나타낼 수 있다. 논문이나 연설 같은 문체에서 '们'은 단수 1인칭과 결합해서 화자 발화의 객관성을 높이는 화용적 기능을 한다. 표준 중국어의 불특정 양사 '些'는 지시사 '这/那'와 결합해서 복수 의미를 나타내기도 한다. 이때 복수 의미는 집합적이다.

상하이방언에서 전문적인 복수표지인 '拉'는 연합적 복수만 나타낼 수 있고 기능 확장 추세도 약하다. '拉'의 어원은 북부 오방언에서 처소, 거주지라는 뜻을 나타내는 '里'인데 복수표지로 문법화되는 과정에서 재분석, 추론, 환유와 일반화 등 기제가 작용하였다. 통사적 위치 때문에 지금 '拉'는 추론을 통해 '가족, 소속'이라는 뜻을 나타내는 조사로 변화하고 있다. 상하이방언 불특정 양사 '眼'은 지시사 '这/那'와 결합해서 집합적 복수 의미를 나타낸다.

전체적으로 보면 이 세 가지 언어(방언)에서 복수표지의 현저성은 '한국어>표준 중국어>상하이방언' 순서로 나타나고 분류사의 현저성 등

급은 이와 반대로 된 순서로 나타난다. 그러므로 한 언어(방언)의 수단 목록에서 분류사의 강한 현저성은 복수표지의 제한적인 분포와 약한 기능 확장 추세를 함축한다고 할 수 있다.

마지막으로 이 책은 유표성차이가설 및 의미지도로 분류사와 복수표지의 습득 난이도 및 습득 순서 등을 예측하였다.

중국인 학습자에게 한국어 분류사의 의미적 기능을 이해하는 것이 쉽지만 한국어 분류사 구조의 표기량이 중국어보다 많아서 통사−의미적 관계와 구조적 의미를 파악할 때 어려움이 있을 것이라고 판단된다. 한국어 복수표지를 배울 때 중국인 학습자는 '−들'의 집합적, 연합적 복수 의미를 쉽게 습득할 수 있지만 배분적 복수와 비전형적 복수를 나타내는 '−들'의 의미를 상대적으로 늦게 습득하고 그 과정에서 일정한 어려움이 있을 것이라고 판단된다.

한국인 학습자는 중국어 분류사 수량 표현의 기본적 구조 및 중첩 구조를 습득하는 데 어려움이 많지 않을 것이라고 판단되지만 중국어 분류사의 확대, 축소된 수량 표현은 한국어 대응 형식보다 표기량이 많아서 습득하기가 어렵다. 그리고 의미지도를 보면 중국어 분류사는 한국어 분류사보다 의미적 기능이 많고 '个'를 비롯한 일부분 특수 분류사는 일반 분류사보다 더 많은 확장 기능이 있다. 중국어 분류사 표현의 확대, 축소 구조뿐만 아니라 문장에서 분류사 의미적 기능을 이해하는 것도 한국인 학습자에게 어려울 것이다. 복수표지 '们'은 '−들'에 비해 유정성 제약이 엄격하고 배분적 복수 기능이 없다. 따라서 한국인 학습자는 '们'을 처음 배울 때 과도 사용의 현상이 있을 것이다.

## 6.2 남은 문제

이 책은 세 가지의 남은 문제가 있고 향후 연구과제로 하고자 한다.

첫째, 표준 중국어와 상하이방언에서 '个'는 매우 높은 빈도로 쓰이는 분류사이고 각종 구조에도 들어간다. 일부분 학자는 '个化'라는 개념도 제시했다. 이 책은 문장에서 단독적으로 나타나는 '个'의 통사-의미적 기능을 살펴봤지만 '个'가 들어가 있는 각종 구조의 전체적 의미 그리고 이 구조들에서 '个'의 기능을 깊이 고찰하지 못했다. 이 부분에 대해 앞으로 더 많은 연구를 하겠다.

둘째, 한국어와 중국어에서 원형명사(光杆名词)로 복수를 나타내는 현상을 흔히 발견할 수 있다. 원형명사로 나타나는 복수와 복수표지로 나타나는 복수가 어떤 의미적 차이가 있는지를 향후 연구를 통해서 밝히고자 한다. 그리고 한국어와 중국어에서 복수표지와 분류사가 한 명사구에서 공기하지 못하는 이유에 대해서도 연구하겠다.

마지막으로 제5장에서 예측된 습득 난이도와 습득 순서를 실증적 연구를 통해 검증하겠다. 이를 통해 문법 형식의 유표성과 습득에 영향을 주는 다른 요인 간의 상호작용 양상을 살펴보겠다.

[1] 강덕수(2018), 퉁구스어(에벤어·에벤키어)와 한국어의 복수 형태에 대한 비교 연구[J], 이중언어학 제70호, 1-27쪽.

[2] 강방(2010), 한.중 분류사의 기능과 의미 대조 연구[D], 전북대학교 국어국문학과 석사학위논문.

[3] 강범모(2007), 복수성과 복수 표지[J], 언어학 제47호, 3-31쪽.

[4] 강신(1995), 현대 몽골어의 분류사와 양화구문[J], 몽골학 제3호, 1-20쪽.

[5] 고영근(2012), 민족어 대명사의 복수표지와 그의 유형적 특징[J], 형태론 제14권 제2호, 171-183쪽.

[6] 고영근, 구본관(2018), 우리말 문법론[M], 서울:집문당.

[7] 곽새라(2017), 페르시아어 분류사 연구[J], 중동연구 제35권 제3호, 103-126쪽.

[8] 곽은주, 진실로(2011), 텍스트 차원에서의 복수표현의 영한번역전략[J], 번역학연구 제12권 제1호, 7-34쪽.

[9] 곽추문(1996), 한국어 분류사 연구[D], 성균관대학교 국어국문학과 박사학위논문.

[10] 곽추문(2000), 한중 양국 한자 분류사의 쓰임 비교[J], 한국어 의미학 제7호, 1-28쪽.

[11] 구본관(2015), 한국어 문법 총론[M], 서울:집문당

[12] 근보강(2010), 한·중 분류사 대조와 한국어 분류사 교육-유형론적 의미 대조와 어휘 습득 난이도를 중심으로[J], 한국언어문화학 제7권 제2호,

1−21쪽.

[13] 김민수(1971), 국어문법론[M], 서울:일조각.

[14] 김선효(2005), 국어의 분류사와 문법화[J], 한국어학 제27호, 107−123쪽.

[15] 김소영(2017), 복수형 표지와 유생성 제약에 관한 언어 습득 연구[A], 새한영어영문학회 학술발표회 논문집[C], 159−161쪽.

[16] 김소영(2017), 한국어 복수표지 '−들'과 유생성에 대한 코퍼스 분석 연구[J], 인문사회과학연구 제57호, 225−246쪽.

[17] 김수정(2010), 복수표지 '−들'의 실현 양상에 대한 유형론적 연구[D], 영남대학교 국어국문학과 석사학위논문.

[18] 김수진(2003), 국어 명사의 단위적 용법 연구[D], 연세대학교 국어국문학과 석사학위논문.

[19] 김양진, 단명결(2015), 한,중 한자어 인간성 분류사 역사적 비교[J], 중국언어연구 제58호, 227−264쪽.

[20] 김영민(2010), 현대중국어의 복수 표현 연구:'們'과 원형명사 복수 의미 비교를 중심으로[J], 중국어문학논집 제63호, 115−131쪽.

[21] 김영민, 백이연(2018), 한중일 복수 표현 대조 연구−한중일 영문 대역본을 중심으로[J], 외국어연구 제44호, 71−86쪽.

[22] 김영희(1981), 부류 셈숱말로서의 셈가름말[J], 배달말 제6권 제1호, 1−28쪽.

[23] 김영희(1987), 셈숱말의 영역과 셈숱말 올리기[J], 동서문화 제19호, 265−286쪽.

[24] 김은일(2000), 유생성의 문법[J], 현대문법연구 제20호, 서울:현대문법학회, 71−96쪽.

[25] 김은희(2016), 현대 중국어의 'V+个+X'구문의 특징 고찰[J], 한중인문학연구 제52호, 207−228쪽.

[26] 김예인(2020), 한국어 복수표지 '들' 문법성 인식양상 연구 :학습자말뭉치 분석 및 인식조사를 중심으로[D], 연세대학교 한국학협동과정 석사

학위논문.

[27] 김지홍(1994), 수량사를 가진 명사구의 논항구조[J], 배달말 제19권 제1
호, 1-48쪽.

[28] 김충실(2014), 扩展生命度层级在汉韩复数标记上的反映[J], 한중인문학
연구 제44호, 329-340쪽.

[29] 김충실(2015), 한국어 격조사 분류와 유정성[J], 한국(조선)어교육연구
제11호, 73-87쪽.

[30] 김충실, 악일비(2020), 언어유형론과 한국어문법연구[M], 서울:박이정.

[31] 김하수(1976), 한국어 수량사 내포구문의 통사론적 연구[D], 연세대학교
국어국문학과 석사학위논문.

[32] 김혜진(2020), 현대중국어 'V个N'구문의 생성기제와 화용적 기능[J], 중
어중문학 제 79집, 115-145쪽.

[33] 나옥봉(2016), 한국어 단위성 의존명사와 중국어 양사 비교 연구[D], 강
원대학교 국어국문학과 석사학위논문.

[34] 나자루딘(2010), 한국어와 인도네시아어의 수 분류사 비교 연구:'개'와
'buah'를 중심으로[D], 인하대학교 국어국문학과 석사학위논문.

[35] 남기심, 고영근(2011/2014), 표준국어문법론[M], 서울:탑출판사.

[36] 노대규(1977), 한국어 수량사구의 문법[J], 어문논집 제18호, 209-226쪽.

[37] 노성화(2015), 한국어 준구어와 한국어 듣기 교재제시대화문의 비교 연
구:의존명사의 쓰임을 중심으로[J], 새국어교육 제103호, 391-414쪽.

[38] 노은주(2008), 한국어의 무표형과 '들'-복수형의 의미[J], 담화와 인지 제
15권 제1호, 43-62쪽.

[39] 단명결(2015), 한중 한자어 분류사 통시적 대조 연구[D], 경희대학교 국
어국문학과 박사학위논문.

[40] 루징(2012), 한중 복수표지 대조 연구:'들'과 '们' 중심으로[D], 연세대학
교 국어국문학과 석사학위논문.

[41] 리우팡(2015), 한국어 분류사의 인지언어학적 연구[D], 경북대학교 국어

국문학과 박사학위논문.

[42] 묘우(2018), 한국어 단위성 의존명사와 중국어 양사 대조 연구[D], 상명대학교 국어국문학과 석사학위논문.

[43] 박선옥(1997), 양화사의 위치와 담화적 기능[J], 영미어문학 제50호, 245-266쪽.

[44] 박성훈(1985), 단위어 연구[J], 한문학논집 제3호, 213-235쪽.

[45] 박소영(2009), 수량사 구성의 형태-통사론적 분석[J], 형태론 제11권 제1호, 1-27쪽.

[46] 박은진(2016), 그림책 읽기 후 이야기 짓기 활동이 유아의 분류사 습득에 미치는 영향[D], 중앙대학교 유아교육학과 석사학위논문.

[47] 박재희(2018), 국어 문법 단위와 접어 설정에 관해서[J], 코기토 제84호, 219-244쪽.

[48] 박정구(2012), 유형론적 관점에서 본 중국어 분류사의 발전 및 그와 한국어의 관련성[J], 국어학 제63호, 391-412쪽.

[49] 박진호(2011), 소유 분류사와 한국어의 속격 표지[J], 한국어 유형론 연구회 발표문.

[50] 박철우(2010), 들-표지 명사구의 구조와 의미[J], 한국어 의미학 제31호, 51-75쪽.

[51] 박태윤(1948/2009), 중등국어문법[M], 역대한국문법대계, 서울:박이정.

[52] 배영환(2015), 언간에 나타난 분류사의 분포와 의미 연구[J], 언어학연구 제36호, 137-159쪽.

[53] 백미현(2002), 한국어 복수 의미 연구[J], 담화와 인지 제9권 제2호, 59-78쪽.

[54] 보로비악(2010), 비분류사 언어로서의 폴란드어 분류사의 특성[J], 슬라브학보 제25권 제3호, 45-74쪽.

[55] 비조위(2014), 한·중·일 인간성 분류사에 대한 대조 연구 :대우관계를 중심으로[D], 한국외국어대학교 국어국문학과 석사학위논문.

[56] 사례(2015), 한국어의 연합적 복수에 대한 연구[J], 국어학 제75호, 271-297쪽.

[57] 사례(2015), 사천 로주방언의 복수표지 "사(些)", "화(伙)", "문(們)", "가(家)/가가(家家)"에 대한 연구[J], 중국언어연구 제61호, 251-273쪽.

[58] 서정수(1969), 국어 의존명사의 변성문법적 분석[J], 국어국문학 제42호, 155-197쪽.

[59] 석수영, 리우팡(2018), 한중 신체어의 분류사적 쓰임 비교[J], 언어학연구 제46호, 145-167쪽.

[60] 석주연(2009), 국어 분류사의 수량화 기능에 대한 일고찰:'뭉치류' 분류사의 기능과 발달을 중심으로[J], 우리말글 제47호, 25-46쪽.

[61] 석주연(2011), 조선 시대 의학서 언해류에 나타난 분류사의 종류와 기능[J], 우리말글 제51호, 29-49쪽.

[62] 손설매(2003), 한일 분류사 비교 연구[D], 전남대학교 국어국문학과 박사학위논문.

[63] 신성철, 배영환(2018), 〈정조의 한글편지〉에 대한 국어학적 연구[J], 영주어문 제39호, 33-59쪽.

[64] 악일비(2018), 한, 중, 일, 베트남어 고빈도 재귀대명사 의미지도 연구[J], 어문론총 제76호, 161-190쪽.

[65] 악일비(2019), 유형론 시각에서의 명사 분류사와 복수 표지 의미 기능 대조연구:상하이방언, 표준 중국어와 한국어를 대상으로[J], 중국어교육과 연구 제29호, 95-124쪽.

[66] 악일비, 김충실(2018), 제2언어습득연구에서 Markedness Theory의 적용[J], 한국어교육연구 제12권 제2호, 40-65쪽.

[67] 안경환(2017), 베트남어 분류사의 유형과 통사적 특징[J], 베트남연구 제15호, 129-145쪽.

[68] 안수정(2014), 수 분류사의 유형적 특성 연구 :한국어와 중국어, 일본어, 베트남어의 비교를 중심으로[D], 경희대학교 국어국문학과 석사학위논문.

[69] 안확(1917/2009), 조선문법[M], 서울:박이정.

[70] 연재훈(1995), 기능-유형 문법에서의 분석과 설명[J], 언어학 제17호, 203-230쪽.

[71] 연재훈(1996), 여격 주어 구문에 대한 범언어적 연구[J], 국어학 제28호, 241-275쪽.

[72] 염초(2012), 한중 복수표지 '들'과 '们'에 대한 대조 연구[J], Journal of Korean Culture 제20호, 27-54쪽.

[73] 염초(2013), 조한 명사 수량 표현의 류형론적고찰[J], 중국조선어문 제187호, 49-57쪽.

[74] 오상언(2014),한·중 분류사구에 관한 비교 연구[J], 열린정신 인문학연구 제15권 제1호, 205-233쪽.

[75] 오성애(2009), 조선어 복수표지 "-들"에 대하여[J], 중국조선어문 제162호, 28-33쪽.

[76] 오효뢰(2019), 한국어 단위성 의존명사와 중국 광동어 양사 비교 연구[D], 강원대학교 국어국문학과 석사학위논문.

[77] 옥정미(2000), 현대 국어 복수 표지'들'의 연구[D], 아주대학교 국어국문학과 석사학위논문.

[78] 왕슈에(2013), 한국어 분류사 교육 방법 연구[D], 부산대학교 외국어로서의 한국어교육전공 박사학위논문.

[79] 왕징(2019), 한국어와 중국어의 복수표지에 대한 대조 연구[D], 국제한국언어문화학과 석사학위논문.

[80] 왕흠범(2019), 중국어권 학습자를 위한 한국어 교육용 분류사 선정 연구[J], 연세대학교 국어국문학과 석사학위논문.

[81] 우형식(1996), 분류사의 수량 명사구 분석[J], 한어문교육 제4호, 373-388쪽.

[82] 우형식(2000), 한국어 분류사의 기능과 범위[J], 한글 제248호, 49-84쪽.

[83] 우형식(2000), 분류사 언어와 분류사의 유형[J], 牛岩斯黎 제10호,

37−50쪽.

[84] 우형식(2001), 한국어 분류사의 부류 표시 기능 연구[M], 서울:박이정.

[85] 우형식(2003), 동 아시아 주요 언어에 나타나는 수 분류사 구성 형식의 대조[J], 언어 제28집 제3호, 427−449쪽.

[86] 우형식(2004), 수 분류사의 형태 실현과 부류화 기능[J], 외대론총 제28호, 509−532쪽.

[87] 우형식(2005), 한국어 분류사의 원형론적 분석[J], 우리말연구 제17호, 71−95쪽.

[88] 우형식(2005), 한일 양어 수 분류사의 명사 부류화 기능에 관한 대조적 연구[M], 서울:제이앤씨.

[89] 우형식(2015), 이윤석의 'Classifiers in Korean(2014)' 다시 읽기[J], 형태론 제17권 제1호, 123−141쪽.

[90] 유길문, 팽아곤(2017), 조선어 복수표지 '들'의 화용적 기능에 대하여[J], 중국조선어문 제207호, 29−34쪽.

[91] 유동석(1984), 양태조사의 통보기능에 대한 연구[J], 국어연구 제60호.

[92] 유동준(1983), 국어분류사와 수량화[J], 국어국문학 제89호, 53−72쪽.

[93] 유정정(2014), 말뭉치기반 한중 분류사 대조연구[D], 연세대학교 국어국문학과 박사학위논문.

[94] 유현경(2007), '에게'와 유정성[J], 형태론 제9권 제2호, 257−275쪽.

[95] 유현경(2019), 한국어 표준 문법[M], 서울:집문당.

[96] 이경(2010), 한국어 분류사와 중국어 양사 대비 연구[D] 충남대학교 국어국문학과 석사학위논문.

[97] 이귀옥(1997), 아동의 언어습득 과정에서 나타나는 국어분류사의 과대확장 현상[J], 논문집 제18권 제1호, 33−47쪽.

[98] 이남순(1995), 수량사 구성의 몇 문제[J], 애산학보 제16호, 43−67쪽.

[99] 이다미(2006), 유표성과 L2 수량 분류사 습득[J], 이중언어학 제31호, 153−169쪽.

[100] 이상신(2018), 단위성 의존명사 '장'의 동남방언[J], 방언학 제28호, 171-191쪽.

[101] 이상춘(1946/2009), 국어문법[M], 역대한국문법대계, 서울:박이정.

[102] 이선영, 신혜원(2013), 한국어 학습자의 수 분류사 습득과 입력빈도의 영향[J], 새국어교육 제95호, 391-422쪽.

[103] 이성하(2006), 문법화의 이해[M], 서울:한국문화사.

[104] 이숭녕(1956/2009), 고등국어문법[M], 역대한국문법대계, 서울:박이정.

[105] 이쉐신원(2019), 한국어·미얀마어의 복수 표지 '-들'과 'tou', 'twei', 'mya'의 대조 분석 및 교육 방안 연구[J], 한글 제323호, 191-221쪽.

[106] 이영제(2011), 수 분류사 구성과 파생접사 결합형의 구조와 기능[J], 한국어학 제53호, 313-334쪽.

[107] 이운재(2019), 2차원 분류사의 범주 확장에 관한 연구[J], 중국문학 제98호, 215-232쪽.

[108] 이은교(2008), 현대국어 보조사 '를'에 대한 연구[D], 한국외국어대학교 국어국문학과 박사학위논문.

[109] 이정은(2013), 한국어 학습자를 위한 단위명사 교육 방안 연구[D], 경희대학교 외국어로서의 한국어교육전공 석사학위논문.

[110] 이지은(2013), 언어유형론의 새로운 접근[J], 중국어문학논집 제81호, 223-250쪽.

[111] 이지은(2018), 어휘확산 이론을 통해 본 양사 '개'의 사용 변화:관화의 동물명사를 중심으로[J], 중국학보 제85호, 3-26쪽.

[112] 이태수(2019), 中國語의 複數 表現法과 元代 常用 複數標志 '每'의 語法化 硏究 —《忠義直言》을 중심으로[J], 중국학논총 제61호, 49-75쪽.

[113] 이해윤(2018), 부사 "-들"과 배분 해석[J], 언어 제43권 제2호, 373-390쪽.

[114] 이형주(2019), '명사+분류사' 구문의 文法과 歷史的 變化[J], 어문연구 제47권 제2호, 73-102쪽.

[115] 이희승(1949/2009), 초급국어문법[M], 역대한국문법대계, 서울:박이정.

[116] 임동훈(1991), 현대 국어 형식 명사 연구[J], 국어연구 제103호.

[117] 임동훈(2012), 복수의 형식과 의미[J], 한국어 의미학 제39집, 25-49쪽.

[118] 임지룡, 리우팡(2017), 한 · 중 언어를 통해 바라본 분류사의 의미 특성 [J], 언어과학연구 제80호, 325-348쪽.

[119] 임홍빈(1979), 복수성과 복수화[J], 한국학논총 제1호, 179-281쪽.

[120] 임홍빈(2000), 복수표지 '들'과 사건성[J], 애산학보 제24호, 3-50쪽.

[121] 장하연(2019), 한 · 중 인간성 분류사의 대조 연구[D], 이화여자대학교 국어국문학과 석사학위논문.

[122] 장홍수(2010), 중국인 한국어 학습자를 위한 한국어 한자억계 분류사 교육 방안에 관한 연구:중국어 양사와 대조연구를 바탕으로[D], 중앙대학교 한국어교육학과 석사학위논문.

[123] 장회견(2017), 한국어 명사적 표현의 현저성에 대한 연구[D], 서울대학교 국어국문학과 박사학위논문.

[124] 전재연(2003), 한국어 복수 표지의 복사[J], 불어불문학연구 제56권 제2호, 834-861쪽.

[125] 전재연(2004), 불어와 한국어 유동 수량사 연구[J], 불어불문학연구 제59호, 297-336쪽.

[126] 정경숙(2011), 영어 복수 명사 번역과 한국어 형태소 '-들'의 의미[J], 새한영어영문학 제53집 제3호, 237-262쪽.

[127] 정경재(2011), 분류사 '점'이 수량화하는 범주의통시적 변화[J], Journal of Korean Culture 제16호, 1-25쪽.

[128] 정상희(2016), 복수 표현의 복수성과 화용적 의미[J], 한국어 의미학 제52집, 서울:한국어의미학회, 31-59쪽.

[129] 정염방(2018), 한국어 분류사에 관한 연구[D], 공주대학교 국어국문학과 박사학위논문.

[130] 정해권(2017), 한국어 수사구의 언어유형론적 고찰[J], 언어학 제25권

제1호, 183-202쪽.

[131] 정혜(2011), 한국어 복수표지 '들'에 관하여[J], 언어학연구 제19호, 281-302쪽.

[132] 조아임, 이선웅(2017), 한국어 간접복수표현의 의미 해석- '마다'와 '매'의 의미를 중심으로[J], 한민족어문연구 제57호, 309-338쪽.

[133] 조은숙(2019), 한국어와 터키어의 복수표현을 통한 표현구조 대조 -'들'과 '-lar'을 중심으로[J], 어문학 제145호, 61-92쪽.

[134] 주향아(2013), '와/과' 등위 접속 명사구의 형성과 어순에 관한 연구[J], 한국어의미학연구 제42호, 223-245쪽.

[135] 증상홍, 백수진(2016), '双, 一双'的性质和功能之历时考察[J], 한중인문학연구 제51호, 283-304쪽.

[136] 진려봉(2012), 유형론적 관점에서 본 한국어 분류사 연구[D], 서울대학교 국어국문학과 박사학위논문.

[137] 채옥자(2013), 조선어와 한어의 분류사범주의 대조[J], 중국조선어문 제195호, 11-18쪽.

[138] 채완(1982), 國語數量詞句의 通時的 考察[J], 진단학보 제53호, 155-170쪽.

[139] 채완(1983), 국어 數詞 및 數量詞句의 유형적 고찰[J], 국어연구 제19권 제1호, 19-34쪽.

[140] 채완(1996), 국어의 분류사 '개'의 차용 과정과 의미[J], 진단학보 제82호, 193-215쪽.

[141] 최영(2020), 한·중·일 수 분류사의 대조 연구-〈인간성〉수 분류사를 중심으로[D], 고려대학교 국어국문학과 석사학위논문.

[142] 최윤(2018), 韓國語 複數標識 '들'에 對한 考察:依存名詞 '들'을 中心으로[J], 어문연구 제46권 제4호, 91-117쪽.

[143] 최재익(1918/2009), 조선어의선생[M], 역대한국문법대계, 서울:박이정.

[144] 최정도(2017), 한국어 수량 표현의 계량적 연구[D], 연세대학교 국어국

문학과 박사학위논문.

[145] 최정혜(1999), 국어 명사의 단위성 연구:수량 표현에서의 의미를 중심
으로[D], 고려대학교 국어국문학과 석사학위논문.

[146] 최현배(1937/1961/2009), 우리말본[M], 역대한국문법대계, 서울:박이정.

[147] 최형용(2017), 한국어 분류사 연구[M], 서울:역락, 2017.

[148] 표국남(2014), 한국어와 베트남어의 수 분류사 대조 연구[D], 동국대학
교 국어국문학과 석사학위논문.

[149] 한송화(1999), 수사와 수량사구[J], 사전편찬학연구 제9호, 265-289쪽.

[150] 홍기문(1947/2009), 조선문법연구[M], 역대한국문법대계, 서울:박이정.

[151] 홍사만(2008), 한일어 분류사의 대조 연구[J], 언어과학연구 제44집,
1-27쪽.

[152] 홍양추(1987), 국어 매인이름씨 연구[D], 건국대학교 국어국문학과 박
사학위논문.

[153] 홍연옥(2019), 중국어 수 표지 체계의 변이 양상 연구[J], 중어중문학 제
77집, 271-294쪽.

[154] 홍영(2014), 한중 복수표지 '들'과 '們'의 분포와 의미[J], 문창어문논집
제51호, 151-172쪽.

[155] 홍용철(2003), 비해석성 복수표지 "들"[J], 프랑스어문교육 제15호,
253-285쪽.

[156] Luiza, Z.(2020), 한국어와 러시아어 형상성 분류사 대조 연구[D], 이화
여자대학교 국어국문학과 박사학위논문.

[157] Ramstedt, G. J.(1939/2009), A Corean Grammar[M], 역대한국문법대계,
서울:박이정.

[158] Scott, A.(1893/2009), Corean manual[M], 역대한국문법대계, 서울:박이정.

[159] Whaley, L.(2010), 김기혁 역, 언어유형론[M], 서울:소통.

[160] Aikhenvald, A.Y.(2000), Classifiers:A Typology of Noun Categorization
Devices[M], Oxford:Oxford University Press.

[161] Allan, K.(1977), Classifiers[J], Language 53-2, Baltimore:Waverly Press, 285-311쪽.

[162] Anderson, I.(1982), The perfect as a universal and as a language particular category[A], Tense-Aspect:Between Semantics ans Pragmatics, Amsterdam:John Benjamins, 227-264쪽.

[163] Craig C. A.(1994), Classifier Languages[A], The Encyclopedia of Language and Linguistics Volume 2[C], London:Pergamon Press.

[164] Comrie, B.(1981), Language Universals and Linguistic Typology[M], Chicago:University of Chicago Press.

[165] Corbett, G. G.(2000), Number[M], Cambridge:Cambridge University Press.

[166] Croft, W.(1990), Typology and Universals[M], Cambridge:Cambridge University Press.

[167] Croft, W.(2003), Typology and Universals[M], Cambridge:Cambridge University Press.

[168] Dik S. C.(1978), Functional Grammar[M], Amsterdam/New York/ Oxford:North-Holland Publishing Company.

[169] Dixon, G.(1994), Ergativity[M], Cambridge:Cambridge University Press.

[170] Eckman, F.(1977), Markedness and the Contrastive Analysis Hypothesis[J], Language Learning 27, 315-330쪽.

[171] Greenberg, J. H.(1954), Studies in African linguistic classification:Further remarks on method, revisions and corrections[J], Southwestern Journal of Anthropology 10, 405-415쪽.

[172] Greenberg, J. H.(1963), The Languages of Africa[M], Bloomington:Indiana University.

[173] Greenberg, J. H.(1972), Numeral Classifiers and Substantival Number:Problems in the Genesis of a Linguistic Type[J], Working Papers

in Language Universals 9, 1−40쪽.

[174] Haspelmath, M(2003), The geometry of grammatical meaning:semantic maps and cross−linguistic comparison. The New Psychology of Language, 211−242쪽.

[175] Hopper, P. and Thompson, S.A.(1980), Transitivity in Grammar and Discourse[J]. Language 56, Washington, DC:Linguistic Society of America, 251−299쪽.

[176] Langacker, R. W.(1993), Reference−point Construction[J], Cognitive Linguistics 4 (1), Berlin:Walter de Gruyter, 1−38쪽.

[177] Lyons, J.(1977), Semantics 2[M], Cambridge:Cambridge University Press.

[178] Silverstein, M.(1976), Hierarchy of Features and Ergativity[A], Grammatical Categories in Australian Languages[C]. New York:Humanities Press, 112−171쪽.

[179] Ridel, F.(1881). Grammarie Coreenne[M], Yokohama:Kelly & Walsh.

[180] Sweet, H.(1913), Collected Papers[M], Oxford:Oxford University Press.

[181] Taylor, J. R.(1989), Linguistic Categorization:Prototypes in Linguistic Theory[M], Oxford:Clarendon Press.

[182] Underwood, H. G.(1890), An introduction to the Korean Spoken Language, Yokohama:Kelly & Walsh.

[183] Yamamoto, M.(1988), Animacy and Reference[M], Amsterdam:John Benjamins.

[184] Zobl, H.(1983), Markedness and the Projection Problem[J], Language Learning 33, 293−313쪽

[185] 安丰存, 程工(2014), 生成语法视角下汉语量词句法功能研究[J], 解放军外国语学院学报2014年第3期,51−58页.

[186] 安丰存, 赵磊(2016), 现代汉语"量名"结构类型学分析[J], 汉语学习2016年第3期, 53−63页.

[187] 步连增(2011),语言类型学视野下的汉语量词研究[D], 山东大学汉语言文字学专业博士学位论文.

[188] 苍静波(2011), 汉语儿童人称代词习得研究[D], 黑龙江大学英语语言文学专业硕士学位论文.

[189] 陈俊和(2009), 现代汉语"X+们"的语义功能研究[D], 复旦大学现代汉语语言学专业博士学位论文.

[190] 陈实(2012), 上海话类复数标记"拉"及吴方言类复数标记研究[D], 上海师范大学语言学及应用语言学专业硕士学位论文.

[191] 陈淑梅(2014), 鄂东方言的小称与主观小量[J], 江汉学术2014年第4期, 123-128页.

[192] 陈勇(2011), 汉语数量范畴及其非范畴化研究[D], 暨南大学汉语言文字学专业博士学位论文.

[193] 陈勇(2014), 试论语言范畴下"语义"的动态变化——以汉、英数量范畴为例[J], 北京科技大学学报(社会科学版)2014年第3期, 17-22页.

[194] 陈玉洁(2007), 量名结构与量词的定语标记功能[J], 中国语文第321期, 516-530页.

[195] 陈振宇, 刘承峰(2009), "数"范畴的修辞视角[J], 修辞学习2009年第4期, 34-42页.

[196] 崔健(2009), 汉韩复数表达对比三题[J], 语言教学与研究2009年第6期, 40-47页.

[197] 戴庆厦(1998), 藏缅语族语言研究[M], 昆明:云南民族出版社.

[198] 丁声树(1961/2010), 现代汉语语法讲话[M], 北京:商务印书馆.

[199] 房玉清(1992), 实用汉语语法[M], 北京:北京语言学院出版社.

[200] 高华年(2001), 印度尼西亚语的名词结构[J], 暨南大学华文学院学报2001年第1期, 68-76页.

[201] 高名凯(1948/1986), 汉语语法论[M], 上海:开明书店.

[202] 高仪贞(2017), 现代汉语数量表达的相关问题研究[D], 上海师范大学

语言学及应用语言学专业博士学位论文.

[203] 巩湘红, 常晨光(2011), 标记性研究的系统功能语言学视角[J],湖南师范大学学报第329期, 123−127页.

[204] 古川裕(2001), 外界事物的"显著性"与句中名词的"有标性"－－"出现,存在.消失"与"有界,无界"[J], 当代语言学第3卷第4期, 264−274页.

[205] 郭秋雯(2003), 韩语分类词的重叠[J], 韩国学论文集2003年第2期, 139−150页.

[206] 郭锐(2002), 现代汉语词类研究[M], 北京：商务印书馆.

[207] 郭锐(2012),概念空间和语义地图:语言变异和演变的限制和路径[J], 对外汉语研究2012年卷, 96−130页.

[208] 郭先珍(1987), 现代汉语量词手册[M], 北京：中国和平出版社.

[209] 何伟,马宸(2020), 从名词的数量范畴看汉英语言的生态性[J], 外语研究2020年第1期, 7−12页.

[210] 洪波(2012), 汉藏系语言类别词的比较研究[J], 民族语文2012年第3期, 3−15页.

[211] 胡越(2018), 针对泰国中小学汉语教学中名量词的教学设计[D], 天津师范大学汉语国际教育专业硕士学位论文.

[212] 黄伯荣, 廖旭东(2011), 现代汉语[M], 北京:高等教育出版社.

[213] 黄红霞(2018),《孟子》中的量范畴研究[D], 长江大学汉语史专业硕士学位论文.

[214] 黄平(2012), 汉藏语数量名结构语序研究[D], 中央民族大学语言学及应用语言学专业博士学位论文.

[215] 黄茜然(2015), 英语名词数范畴表征连续统建构研究[D], 哈尔滨师范大学外国语言学及应用语言学专业硕士学位论文.

[216] 姜浩(2019), 皖北涡阳方言量范畴表达形式及功能研究[D], 阜阳师范学院汉语言文字学专业硕士学位论文.

[217] 蒋颖(2008), 普米语个体量词及其类型学分析[J], 民族语文2008年第5

期，35–43页．

[218] 金福芬，陈国华(2002)，汉语量词的语法化[J]，清华大学学报(哲学社会科学版)第17卷增1期，8–14页．

[219] 金立鑫(2006)，语言类型学：当代语言学中的一门显学[J]，外国语2006年第5期，33–41页．

[220] 金嵘敏，白以然(2016)，同一文本的译本当中出现的韩中日复数标记对比研究[J]，国际汉语学报第7卷第1期，37–46页．

[221] 黎锦熙(1924/2000)，新著国语文法[M]，北京：商务印书馆．

[222] 李琛(2018)，汉语量词偏误研究[D]，西北大学汉语国际教育专业硕士学位论文．

[223] 李大勤(2001)，藏缅语人称代词和名词的"数"——藏缅语"数"范畴研究之一[J]，民族语文2001年第5期，28–39页．

[224] 李计伟(2017)，类型学视野下汉语名量词形成机制研究[M]，北京：商务印书馆．

[225] 李甲礼(2010)，韩汉语复数范畴表达形式对比[D]，华东师范大学对外汉语教学专业硕士学位论文．

[226] 李建平，张显成(2016)，汉语量词语法化动因研究[J]，西南大学学报(社会科学版)第42卷第5期，148–159页．

[227] 李蓝(2008)，汉语的人称代词复数表示法[J]，方言2008年第3期，224–243页．

[228] 李姗(2018)，云南个旧方言中"ABB"式、"B是B"式数量短语研究[D]，上海师范大学语言学及应用语言学专业硕士学位论文．

[229] 李善熙(2003)，汉语"主观量"的表达研究[D]，中国社会科学院研究生院语言学及应用语言学专业博士学位论文．

[230] 李双剑(2009)，副词+数量短语+名词"的句法语义研究[D]，首都师范大学语言学及应用语言学专业硕士学位论文．

[231] 李双剑，仇立颖(2016)，汉语量词本质研究综述[J]，国际汉语学报

2016年第1期，278-288页．

[232] 李艳惠，石毓智(2000)，汉语量词系统的建立与复数标记"们"的发展[J]，当代语言学第2卷第1期，27-36页．

[233] 李小凡(2015)，汉语多功能语法形式的语义地图研究[M]，北京：商务印书馆．

[234] 李宇明(1997)，主观量的成因[J]，汉语学习第101期，3-7页．

[235] 李宇明(1998)，论数量词语的复叠[J]，语言研究第34期，30-39页．

[236] 李宇明(1999)，一V…数量结构及其主观大量问题[J]，汉语学习1999年第4期，1-5页．

[237] 李宇明(2000)，汉语量范畴研究[M]，武汉：华中师范大学出版社．

[238] 李知恩(2011)，量词的跨语言研究[D]，北京大学汉语言文字学专业博士学位论文．

[239] 刘承峰(2007)，现代汉语"语用数"范畴研究[D]，复旦大学汉语言文字学专业博士学位论文．

[240] 刘承峰，陈振宇(2007)，现代汉语"语用数"的种类及其确定[J]，东方语言学2007年第1期，93-103页．

[241] 刘丹青(2011)，语言库藏类型学构想[J]，当代语言学第13卷第4期，289-303页．

[242] 刘丹青(2012)，汉语的若干显赫范畴：语言库藏类型学视角[J]，世界汉语教学第26卷第3期，291-305页．

[243] 刘丹青(2017)，语言类型学[M]，上海：中西书局．

[244] 刘丹青(2017)，显赫范畴的理论意义和应用价值[J]，首尔大学中文系特邀讲座发表文．

[245] 刘世儒(1965)，魏晋南北朝量词研究[M]，北京：中华书局．

[246] 刘晓红(2011)，指量名结构的语序及分布的类型学考察[D]，上海师范大学汉语言文字学专业硕士学位论文．

[247] 柳成姬(2016)，与现代汉语名词相关的选择性研究[D]，上海师范大学

语言学及应用语言学专业博士学位论文.

[248] 龙海艳(2011), 湖南方言常澧片的复数标记与列举标记研究[D], 湖南师范大学汉语言文字学专业硕士学位论文.

[249] 陆丙甫, 金立鑫(2015), 语言类型学教程[M], 北京:北京大学出版社.

[250] 陆丙甫, 应学凤, 张国华(2015), 状态补语是汉语的显赫句法成分[J], 中国语文第366期, 195−205页.

[251] 陆俭明(2014), 关于"有界/无界"理论及其应用[J], 语言学论丛2014年第2期, 29−46页.

[252] 栾孟颖, 柯子刊, 钟勇(2015), 汉日量词对比研究[J], 外语教育2015年卷, 56−63页.

[253] 罗常培, 傅懋勣(1954), 国内少数民族语言文字概况[J], 中国语文1954年第3期.

[254] 吕叔湘(1949), 说"们"[J], 国文月刊1949年第4期.

[255] 吕叔湘(1980), 现代汉语八百词[M], 北京:商务印书馆.

[256] 马建忠(1898/2010), 马氏文通[M], 北京:商务印书馆.

[257] 马伟(2013), 撒拉语形态研究[D], 中央民族大学语言学及应用语言学专业博士学位论文.

[258] 毛志萍, 阮春面(2017), 越南语分类词的类型学考察[J], 华中学术2017年第3期, 252−258页.

[259] 毛志萍(2019), 汉语方言名量词研究[D], 华中师范大学语言学及应用语言学专业博士学位论文.

[260] 潘奥(2019), 孟达撒拉语数范畴的类型学考察[J], 科学经济社会第37期, 1−11页.

[261] 潘悟云(2010), 汉语复数词尾考源[A], 量与复数的研究[C], 北京:商务印书馆.

[262] 彭晓辉(2008), 汉语方言复数标记系统研究[D], 湖南师范大学汉语言文字学专业博士学位论文.

[263] 彭晓辉(2013)，现代汉语数范畴构建论[J]，湖南社会科学2013年第3期，229-231页.

[264] 钱乃荣(1997)，上海话语法[M]，上海：上海人民出版社.

[265] 钱乃荣(1998)，吴语中的"个"和"介"[J]，语言研究 1998年第2期，78-89页.

[266] 钱乃荣(2008)，上海话大词典[M]，上海：上海辞书出版社.

[267] 桥本万太郎(2008)，语言地理类型学[M]，北京：世界图书出版公司.

[268] 乔会(2018)，清代笔记小说量词研究[D]，吉林大学汉语言文字学专业博士学位论文.

[269] 曲英梅(2009)，基于语料库的英汉动名化对比研究[D]，东北师范大学英语语言文学专业博士学位论文.

[270] 曲英梅，杨忠(2009)，英语名词数范畴的认知分析[J]，东北师大学报(哲学社会科学版)第241期，158-161页.

[271] 权裕璃(2000)，汉语与韩语的复数表示法比较[J]，汉语学习2000年第4期，39-43页.

[272] 热比古丽(2009)，《乌古斯传》语言词法系统研究[D]，新疆大学中国少数民族语言文学专业硕士学位论文.

[273] 桑紫宏(2016)，从汉英数范畴的差异看汉语复数标记"们"与数词的不兼容[J]，华东师范大学学报(哲学社会科学版)2016年第1期，111-115页.

[274] 桑紫宏(2016)，现代汉语数范畴研究[D]，华东师范大学语言学及应用语言学专业博士学位论文.

[275] 孙晓雪(2019)，量词与复数表达的类型学研究[D]，浙江大学语言学与应用语言学专业硕士学位论文.

[276] 邵敬敏(2008)，现代汉语通论[M]，上海：上海教育出版社.

[277] 沈家煊(1997)，类型学中的标记模式[J]，外语教学与研究第235期，1-10页.

[278] 沈家煊(2015)，不对称与标记论[M]，北京：商务印书馆.

[279] 盛益民(2013), 吴语人称代词复数标记来源的类型学考察[J], 语言学论丛2013年第2期, 211-233页.

[280] 盛益民(2014), 吴语绍兴柯桥话参考语法[D], 南开大学语言学及应用语言学专业博士学位论文.

[281] 盛益民(2017), 汉语方言定指"量名"结构的类型差异与共性表现[J], 当代语言学第19卷第2期, 181-206页.

[282] 施其生(1996), 广州方言的"量+名"组合[J], 方言1996年第2期, 113-118页.

[283] 施其生(2009), 广州方言的"形+量"组合[J], 语言科学2009年第5期, 487-492页.

[284] 史濛辉(2015), 苏州方言第一人称代词复数"伲"的来源及演变[J], 语言学论丛2015年第2期, 108-125页.

[285] 石毓智(2002), 量词、指示代词和结构助词的关系[J], 方言2002年第2期, 117-126页.

[286] 石毓智(2006), 语法化的动因和机制[M], 北京：北京大学出版社.

[287] 宋文辉, 白雪(2015), 河北正定方言滹沱河以南片的指示词[J], 河北师范大学学报(哲学社会科学版)第38期, 77-83页.

[288] 宋艳艳(2018), 枣庄方言量范畴研究[D], 陕西师范大学语言学及应用语言学专业硕士学位论文.

[289] 宋玉柱(1993), 量词"个"和助词"个"[J], 逻辑与语言学习1993年第6期, 44-45页.

[290] 孙文访(2012), 基于语言类型学的第二语言习得研究[J], 语言教学与研究2012年第2期, 1-8页.

[291] 孙文访(2018), "有"的概念空间和语义图[J], 中国语文2018年第1期, 15-36页.

[292] 陶寰, 盛益民(2018), 新描写主义与吴语的调查研究[J], 常熟理工学院学报(哲学社会科学)第1期, 110-118页.

[293] 唐承贤(2005)，标记理论在第二语言习得研究中的应用[J]，语言与翻译2005年第2期，61-65页．

[294] 田秀坤，韩琳(2019)，从认知语言学视角看俄语食物名词的数范畴[J]，中国俄语教学2019年第4期，20-27页．

[295] 王晨燕(2019)，上海手语数量表达调查报告[D]，复旦大学语言学及应用语言学专业硕士学位论文．

[296] 王刚(2014)，现代汉语数范畴研究综述——兼谈"数"和"量"含义的界定[J]，湖州师范学院学报第36卷第1期，80-84页．

[297] 王健(2013)，类型学视野下的汉语方言"量名"结构研究[J]，语言科学第65期，383-393页．

[298] 王力(1943/2014)，中国现代语法[M]，北京：商务印书馆．

[299] 王力(1956)，暂拟汉语教学语法系统[M]，北京：人民教育出版社．

[300] 王丽娟(2009)，从名词、动词看现代汉语普通话双音节的形态功能[D]，北京语言大学语言学及应用语言学专业博士学位论文．

[301] 王蕾雅(2019)，新加坡华语文学作品中的重叠现象研究[D]，西南大学语言学及应用语言学专业硕士学位论文．

[302] 王鲁男(2010)，标记性在语际迁移中作用的反思[J]，外语学刊地156期，98-100页．

[303] 王锡丽，吴继章(2015)，冀南晋语人称代词复数标记"-都"历史探源[J]，河北师范大学学报(哲学社会科学版)第38卷第6期，84-91页．

[304] 威廉·克罗夫特(2009)，语言类型学与语言共性[M]，上海：复旦大学出版社．

[305] 吴长安(2006)，现代汉语数范畴说略[J]，东北师大学报2006年第3期，94-99页．

[306] 吴建明(2018)，语言类型学的前沿探索[J]，语言教学与研究第190期，70-80页．

[307] 徐丹，傅京起(2011)，量词及其类型学考察[J]，语言科学第55期，561-

573页.

[308] 徐菊容(2015), 现代汉语数量名结构研究[D], 上海师范大学语言学及应用语言学专业博士学位论文.

[309] 徐茹钰(2018), 现代汉语描写型临时名量词研究[D], 宁波大学语言学及应用语言学专业硕士学位论文.

[310] 杨朝春(2013), 英语复数标记习得中的认知模式[J], 中国外语2013年第3期, 59−67页.

[311] 杨梅(2014), 母语迁移与英语复数名词短语的二语理解和产出[J], 外语教学与研究第46卷第1期, 69−81页.

[312] 杨炎华(2015), 复数标记"们"和集合标记"们"[J], 语言教学与研究2015年第6期, 78−88页.

[313] 尹洪山(2005), 语言类型学视角下的二语习得顺序研究[J], 2005年第5期, 63−65页.

[314] 叶子(2019), 分类词的统一描写框架[J], 常熟理工学院学报2019年第1期, 94−101页.

[315] 袁蕾(2015), 语言的主观性与维吾尔语的主观量[J], 语言与翻译2015年第4期, 52−55页.

[316] 翟雪霏(2015), 现代汉语概数范畴研究[D], 东北师范大学语言学及应用语言学专业硕士学位论文.

[317] 张斌, 胡裕树(1989), 汉语语法研究[M], 北京：商务印书馆.

[318] 张广勇, 王俊菊(2019), 二语水平和量词类型对汉语量词结构习得的影响[J], 现代外语第42卷第1期, 98−109页.

[319] 张欢(2010), 现代汉语名词的复数表达形式及其标记问题[M], 南昌大学汉语言文字学专业硕士学位论文.

[320] 张惠英(2001), 汉语方言代词研究[M], 北京：语文出版社.

[321] 张黎(2003), 汉语名词数范畴的表现方式[J], 汉语学习2003年第5期, 28−32页.

[322] 张玲(2014), 维汉语名词、动词和形容词标记现象对比研究[D], 新疆大学中国少数民族语言文学专业博士学位论文.

[323] 张妙香(2015), 汉泰表"周遍性、逐一"量完全复叠形式研究[D], 华东师范大学语言学及应用语言学专业硕士学位论文.

[324] 张薇(2012), 海盐话的指示代词研究[D], 浙江大学语言学及应用语言学专业博士学位论文.

[325] 张欣(1999), "个"的功能种种[J], 上海师范大学学报(哲学社会科学版)第28卷第1期, 49-53页.

[326] 张旭(2018), 英语"类量词"研究——兼与汉语量词作功能类型学对比[J], 外语教学与研究第50卷第2期, 173-185页.

[327] 张赪(2012), 类型学视野的汉语名量词演变史[M], 北京: 北京大学出版社.

[328] 赵国军(2015), 量的概念与汉语量范畴系统[J], 华东师范大学学报(哲学与社会科学版)2015年第3期, 137-145页.

[329] 赵瑞兰(2008), 汉语名词生命度初论[D], 华南师范大学语言学及应用语言学专业硕士学位论文.

[330] 郑美英(2011), 韩汉复数标记"들"与"们"的对比研究[D], 延边大学汉语言文字学专业硕士学位论文.

[331] 周清艳(2009), 现代汉语中"V个N/VP"结构与隐性量研究[D], 北京语言大学语言学及应用语言学专业博士学位论文.

[332] 周婷(2016), 湘北官话小称研究[M], 湖南师范大学汉语言文字学专业博士学位论文.

[333] 周小兵(1997), 广州话量词的定指功能[J], 方言1997年第1期, 45-47页.

[334] 朱德熙(1982), 语法讲义[M], 北京: 商务印书馆.

[335] 朱建新(2000), 凉山彝语声调的语法作用[J], 西南民族学院学报(哲学社会科学版)2000年第7期, 36-40页.

[336] 宗守云(2011), 量词范畴化的途径和动因[J], 上海师范大学学报(哲学

社会科学版)第40卷第3期, 109-116页.

[337] 宗守云(2014), 量词的范畴化功能及其等级序列[J], 上海师范大学学报
    (哲学社会科学版)2014年第1期, 120-128页.

[338] 左思民(2001), 试论现代汉语中数的语法范畴[A], 语言问题再认识:
    庆祝张斌先生从教五十周年暨八十华诞论文集[C], 上海:上海教育
    出版社.

가끔 이러한 추억이 떠오른다. 2009년 여름, 수능 성적이 나오고 진로를 선택해야 할 때였다. 나는 큰 망설임 없이 상해외대 한국어학과를 지망했다. 주변에 내가 왜 이렇게 선택을 했는지 궁금했던 사람이 많았지만 나의 대답이 간단했다. 문자가 특별해서 매력적인 것 같고 문화가 중국과 비슷하면서도 다른 점이 많아서 재미있을 것 같다. 어느덧 14년의 세월이 흘러갔다. 처음 입학했을 때 친구들과 교실에 앉아서 'ㅏ, ㅓ, ㅗ, ㅜ'를 배웠던 기억이 아직도 생생한데 이제는 박사과정도 졸업한 지 3년이 되었다. 대학원으로 진학한 후 줄곧 언어유형론과 인지언어학 분야에서 공부를 해 왔고 이 두 이론으로 박사 학위 논문을 쓰기도 했다. 이 책은 나의 박사 학위 논문을 기초로 완성한 것이다. 그 동안 공부의 성과이자 내 학습 생활에 대한 회고라고 할 수 있겠다. 박사과정에 있는 동안 과연 내가 해낼 수 있을지 여러 번 의심을 했고 논문을 쓰다가 어려움에 부딪칠 때 많이 방황하기도 하고 포기하고 싶기도 했다. 쉬운 길이 아니었다. 다행히 많은 분들에게서 도움을 받아서 내가 이 길을 완주할 수 있게 되었다. 이 자리를 빌려 감사의 말씀을 드리고 싶다.

우선 북경대학교 외국어대학 조선(한국)언어문화학과 왕단 교수님께 감사한다는 말씀을 드리고 싶다. 교수님 덕분에 나는 박사를 졸업한 후에 북경대학교에서 박사후 연구를 할 수 있게 되었다. 학술에 있어서 지도를 아끼지 않으실 뿐만 아니라 학부생에게 강의를 하고 학생 관리에 참여하는 소중한 기회도 주셔서 북경대학교에 있는 동안 나는 여러 면에서 좋은 경험을 쌓았고 성장을 했다.

상해외대 동양어대학 한국어학과에 계신 교수님들에게도 늘 감사하는 마음이다.

석사, 박사과정 때 나의 지도교수이신 김충실 교수님께 감사의 마음을 전하고 싶다. 교수님과의 첫만남은 학부 2학년 때의 쓰기 시간이었다. 그 당시에 한국어학과는 학생이 많았는데 하나의 학급에 학생 50명 안팎이 있었다. 첫 강의 때 교수님은 이러한 말씀을 하셨다. '여러분을 아직 모르지만 빠른 시간 내에 여러분의 이름을 기억하겠다. 이것은 교사로서의 책임이다.' 그 한 마디가 매우 인상적이었고 멋진 강의를 통해 좋은 교수님이 시라는 것을 다시 한 번 확인했다. 대학원에 입학한 후 교수님과의 인연이 계속 이어졌다. 교수님은 논문이 무엇인지도 잘 몰랐던 나에게 논문의 격식, 작성 방법부터 가르쳐 주셨고 각종 언어학 이론을 공부할 때 지도와 도움을 많이 주셨다. 나에게 학술지 투고와 학회 발표의 기회를 제공하셨고 이를 위해 부족한 내 논문을 일곱 번, 여덟 번까지 수정해 주셨다. 교수님과 함께했던 12년은 내가 한국어를 배우는 사람에서 한국어를 연구하는 사람으로 변하고 '학술'의 진정한 의미를 깨닫게 된 12년이다. 이 글을 쓰면서 많은 순간들이 생각났다.

어려움에 부딪쳐서 답답했던 순간, 논문 발표 강단에 오르기 전에 긴장했던 순간, 논문 등재가 확정돼서 흐뭇했던 순간, 이 모든 순간들에 교수님이 같이 계셔서 나는 안심하고 뿌듯했다. 그리고 앞으로도 언어학 연구의 길을 자신 있게 걸어갈 수 있게 되었다.

김기석 교수님께 감사의 말씀을 드리고 싶다. 학부, 석사와 박사 때 줄곧 김기석 교수님의 강의를 들었다. 내가 학부생이었을 때 김기석 교수님은 한국어 문법 수업을 강의하셨다. 교수님의 훌륭한 강의를 통해 문법 연구의 체계성과 논리적 엄밀성을 느끼게 되었고 언어학의 매력을 느끼게 되었다. 박식하신 교수님 덕분에 대학원 강의에서 언어학 지식과 방법론 뿐만 아니라 동서양 역사, 철학 그리고 각국의 언어 정책 등 좋은 정보를 많이 얻었고 나의 연구 시야를 넓혔다. 그리고 교수님은 나에게 소중한 학술대회 발표 기회를 주셨고 논문 창작 등에 있어서도 조언을 많이 주셨다.

상해외대 동양어대학 부학장이신 고륙양 교수님께 감사의 뜻을 표하고 싶다. 고륙양 교수님은 내가 학부를 졸업했을 때의 논문 지도교수이셨다. 그때 나는 어떤 원인으로 졸업이 눈앞이어도 진로를 찾지 못했다. 일년 후의 대학원 입시를 준비해야 할지, 아니면 그냥 아무데서나 일자리를 찾아야 할지 한동안 망설이었다. 교수님은 내 논문을 볼 때 틀이 잡혀 있고 잠재력이 있다고 말씀하셨다. 꽤나 유치한 논문이어서 격려의 마음으로 하신 말씀인 것 같은데 그때 나는 그 말씀에 대학원으로 가기로 했다. 교수님의 그 한 마디가 없었으면 지금의 내가 없을 것이다. 석사 때 고륙양 교수님의 한국어 논문 읽기 수업을 들었다. 교수님의 강의를 통해 어떤 논문이 좋은 논문인지, 분석과 논증을 어떻게 전개해야 하는지 등을 처음으로 알게 되었고 지금도 그 내용들이 소중하다고 생각한다.

이 외에 한국 문화, 역사를 가르쳐 주신 이춘호 교수님, 한국 문학을 가르쳐 주신 김영규 교수님, 박사 논문 답변과 예비답변 때 좋은 의견을 주신 강보유 교수님, 진염평 교수님, 조신건 교수님, 이종수 교수님과 최송호 교수님께 감사의 말씀을 드리고 싶다. 교수님들 덕분에 '한국학'이라는 학술 분야를 더 전면적으로 탐색할 수 있고 이 책의 미흡한 부분을 보완할 수 있다. 그리고 서울대학교 사범대학 국어교육학과에서 교환학생으로 공부했을 때 관심과 지도를 아끼지 않으셨던 구본관 교수님께도 감사의 말씀을 드린다.

같이 공부했고 좋은 추억을 남긴 선배 양소열(楊素悦) 교수님, 서중운(徐中云) 교수님, 학우 장염(张艳), 후배 수홍(秀红)과 임천천(任倩倩)에게 감사한다는 말을 하고 싶고 박사과정 동안 여러 면에서 도움을 줬던 서울시립대학교 국어국문학과 최용림(崔勇林) 석사와 상해외국어대학교 일본어학과 진웅홍(陈雄洪) 박사에게 감사의 마음을 표한다. 그리고 졸업 과정에서 도움을 준 후배 양양(杨杨), 조나(赵娜)와 이가붕(李佳朋)에게도 고마운 마음이다.

나를 응원해 주신 부모님께 항상 감사하는 마음이다. 아버지 직장의 부도로 집안 형편이 어렵게 되었는데 외아들인 내가 서른 살까지 취직하지 않고 쭉 공부를 해 와서 부모님께 늘 죄송스럽다. 어찌보면 나는 이기적이고 고집이 센 사람일지도 모른다. 이렇게 하는 것이 정말 맞는지 방황할 때가 참 많았는데 박사까지 공부하고 싶다는 내 말에 부모님은 아무 걱정 말고 가고 싶으면 가라고 하셨다. 정말 죄송하고 감사한다는 말씀을 드리고 싶다.

마지막으로 이 책의 출판에 애써 주신 도서출판 하우의 많은 선생님들에게 심심한 감사의 뜻을 드린다.

'서른 즈음에' 돌이켜 보니 학술의 길을 걸어온 이 시간은 방황과 기쁨, 낙심과 보람의 집합체이다. 어느 영화에 이런 대사가 있다. '인생은 마치 초콜릿 상자와 같아서 다음 초콜릿이 어떤 맛이 날지 모른다.' 나에게 도움을 주셨던 모든 분께 실망을 시키지 않도록 그 동안 쌓았던 경험과 지식, 간직했던 추억과 감동을 가지고 더 넓은 천지를 향해 자신 있게, 소신 있게 나아가겠다.

Yue Yifei

2023년 11월 30일

북경에서

## 저자 소개

### Yue Yifei(岳逸飞)

1991년 중국 상해에서 태어나 상해외국어대학교 동양어대학 한국어학과 학부, 석사, 박사과정을 거쳐 북경대학교 외국어대학 조선(한국)언어문화학과 박사후로서 재학중이다. 국비유학생으로 1년 동안 서울대학교 사범대학 국어교육학과에서 공부했다. 연구 분야는 한국어 언어학이다. 한중 언어대조와 한국어교육에 관심을 가지고 있다. 주목하는 이론은 언어유형론과 인지언어학이다.

### 저서와 논문

저서로는 〈언어유형론과 한국어 문법 연구〉(박이정, 2020) 1권.

논문으로는 '의외성 표지의 문법화 현상에 대한 범언어적인 고찰'(〈한중인문학연구〉, KCI, 2019), '如果와 -(으)면, -거든 가정조건문 개념영역 대조연구'(〈중국학〉, KCI, 2019), '유형론 시각에서의 명사 분류사 및 복수 표지 의미 기능 대조연구'(〈중국어교육과연구〉, KCI, 2019), '유정성 시각에서의 한, 중, 일, 베트남어 고빈도 재귀대명사 의미지도 연구'(〈어문론총〉, KCI, 2018), '제2언어습득연구에서 Markedness Theory의 적용'(〈한국어교육연구〉, 2018), '지난 50년간 중한 재귀대명사 연구가 어디까지 왔는가'(〈중한언어문화연구〉, 2018), 표기이론과 중한 목적어 구문 습득에서의 모국어 간섭현상'(〈중국어교육과연구〉, KCI, 2017) 등 십여 편.

**수상**

2012년, 2016년, 2019년 중국교육부 국가장학금

2018년 상해외국어대학교 우수학생

2019년 중국지역 한국어학과 석박사생 논문경시 1등상

이 외에 상해외국어대학교 교내 프로젝트 〈유정성 시각에서의 한국어 문법 범언어적 연구〉, 한국연구재단 공동연구 프로젝트 〈한국인을 위한 중국어 표준교육과정 개발 및 활용방안 연구〉 등에 참여.